安徽大学博士科研启动经费项目资助

长江经济带联动发展与绿色开发研究

RESEARCH ON INTEGRATED DEVELOPMENT AND GREEN EXPLOITATION OF YANGTZE RIVER ECONOMIC BELT

胡　艳等 / 著

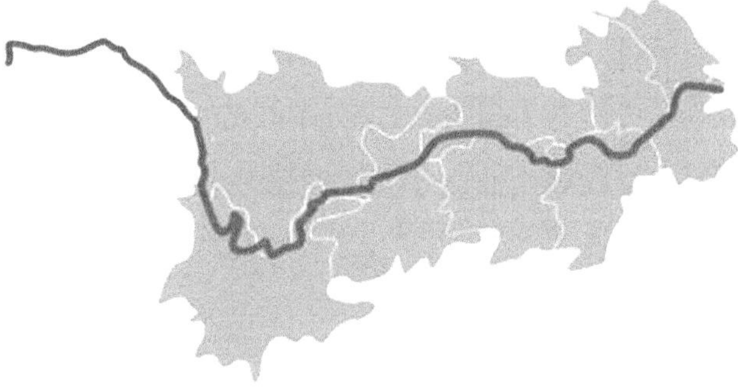

经济管理出版社
ECONOMY & MANAGEMENT PUBLISHING HOUSE

图书在版编目（CIP）数据

长江经济带联动发展与绿色开发研究/胡艳等著．—北京：经济管理出版社，2016.12
ISBN 978-7-5096-4770-7

Ⅰ.①长…　Ⅱ.①胡…　Ⅲ.①长江经济带—区域经济发展—研究　Ⅳ.①F127.5

中国版本图书馆 CIP 数据核字(2016)第 287844 号

组稿编辑：张巧梅
责任编辑：杨国强　张瑞军
责任印制：司东翔
责任校对：张　青

出版发行：经济管理出版社
（北京市海淀区北蜂窝 8 号中雅大厦 A 座 11 层　100038）
网　　址：www.E-mp.com.cn
电　　话：（010）51915602
印　　刷：北京九州迅驰传媒文化有限公司
经　　销：新华书店
开　　本：720mm×1000mm/16
印　　张：15.5
字　　数：295 千字
版　　次：2017 年 1 月第 1 版　　2017 年 1 月第 1 次印刷
书　　号：ISBN 978-7-5096-4770-7
定　　价：68.00 元

联系地址：北京阜外月坛北小街 2 号
电话：（010）68022974　　邮编：100836

前　言

长江经济带横跨我国东、中、西部三大区域，具有独特资源和战略区位优势以及巨大发展潜力。改革开放以来，长江经济带已成为我国综合实力最强、战略支撑作用最大的区域之一。依托长江黄金水道打造中国新经济支撑带是新一届党中央着眼于全球竞争新格局出台的重大国家战略。在国际环境发生巨大变化、国内发展面临诸多矛盾的背景下，主动适应经济新常态，推动长江经济带绿色发展和城市群联动发展，对于促进陆海统筹、东西互动，全面建成小康社会，实现中华民族伟大复兴的中国梦具有重要的现实意义和深远的战略意义。

安徽大学区域经济与城市发展协同创新中心暨长三角经济社会发展研究中心、合肥区域经济与城市发展研究院团队在笔者负责下先后承担了长三角城市经济协调会课题“承接长三角产业转移的利益分享机制研究”、国家发改委地区司课题“区域协调发展的利益分享机制研究”、上海市发改委（长三角合作与发展共同促进基金）课题“长三角城市群与长江中上游城市群联动发展研究”、上海市政府决策咨询重点研究课题“皖江城市带与长三角城市群一体化研究”和“新常态下长江经济带绿色开发研究”、合肥市政府重大课题“长江中游四省会城市深化合作的策略和路径研究”等一系列以长江经济带为主题的系列研究报告。《长江经济带联动发展与绿色开发研究》是在借鉴上述课题研究成果的基础上修改而成的。

上篇——长三角城市群与长江中上游城市群联动发展研究，基于笔者主持的2014年上海市发改委（长三角合作与发展共同促进基金）资助的课题研究报告修改撰稿。在新一轮国家战略中，长江新经济支撑带的成功建设将主要依靠长三角城市群、长江中游城市群和成渝城市群的联动发展。但是，三大城市群虽然同属长江经济带，却横跨我国东、中、西部三大区域，各自在其形成和发展过程中遵循着自身特有的条件和不同的发展轨迹。本篇由七章内容构成，主要从长江经济带上中下游城市群联动发展对打造长江经济带的支撑作用、长江经济带三大城市群空间结构演进、三大城市群联动发展轨迹和基础、联动发展困境、联动发展机制和对策等方面对长三角城市群与长江中上游城市群联动发展的可行性进行了实证研究。

中篇——皖江城市带与长三角城市群一体化研究，从近代经济史角度入手，结合安徽在不同时期国家的战略地位和政策待遇，深刻阐述了国家区域发展战略推进的必然性；论证了皖江城市带与长三角城市群一体化发展现状和潜在优势、现实基础、经济联动；剖析了皖江城市带与长三角城市群一体化问题和障碍，并就建立一体化利益协调机制和发展路径等方面进行了深入研究，提出了可资借鉴的对策建议。

下篇——新常态下长江经济带绿色开发研究，根据2015年上海市人民政府决策咨询重点课题“新常态下长江经济带开发模式与路径研究报告”修改形成。研究认为，新常态下长江经济带的开发建设应当符合绿色发展理念的开发，是绿色开发，是低碳环保约束下的开发。新常态下长江经济带的绿色发展是促进长江经济带经济建设和实现社会发展的必然要求，是我国未来经济发展的重要动力。因此，这一部分研究在对长江经济带上中下游中心城市调研基础上，紧紧围绕“五大理念”，按照经济新常态的思维，准确把握新常态下长江经济带发展特征，深化新常态下对长江经济带开发的理解与认识；参考国外成功的大江大河流域开发经验，提出在一体化视角下依托长江黄金水道谋划产业布局，建设生态廊道，对长江经济带进行整体开发、综合整治，实现产城融合、区域联动、协调发展，走出一条绿色开发的新路子。本篇通过深入研究长江经济带开发建设中存在的问题，探索了长江经济带绿色开发路径，归纳提炼若干可行的开发模式。从基础设施共建、旅游资源共享、产业转移合作、生态廊道建设、区域规划治理等方面设计并提出系统性、前瞻性、可行性的政策建议。

长江经济带国家战略和规划正在推进中，我们希望本书的出版有助于进一步深化对长江经济带绿色开发和城市群联动发展的研究，丰富长江经济带的研究成果。

胡　艳

2016年10月

目　录

上篇　长三角城市群与长江中上游城市群联动发展研究

下篇　新常态下长江经济带绿色开发研究

上　篇

长三角城市群与长江中上游城市群联动发展研究

第一章　时代必然：上中下游城市群联动发展对建设长江经济带的重大意义

第一节　概念界定

2014 年，我国推出“一带一路”、京津冀协同发展、长江经济带三大发展战略。在三大战略中，长江经济带东向连接“21 世纪海上丝绸之路”，西向牵手“丝绸之路经济带”，同时，与京津冀形成南北呼应之势，战略地位极其重要。

长江经济带，东起上海、西至云南，涉及上海、江苏、浙江、安徽、湖北、江西、湖南、重庆、四川、云南、贵州 11 个省市，人口和生产总值均超过全国的 40%，沿途城市星罗棋布，已形成下游的长江三角洲城市群、长江中游城市群和成渝城市群三大城市群，同时还包括上游地区滇中和黔中两个区域性城市群，即“三大两小”城市群，如图 1－1 所示。

长三角城市群：当前世界公认的六大城市群之一。该城市群以上海为中心，南京、杭州、合肥为副中心，包括上海，江苏的南京、苏州、无锡、常州、徐州、镇江、扬州、南通、泰州、淮安、盐城、连云港、宿迁，浙江的杭州、宁波、嘉兴、湖州、绍兴、台州、金华、温州、丽水、衢州、舟山，安徽的合肥、芜湖、滁州、马鞍山、淮南 30 个城市。长三角城市群是我国城市化程度最高、城镇分布最密集、经济发展水平最高的地区。2014 年，长三角城市群在中国城市群综合指数排名中位列第一。

长江中游城市群：以武汉、长沙、南昌为中心城市，包括湖北的武汉、咸宁、黄石、黄冈、鄂州、孝感、仙桃、天门、潜江，湖南的长沙、岳阳、株洲、湘潭、益阳、常德、娄底、衡阳，江西的南昌、九江、景德镇、鹰潭、上饶、新余、抚州、宜春、吉安等城市。长江中游城市群经济总量仅次于“长三角”、

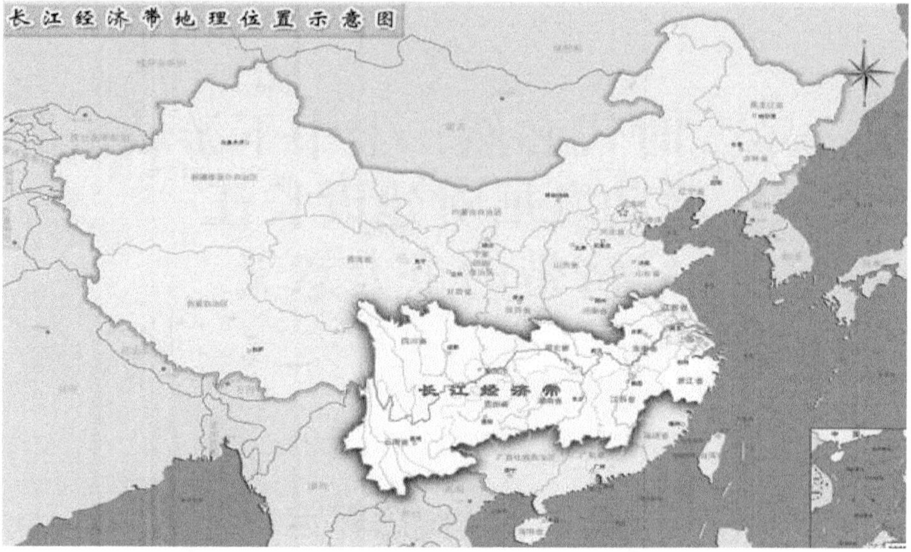

图 1－1　长江经济带地理位置示意图

图片来源：中国政府网。

“珠三角”及“京津冀”，列全国第四位，在开发长江经济带的国家战略中，具有举足轻重的战略地位和意义。

成渝城市群：以成都和重庆为中心，包括四川的成都、绵阳、德阳、眉山、遂宁、内江、南充、资阳、简阳、自贡、广安、达州以及重庆主城九区、涪陵、合川、永川、江津、大足、垫江、璧山、铜梁、万州等。当前，成渝城市群一体化已经纳入长江经济带的发展规划中。

滇中城市群和黔中城市群：这是长江经济带上两个区域性城市群。滇中城市群以昆明为中心，包括曲靖、玉溪、楚雄所辖范围。黔中城市群以贵阳为中心，包括遵义、安顺、都匀、凯里等地区。

在“三大两小”城市群中，长三角城市群被公认为是世界第六大城市群，也是整个长江经济带的龙头。正因如此，研究报告题目突出长三角城市群对长江经济带中上游城市群的带动作用，意在通过对长江上中下游城市群联动发展机制的研究，提出实现长江经济带城市群的联动发展路径，为最终推动长江经济带一体化目标做出有益的探索。① 同时，在长江经济带国家战略下，研究突出长江黄金水道在长江经济带城市群联动发展中的联动纽带和联动载体作用。

---

① 为聚焦研究对象，本部分重点研究三大城市群，暂不涉及“两小”，因而文中“长三角城市群与长江中上游城市群联动发展”与“长江经济带城市群联动发展”基本一致，为表述简捷文中二者通用。

第二节 建设长江经济带的战略意义

依托黄金水道打造长江经济带是新一届党中央着眼于全球竞争新格局出台的重大国家战略。长江经济带横跨我国东、中、西部三大区域，具有独特优势和巨大发展潜力。改革开放以来，长江经济带已成为我国综合实力最强、战略支撑作用最大的区域之一。在国际环境发生巨大变化、国内发展面临诸多矛盾的背景下，主动适应经济新常态，依托黄金水道推动长江经济带发展，对于全面建成小康社会，实现中华民族伟大复兴的中国梦具有重要的现实意义和深远的战略意义。

一、有利于实现东、中、西部三大区域联动，为中国经济可持续发展提供强劲动力

中国东、中、西部发展水平呈阶梯状分布，这种发展差距不利于区域协调发展和国家整体战略目标的实现。国际经验表明，后发地区加快发展的一条捷径是实现与先发地区在要素流动、产业转移以及市场一体化等方面的无缝对接。打造长江经济带，联动东、中、西部三大发展区域，实现东部地区带动中西部地区发展，中西部地区促进东部地区升级，在中国区域经济联动发展中，实现东、中、西部地区之间的区域协调，为中国经济可持续发展提供强劲动力。

二、有利于挖掘长江中上游广阔市场潜力，从东部沿海向沿江内陆拓展新常态下中国经济新的增长点

外需持续低迷使我们认清了扩大内需的重要性，全面建成小康社会需要提升人们的消费水平。当前，我国东部沿海地区消费和投资需求日渐饱和，而中西部地区经济相对落后，发展潜力巨大；地域异常广袤，发展空间纵深。建设长江经济带，对于挖掘长江中上游地区的巨大内需潜力，同时促进我国区域经济增长空间从东部沿海向沿江内陆纵深拓展，保持我国经济持续健康发展至关重要。

三、有利于提升长江沿岸产业集群和城市群竞争力，打造世界级产业集群和世界级城市群

当前，国家综合经济实力主要体现在产业集群竞争力和城市群竞争力两个层面。实现我国经济提质增效，提高综合实力，需要打造世界级产业集群和世界级

城市群。建设长江经济带，可以推动沿江产业结构优化升级，打造世界级产业集群，引导沿江城市布局与产业发展有机融合，培育具有国际竞争力的城市群，这将推动中国经济提质增效升级。

四、有利于促进上中下游三大城市群联动发展，形成世界意义的长江沿岸大都市绵延区

长江上中下游三大城市群存在着各自的比较优势，推动长江经济带发展，有利于统筹上中下游三大城市群人口分布、经济布局与资源环境承载能力，发挥长江三角洲的辐射引领作用，促进中上游地区有序承接产业转移，推动城市群间的产业和功能分工，以及市场的一体化，形成不同城市群和地区间轻重工业和第二、第三产业的协调发展格局，形成具有世界意义的长江沿岸大都市绵延区。

五、有利于形成东西双向、陆海相连的对外开放新通道，联动“两带一路”国家战略

在当前国际经济形势发生深刻变化的情况下，培育国际经济合作竞争新优势，需要我们用好海陆双向开放的区位资源，创新开放模式，促进优势互补，培育内陆开放高地，加快同周边国家和地区基础设施互联互通。长江经济带连接东海出海口和西部云南口岸，把对东部的开放，对西部、西南部的开放，以及通过“渝新欧”大通道与对中亚西亚乃至东欧地区的开放连接起来，从而使得中国打造“丝绸之路经济带”和打造“海上丝绸之路”的设想有了更为坚实的基础。长江经济带作为横贯东、中、西部，连接南北方的开放合作走廊，使得东西部双向开放平衡，构建开放型经济新体制，形成全方位开放的新格局。

六、有利于实现长江流域环境联防联治，打造引领全国生态文明建设的生态廊道

长江经济带环境污染问题比较突出。植被破坏引起水体污染、工业废气大量排放导致大气污染等问题造成的影响是跨区域的，这需要整个长江经济带对环境污染进行联防联治，构建起以保障长江干支流水质、改善长江经济带大气质量为主要目的，水天一体的生态安全格局，将长江经济带打造成引领全国生态文明建设、水清地绿天蓝的生态廊道。

第三节　上中下游城市群联动发展对打造长江经济带的支撑作用

常言道，巨龙腾飞需要龙头、龙腰和龙尾一起发力。如何充分发挥龙头带动、龙腰舞动和龙尾摆动作用呢？三段联动是关键。长江经济带宛如一条巨龙，长江三角洲城市群、长江中游城市群和成渝城市群三大城市群，犹如长江经济带的龙头、龙腰和龙尾。三大城市群联动发展是舞动长江经济带这条巨龙，托起“中国梦”的基石。

长江经济带自西向东，覆盖经济发展水平呈连续阶梯状分布的长江上游、中游和下游地区。国务院《关于依托黄金水道推动长江经济带发展的指导意见》（以下简称《指导意见》）提出将长江经济带打造成为“东、中、西部互动合作的协调发展带”。这明确了长江经济带上中下游城市群之间联动发展的总体方向。长江上中下游城市群应在交通基础设施建设、市场体系一体化、产业分工合作、创新资源配置、生态联防联治、公共服务和社会治理等领域实现联动发展，这对实现长江经济带发展战略目标意义重大。

一、基础设施互联互通为打造长江经济带提供硬件基础

“联动发展，交通先行。”当前，长江经济带城市群联动发展最大的障碍是交通等基础设施尚未实现互联互通。长江上中下游城市群要通力合作，加快推进长江干线航道系统治理，改善支流通航条件，优化港口功能布局，加强集疏运体系建设，发展江海联运和干支直达运输，加快上海、武汉、重庆三大航运中心建设。同时，依托长江黄金水道，整体谋划铁路、公路、航空、管道等交通基础设施建设，加强各种运输方式衔接，加快综合性交通枢纽建设，建成安全便捷、绿色低碳的综合立体交通走廊，打造互联互通的综合交通运输服务体系。由此可为打造长江经济带提供了坚实的硬件基础。

二、市场体系一体化为打造长江经济带提供市场基础

长江经济带作为引领中国未来发展的经济支撑带，除了实现上中下游城市群在交通基础设施上的互联互通外，还必须实现区域内市场体系一体化。只有打破区域性市场壁垒，实施统一的市场准入制度和标准，推动劳动力、资本、技术等生产要素在城市群之间的自由流动和优化配置，才能在保证各城市群利益最大化

的前提下，使得生产要素和产业结构在城市群之间得到优化配置，激发整条长江经济带的市场活力，为打造中国经济升级版提供坚实的市场基础。

三、产业分工合作为打造长江经济带提供产业支撑

《指导意见》指出，要沿长江经济带打造世界级产业集群。打造产业集群涉及产业链上中下游的互动合作，世界级产业集群需要在更大范围内配置产业集群发展所需的各种资源，长江经济带上中下游各城市群应根据自身的自然条件和产业优势，有选择性地加入特定产业集群，嵌入特定集群产业链的某一环节，形成既分工明确、又联动合作的产业集群发展格局，共同打造世界级产业集群，为长江经济带发展提供产业支撑。

四、协同创新为打造长江经济带提供动力源泉

制度创新和科技创新是长江经济带打造中国经济升级版的推动力。长江经济带涵盖上海自贸区等多个国家级示范区和实验区，具有丰富的制度创新资源，上中下游城市群间的制度联动，以及制度创新资源共享有利于消除长江经济带的制度壁垒，加速创新效率高的制度安排在长江经济带范围内的传播和复制。同时，中下游城市群要统筹优化，整合区域内科技创新资源，推动城市群之间国家工程中心（实验室）、企业技术中心、新型科研机构开展高水平协同创新，助力长江经济带实现创新驱动。

五、生态联防联治为打造长江经济带提供绿色生态廊道

作为母亲河，长江流域的生态环境不仅事关沿岸的发展环境，而且事关中华民族的生存福祉。长江流域水资源和大气污染等生态环境治理需要上中下游跨区域联防联治。发展绿色经济、循环经济和低碳技术，培育壮大节能环保产业；建立上中下游城市群联合指导机制，形成有效的严防、严控和严法机制，共同创新多主体参与的环境保护模式，建立由政府主导、公众参与的跨区域公共事件处理机制；创新生态文明体制，探索和创新资源开发和生态恢复补偿机制，将有利于共同打造长江经济带绿色生态走廊。

六、公共服务和社会治理协作联动为打造长江经济带提供社会保障

当前，在公共服务和社会治理层面，上中下游城市群之间也存在着阶梯状非均衡发展现象。具体表现为下游城市群在公共服务提供数量和社会治理成效上要优于中上游城市群。上中下游城市群在公共服务和社会治理层面联动，长三角城

市群将其在公共服务和社会治理方面的先进经验和做法传递到中上游，同时通过横向转移支付等联动合作，鼓励下游城市群积极参与中上游城市群公共服务提供，共同参与中上游城市群社会治理等。这有利于缩小长江经济带上中下游公共服务和社会治理差距，留住中上游人才，促进中上游城市群和下游城市群联动发展，进而实现整条长江经济带经济社会均衡发展。

第二章　历史溯源：三大城市群空间演化与合作进程

第一节　长江经济带城市群演化进程

在新一轮国家战略中，长江新经济支撑带的成功建设主要依靠长三角城市群、长江中游城市群和成渝城市群的联动发展。三大城市群虽然同属长江经济带，却横跨我国东、中、西部三大区域，各自在其形成和发展过程中遵循着自身特有的条件和发展轨迹。

一、长江经济带三大城市群空间结构演进

（一）长三角城市群：极核网络发展

长三角城市群是以1982年12月经国务院批准而正式成立的"上海经济区"为基础不断扩展而形成的。1983年3月，"上海经济区规划办公室"成立，包括上海、苏州、无锡、常州、南通和杭州、嘉兴、湖州、宁波、绍兴10个城市。1992年6月，国务院在长江三角洲及沿江地区规划座谈会上，将南京、扬州、泰州、镇江、舟山5市纳入长三角，长江三角洲地区涵盖以沪宁杭为主体的15个城市及其所辖的4个县市。2003年，浙江省台州市成为长三角城市群第16个成员。这16个城市构成目前长三角城市群的核心区域，其中，上海、南京、杭州3座特大城市呈三足鼎立之势，十几座大中城市沿沪宁、沪杭以及杭甬铁路干线密集分布，沪宁线上镇江、常州、无锡、苏州、昆山五大城市是我国经济最为发达的地区之一（见图2－1）。

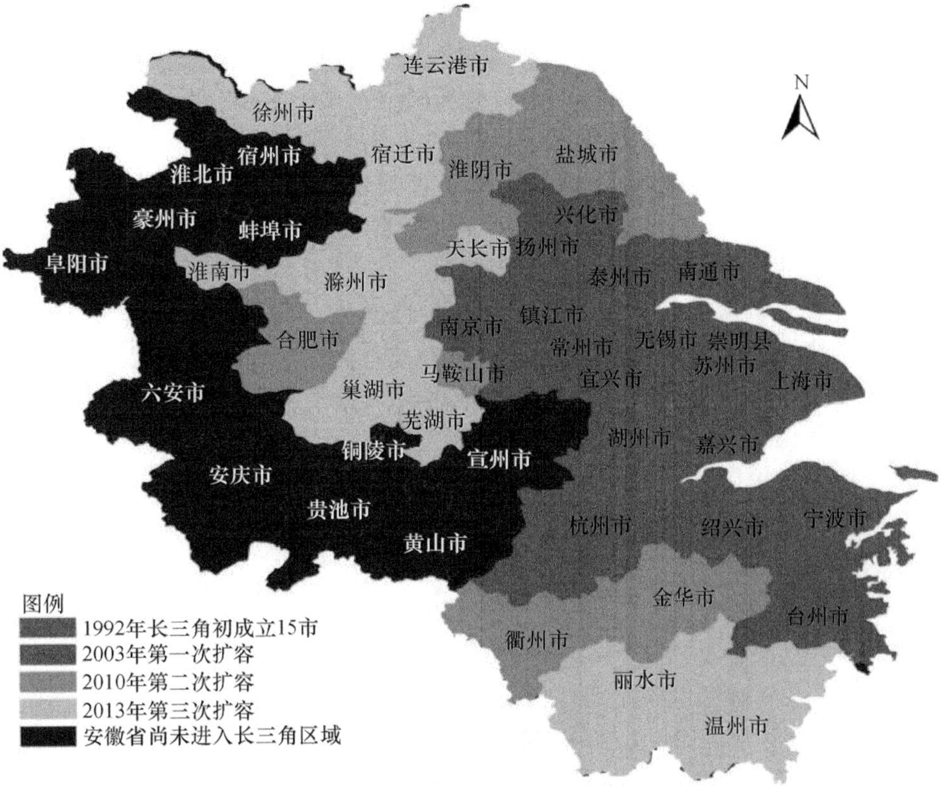

图 2－1 长三角城市群扩容示意图

图片来源：人民网。

2010 年 3 月，长三角城市群吸纳了盐城、淮安、金华、衢州、合肥、马鞍山 6 个城市，成员由此前 16 个增至 22 个。截至 2013 年 4 月，长三角会员城市扩容至 30 个，它们是上海、南京、无锡、苏州、扬州、南通、泰州、常州、镇江、盐城、淮安、徐州、连云港、宿迁、杭州、宁波、舟山、绍兴、湖州、嘉兴、台州、金华、衢州、丽水、温州、合肥、马鞍山、芜湖、滁州、淮南。

长三角城市群位于中国沿海与沿江交汇的“T”字带上，地貌多以平原和丘陵为主，水域面积广阔。随着苏北、浙西南、皖江地区全面纳入长三角，长三角占中国经济总量也由不足 1/5 提升到超过 1/4，同时在土地、资源、人才等层面上，长三角的实力和发展潜力也得到增强。苏北、浙西南、皖江将成为长三角最具增长潜力的地区，对拉动整个区域经济增长、促进长三角核心地区产业配置有着极其重要的作用。长三角城市群以上海为极核，南京、杭州、合肥为副中心，以沪杭、沪宁高速公路以及多条铁路为纽带，形成一个有机的网络，促进了长江三角洲一体化发展。从空间结构演变进程看，长三角城市群已经逐步突破行政区划、自然地理的界线，将上海市、江苏省、浙江省和安徽省连接成一个经济区域，并成为长江经济带实力最强、规模最大的城市群。

（二）长江中游城市群：多中心格局

长江中游城市群是以武汉城市圈、环长株潭城市群、环鄱阳湖城市群为主体形成的特大型城市群，规划范围包括：湖北省武汉、黄石、鄂州、黄冈、孝感、咸宁、仙桃、潜江、天门、襄阳、宜昌、荆州、荆门，湖南省长沙、株洲、湘潭、岳阳、益阳、常德、衡阳、娄底，江西省南昌、九江、景德镇、鹰潭、新余、宜春、萍乡、上饶及抚州、吉安的部分县（区）。长江中游城市群承东启西、连南接北，是长江经济带的重要组成部分，也是实施促进中部地区崛起战略、全方位深化改革开放和推进新型城镇化的重点区域，在我国区域发展格局中占有重要地位（见图2－2）。

图2－2　长江中游城市群示意图

图片来源：新华网。

在武汉都市圈内，核心城市武汉自古就是九省通衢，至今仍是我国中部的特大城市和金融、交通、文化中心，东西有长江黄金水道，南北有京广铁路，在全国经济地理格局中处于承南起北、连接东西的重要地位。武汉凭借其在交通、科技和人才方面的优势，重点建设以汽车制造业为重心的现代机械制造产业、光电子产业、钢铁产业、农产品加工产业、轻纺产业和环保产业六大产业集群。邻近武汉的黄石、黄冈、鄂州、孝感、咸宁、仙桃、天门、潜江、襄阳、宜昌、荆州、荆门等依托自身的区位优势，突出发展与制造业相配套的高新技术产业和能源产业。都市圈内部各地方政府间逐步消除市场壁垒，搭建合作平台，形成一体化的产业链条。作为带动我国中部经济发展的龙头，2007 年武汉都市圈正式成为全国资源节约型和环境友好型社会（即“两型社会”）建设综合配套改革实验区。

长株潭城市群位于湖南省中部偏东，包含长沙、岳阳、常德、益阳、株洲、湘潭、衡阳和娄底，是湖南省的政治、经济、文化中心，同时也是湖南省先进技术最发达的区域和客货流、资金流、信息流集散中心，是湖南省经济发展的核心增长极。长沙、株洲、湘潭三市沿湘江呈“品”字形分布，两两相距不足 40 千米，结构紧凑。长株潭城市群是我国京广经济带、泛珠三角经济区、长江经济带的接合部，区位和交通条件优越。

鄱阳湖位于长江中下游南岸、江西省北部，在我国承担着调洪蓄水、调节气候、降解污染等多种生态功能。2008 年 2 月，江西省委省政府成立鄱阳湖生态经济区建设领导小组，经过多次调研和论证，国务院于 2009 年 12 月批复同意《鄱阳湖生态经济区规划》，成为江西省首个纳入国家战略层面的区域发展规划。环鄱阳湖生态经济区包括南昌、九江、景德镇、鹰潭、上饶、新余、抚州、宜春、萍乡、吉安的新干县。南昌是江西省的政治、经济和文化中心，九江是沿江港口城市，是江西的“北大门”。南昌、九江作为环鄱阳湖生态经济区的中心和次中心城市，经济总体实力并不强，但是，对促进“江西崛起”和长江流域经济与生态协调发展具有重要意义。

长江中游城市群具有丰富的水资源和丰富的矿产资源，现已探明的矿产达 70 余种，包括铜、铁、铅、锌、钨、磷等金属矿产和石灰石、大理石、石英石等非金属矿产的贮量都很丰富，具有优势矿种多、储量大、分布相对集中、便于开采等特点，其中铜、铁、磷的储量和生产居全国前列。该城市群所在的湖北、湖南、江西三省河流湖泊众多，气候相近，山水相连，人文相亲。作为一个沿江内陆城市群，长江中游城市群正处在“中部崛起”战略、建设“长江新经济支撑带”战略的交汇之处。三大都市圈除了有国家层面的《促进中部地区崛起规划》、《长江中游城市群发展规划》，还有非制度层面的推动，以及三地政府出台的一批有助于区域一体化协调发展的涉及财税、金融、外资、物流、外贸等领域的政策与措施。三大都市圈分别以武汉、长沙、南昌为中心，正在向跨省域的城市群组团发展迈进。

（三）成渝城市群：双核驱动

成渝城市群沿袭了2002年重庆与成都签订的《重庆—成都经济合作会谈纪要》中提出的“成渝经济区”概念。它位于长江上游，地处四川盆地。作为西部大开发战略的重要战略支撑点，成渝城市群以重庆和四川省成都为两大核心，联合四川的绵阳、德阳、眉山、宜宾、泸州、乐山、自贡、内江，达州、广安、南充、雅安、资阳等地级市和渝西等县级市，构成我国西部最大的城市群（见图2－3）。

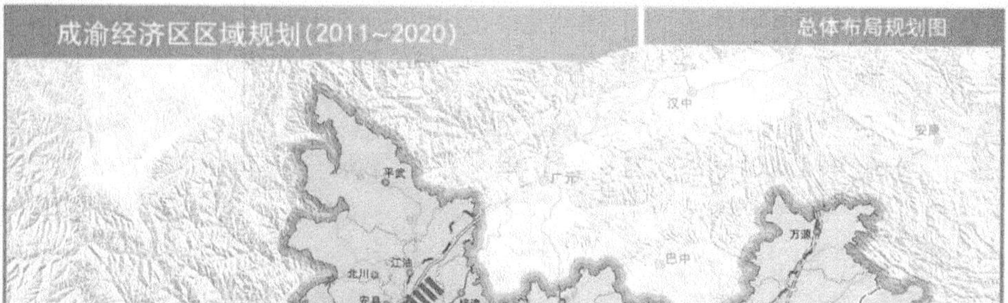

图2－3　成渝经济区总体布局规划图

图片来源：国家发改委网。

重庆位于长江、嘉陵江交汇处，曾经作为四川省内外贸易的主要市场及分销中心，并可沿江上溯至云、贵、甘、陕、西藏等省份，现在是我国第四个直辖市，在政治和经济发展中占有突出优势，尤其是其装备制造业的发展，对周边地区和城市的辐射作用明显。成都是四川省的省会城市，四川一直以来都被称为“天府之国”，自然资源丰富，水资源、矿产资源、天然气、森林覆盖面积均居全国前列。矿产资源铁、锰、铜等金属资源储量居全国前列，其中钛的储量占到世界储量的90%。同时，其水资源能源转化量和利用量居于全国首位。以成都为首的四川省诸城市依托四川盆地丰富的资源以及良好的工业基础，发展制造业及其配套产业。

实施西部大开发战略以来，成渝城市群作为我国西部大开发的核心动力和增长极，是我国西部地区经济发展速度最快的地区，并凭借其丰富的资源和良好的工业基础，在主导产业和特色产业方面取得了较好的成绩，产业集群不断发展壮大，集聚程度不断增长。在城市发展方面，重庆与成都的双核效应显著，以双核为中心的交通网络贯穿城市群内部，且核心城市的引导和带动作用明显。

二、长江经济带三大城市群比较分析

（一）三大城市群总体规模比较

在城市群发展程度方面，成渝城市群、长江中游城市群、长三角城市群的发展水平差距较大，长三角城市群的经济发展程度和城市建设水平明显高于其他两个城市群。表2-1列出了三大城市群的总体规模，从中可以看出，长三角城市群的区域面积略小于长江中游城市群，远大于成渝城市群；常住人口、GDP及人均GDP处于遥遥领先地位，反映出长三角城市群人口规模、经济发展水平均处于三大城市群之首，预示着长三角城市群在长江经济带建设中将发挥龙头带动作用和“首位城市群效应”。《指导意见》出台后，长三角城市群涵盖到江、浙、沪、皖三省一市，体量更大，对中上游的辐射力更强。成渝城市群有望进一步联合长江经济带的黔中、滇中两个区域性城市群，进行组团式发展。

表2-1 三大城市群总体规模比较

	区域面积（平方千米）	常住人口（万人）	GDP（亿元）	人均GDP（元/人）
长三角城市群	254277	17883.94	141680.54	79222.22
长江中游城市群	279644	10695.37	51911.07	48536.02
成渝城市群	186251	8398.50	36294.40	43215.34

资料来源：由《中国统计年鉴2015》、三大城市群所在省/直辖市及下属市统计年鉴（2015）整理，表中人均GDP按常住人口计算。

（二）三大城市群中心城市总体规模比较

城市群的构建都是以一个或两个发展水平很高的特大城市或大城市作为中心，再以中心城市作为增长极，带动周边地区经济发展和社会进步。表 2－2 列出了三大城市群中心城市的总体规模，从中可以看出，上海市的区域面积最小，常住人口却仅次于重庆，而且 GDP 最大，充分反映了上海作为长三角以及整个长江经济带的龙头城市，对人口的巨大集聚能力。

表 2－2　三大城市群中心城市总体规模比较

	区域面积（平方千米）	常住人口（万人）	GDP（亿元）	人均 GDP（元/人）
上海	6340	2425. 68	23567. 70	97159. 15
南京	6587	821. 61	8820. 75	107359. 33
杭州	16596	889. 20	9206. 16	103533. 06
合肥	11445	769. 60	5180. 56	67314. 97
南昌	7402	524. 02	3667. 96	69996. 57
长沙	11816	731. 15	7824. 81	107020. 58
武汉	8569	1033. 80	10069. 48	97402. 59
重庆	82374	2991. 40	14262. 60	47678. 68
成都	12121	1442. 75	10056. 59	69704. 31

资料来源：由三大城市群所在省/直辖市及下属市统计年鉴（2015）整理，表中人均 GDP 按常住人口计算。

（三）三大城市群产业结构演进比较

从产业角度看，长三角城市群以制造业为主导产业。上海的制造业主要以电子信息产品制造业、汽车制造业、石油化工及精细化工制造业、精品钢材制造业、成套设备制造业、生物医药制造业六个产业作为重点发展的工业产业。江苏制造业的发展速度一直维持在群域内最高水平，发展最快的制造业产业分别是交通运输设备制造业、医药制造业、专用设备制造业，电气机械及器材制造业、通用设备制造业、计算机及电子设备制造业等。浙江在制造业领域也具有相当的发展优势，主要以通信与网络设备、生物与新医药、电子元件等科技含量较高的制造业产业为主导。安徽承东启西的区位优势、丰富的资源禀赋和工业化中期的产业结构特点，决定了它成为长三角核心区产业转移和产业拓展的首选地，也成为国际资本由沿海向内陆转移的首选地。皖江城市带作为长三角城市群的重要腹地和不可分割的一部分，主要通过承接产业转移，培育壮大先进装备制造业，新能源和新材料等战略性新兴产业，发展现代服务业。

从产业集群发展层面看，改革开放以来，长三角地区已形成了一些特色鲜明的产业集群，一种是以浙江民营企业为代表形成的内生驱动型的产业集群，另一种是以江苏外资企业为代表形成的外资嵌入型产业集群。合肥作为我国三大家电生产基地之首，汇集了大批知名家电企业，具有完备的白色家电制造配套设施、产品研发、原材料和零部件采购、物流配送、人才储备等条件。到目前为止，上海在经济、贸易、金融和航运领域也已形成了明显的集聚效应。

在长江中游城市群，武汉"光谷"享誉世界，其黑色金属冶炼及加工业，交通设备制造业，通信设备、电子设备制造业以及石油化工等产业作为武汉的主导产业。长沙则集聚了三一重工、中联重科等行业龙头企业，其工程机械产业规模和效益在全国名列前茅，独领风骚；在文化产业方面，湖南卫视成为中国大陆年收入和收视率最高的地方电视台。南昌航空工业一直走在全国前列，发展前景非常广阔；光电光伏、服务外包等四大低碳优势产业发展迅速；农副食品加工业具有比较优势。然而，当前长江中游城市群亟须解决的问题还是相似产业的同质化低水平竞争。

在成渝城市群，重庆是全国重要的装备制造业基地，全国有重要影响的汽车、摩托车整车及零部件生产研发基地；成都是国家电子信息产业基地；西昌的国家民用航空、航天研发制造基地；攀枝花的冶金和材料制造业等十分发达。

表 2-3 三大城市群中心城市生产总值及产业结构构成比较

	第一产业（%）	第二产业（%）	第三产业（%）
上海	0.5	34.7	64.8
南京	2.4	41.1	56.5
杭州	3.0	41.8	55.2
合肥	4.9	55.3	39.8
南昌	4.4	55.0	40.6
长沙	4.0	54.2	41.8
武汉	3.5	47.5	49.0
重庆	7.4	45.8	46.8
成都	3.6	44.8	51.6

资料来源：由三大城市群所在省/直辖市及下属市统计年鉴（2015）整理。

由表 2-3 可知，2014 年，上海、南京、杭州、成都的产业结构均呈现三、二、一的特征；合肥、长沙、南昌的产业结构均呈现二、三、一的特征，其中合肥、长沙、南昌的第二产业均高于 54%，第三产业占比接近 40%；武汉、重庆第三产业发展较快，其中武汉第二、第三产业占比较为接近，重庆2014年产业结构已呈三、二、一的特征，这主要得益于重庆旅游业以及高新技术产业的发展优势明显。

从总体看，长三角城市群产业结构呈现高度化特征，特别是2008年全球金融危机爆发以来，长三角地区不断进行产业结构调整和升级。新常态下，转型升级、创新发展将成为长三角城市群的主旋律。

第二节 长江经济带城市群联动发展轨迹

一、单核城市不均衡发展阶段

上海港开埠以前，广州港是我国最大的进出口贸易港口，我国的物资流动基本呈南北走向，而作为横贯东西的长江航运功能受到大大的抑制。当时的苏州城，是全国商品粮、生丝、茶叶、棉花等商品的主要集散地，是全国重要的经济中心城市。1843年，上海港开埠以后，上海凭借其港口优势和独特的地理位置，港口及内外贸易获得了极大发展，长三角乃至全国的经济中心快速由苏州移至上海。周边的南通、无锡、常州、镇江、扬州、杭州也从各自相对封闭的城镇体系走向开放，并与上海相呼应，成为以上海为龙头的远东市场的一部分。上海港口及其内外贸易的发展，对商品吞吐的巨大需求，带动了长江沿江各口岸作为当地市场网络的节点城市获得巨大发展。

在中国近代史上，长江沿岸的主要城市上海、南京、武汉、重庆是我国洋务运动和近代工业的发端地。20世纪80年代以来，长江沿岸的江苏、安徽、江西、湖北、湖南、四川等省都提出重点开发长江沿岸城市。90年代，以上海浦东开发开放为龙头，长江沿岸重庆、岳阳、武汉、九江、芜湖等沿长江港口城市同时实行对外开放政策。然而，长江沿岸城市主要沿长江的干支流和交通轴线分布，城市分布较为分散，城市之间功能联系较弱。依靠“自下而上”、“自上而下”双重力量的推动，单个城市处于各自不均衡发展阶段。

二、城市群内部合作强化阶段

当一个区域出现一个或几个特大或大型中心城市时，中心城市的集聚作用不断加强，同时产生涓滴效应，带动周边城市发展，形成区域内等级体系较为完善的城市集合体，即城市群发展阶段。

在我国长江流域，长三角地区率先进入城市群发展阶段。从1982年成立“上海经济区”至2013年4月，长三角城市群已扩容至30个会员城市。随着苏北、浙西南、皖江地区全面纳入长三角城市群，长三角城市群将以上海为中心，南京、杭州、合肥为副中心，以沪杭、沪宁合高速公路以及多条铁路为纽带，促进长江三角洲区域经济一体化发展。

长江中游城市群是一个沿江内陆城市群，有着合作交流的深厚历史渊源，区域内跨省交流合作平台已达30多个。目前，正处在“中部崛起”战略和建设“长江经济新支撑带”战略实施的叠加交汇之处，面临千载难逢的机遇。新近批复的《长江中游城市群规划》把长江中游城市群确立为中国经济增长“第四极”。凭借良好的城镇化基础，优越的交通条件，强劲的经济增长势头，具有发展成为跨区域特大型城市群的深厚基础，对促进东、中、西部协调发展具有重要意义。

自1999年我国实施西部大开发战略以来，成渝城市群作为我国西部大开发的核心动力和增长极，是我国西部地区经济发展速度最快的地区，并凭借其丰富的资源和良好的工业基础，在主导产业和特色产业方面取得了较好的成绩，产业集群不断发展壮大，集聚程度不断增长。在城市发展方面，重庆与成都的双核特征显著，以双核为中心的交通网络贯穿城市群内部，核心城市的引导和带动作用明显。

三、城市群联动发展启动阶段

区域经济联动发展是区域分工与合作的外在表现和必然要求。城市群是我国当前推行新型城镇化建设的主体形态，其优势是在更大范围内实现资源的有效配置，并产生巨大的集聚效应和辐射能量。由于长江经济带具有得天独厚的自然条件和区位优势、实力雄厚的产业基础、比较优越的科教资源、腹地广阔的市场空间以及较大规模的开放经济，作为我国区域经济发展的重要战略发展轴，必将发展成为世界上可开发规模最大、经济影响范围最广的内河流域经济带。早在2005年，长江沿线七省二市（湖北省、湖南省、四川省、云南省、江苏省、安徽省、江西省、重庆市、上海市）就在交通部牵头下签订了《长江经济带合作协议》。这一合作协议“确定了以‘龙头’上海与‘龙尾’重庆合力担当起构筑长江经济带首尾呼应、联动发展的战略格局”。2013年9月25日，国务院发布《关于依托黄金水道推动长江经济带发展的指导意见》（以下简称《指导意见》）。根据《指导意见》，长江经济带将以沿江综合运输大通道为轴线，以长江三角洲、长江中游、成渝三大跨区域城市群为主体，进入城市群联动发展新阶段。

为进一步贯彻落实长江经济带发展战略，2015年4月5日，国务院批复并实施我国第一个跨区域城市群规划——《长江中游城市群规划》，规划明确指出，要深化长江全流域合作以及开放开发，促进长江中游城市群与长三角城市群、成渝城市群合作联动，共同努力把长江经济带打造成中国经济新支撑带。

对于全国来说，长江经济带国家战略是一种非均衡发展战略，但对于长江流域来说，它却是一种均衡发展战略，将逐步缩小长江流域东、中、西部差距，为中国经济持续增长提供接力。依托长江黄金水道打造长江经济带，还可以将“西部大开发战略”、“中部崛起战略”串联起来，成为推动我国东、中、西部三大经济带联动发展的交通纽带和空间载体。

跨区域城市群联动发展，是在更大的尺度空间内组织资源，实现多重国家战略叠加。对于长江经济带这个空间尺度而言，其城市群联动发展是个长期、复杂的动态过程，城市群经济的整体发展要求各个城市群功能分工显著，交通网络在空间上具有连续性，产业布局上具有互补性，文化发展和生态环境保护上具有协调性。但是，受行政区划、诸侯经济、地方保护等因素的影响，长江经济带各省（市）内部经济发展的不平衡和产业趋同化现象表明，要真正走向“一体化”任重而道远。

第三节　历史经验总结借鉴

一、以港兴市是港口城市发展的一般规律

上海作为长江流域的核心城市，得益于其港口优势以及对内对外贸易对城市发展的推动。“以港兴市”是长江沿岸众多港口城市必须遵循的一般规律。港口城市在扩张时最初以港口作为基点，再沿江、海岸不断延伸，这一发展过程不仅有力地推动港口城市自身的繁荣，也对其经济腹地产生巨大的辐射作用。通过对长江经济带的港口城市，如上海、宁波、南京、芜湖、马鞍山、铜陵、安庆、九江、黄石、荆州、宜昌、岳阳、泸州、宜宾进行合理规划，重点将港口建设与沿江开发、物流服务、船舶制造等行业联系起来，有利于促进长江经济带三大城市群之间的联动发展。

二、龙头带动是促进城市群分工合作协同发展的关键

作为长江经济带的龙头城市——上海，在经济基础、商务设施、研发能力、专业服务及政府服务等方面拥有国内其他地区无可比拟的优势。当前，上海紧紧

围绕国际经济、贸易、金融和航运中心以及中国（上海）自贸实验区建设，加快产业结构调整，与周边城市进行合理分工，全面实行对外开放，不断提升长三角城市群整体竞争力，从而为长江经济带经济协调发展带来持续动力。

作为长江经济带的龙头城市群——长三角城市群，是我国经济比较富庶的地区，20 世纪 80 年代，我国实施沿海发展战略，强化了沿海地区的区位功能，使长三角地区经济迅速发展。20 世纪 90 年代以来，国家开始重视沿江地区的发展，使得兼有黄金海岸和黄金水道双重区位优势的长三角地区发展更为迅速。长三角的双重区位优势，集中体现在市场集聚效应和交通成本优势两个方面，在产业集群与城市集群形成过程中发挥巨大的集聚和扩散效应。

三、对外开放是提高城市群国际竞争力的必要前提

上海港开埠以来，上海经济逐步融入西方发达国家主导的世界市场体系，使得上海港、上海内外贸易及其腹地经济获得极大发展。如今，我国长江流域具有得天独厚的自然条件、明显的区位优势、实力雄厚的产业基础、比较优越的科教资源、腹地广阔的市场空间以及较大规模的开放经济，必将发展成为世界上可开发规模最大、经济影响范围最广的内河流域经济带。

现阶段，我国经济发展面临较大的下行压力，传统的劳动密集型产业优势在逐步减弱，产业升级面临诸多不确定因素，在全球产业链中的新优势尚未形成。在世界经济全球化和区域化的冲击下，制造业的集聚并不是区域经济增长的主要动力，伴随大量农村剩余劳动力和人口迁移流动的加强而逐渐出现的服务业和第三产业的集聚，才是推动区域经济增长和发展的主要力量。长江经济带，一方面面临着新一轮世界制造业转移和服务业国际转移的战略机遇；另一方面则面临着本地区土地和劳动力成本上升，资源约束日益突出，以及发达国家城市群“再工业化”的挑战。

然而，长江经济带贯穿东西，拥有我国最广阔的腹地和发展空间，两端均与海洋连通，并且可以把很多国家战略融合起来，是实现我国经济与全球融合的有效途径。长江经济带实施东西两头，沿海、沿江、沿边全面对外开放，以及陆海双向对外开放走廊的形成，不仅可以破解经济发展中的资源与市场约束难题，还可以在全球视野中抢占经济发展制高点。

四、交通网络是城际合作、城市群联动发展的纽带支撑

对于交通运输体系来说，它不仅意味着是黄金水道，而应该是立体、综合、高密度的交通网络，实现不同地区、不同运输方式之间的有效衔接，提高交通运输效率，满足商品流通和人员流动的需求。

近年来，高速公路的修建极大地改善了城市之间的交通状况，长江经济带主要城市群之间的产业联系与经济合作不断加强，区域经济一体化的进程加快。但在交通联系方面，东部地区河海联运优势明显，而且水运与铁路、公路等联系条件好，而中西部地区特别是西部，高山屏障，基本上很少有高等级公路，更没有沿江铁路。同时，水运能力也较弱。

黄金水道、普通公路、高速公路、普通铁路、高速铁路以及空中航线形成的立体化“交通网络”，高起点高水平建设综合交通运输体系，推进多种运输方式综合服务信息平台建设，无疑可以加速长江经济带人流、物流的集聚和扩散，降低运输成本，为联动发展提供基础设施保障。

五、空间整合是突破传统行政区经济束缚的有效手段

由于行政分割和地区保护，按照市场经济规律形成的大国内部的“雁形发展”过程被阻隔。中西部地区的劳动密集型产业发展不足、城镇化水平不高，大量的候鸟式农民工集中在沿海地区。金融危机后，沿海各地不是加速产业转移和转型升级，反而采取各种保护措施，拖延产业转移过程，使得在计划经济条件下业已存在的较大的区域和产业差距，在市场经济条件下进一步扩大，从而成为生产力发展的巨大障碍。以城市群联动发展进行跨区域城市经济空间整合，充分发挥市场对资源配置的基础性决定作用，形成一体化的产品、要素和产权交易等市场。

首先，中央政府要负责跨行政区重大基础设施的资金筹措和工程建设。同时，在制度建设方面，要加强跨行政区的空间规划和政策协调，提高城市群基础设施及相关政策的衔接协调程度，将产业规划等易于执行的事务下放给地方政府。

其次，地方政府应在中央政府的制度框架内，加强与周边城市的协调。在产业协调方面，要充分发挥市场机制的作用。地方政府要创造公平的区域经济发展环境，推动边界地区统一市场形成，促进区域经济一体化。

六、低碳环保是长江经济带战略实施的生态载体

改革开放以来，长江流域和全国其他地区一样，已经步入“先污染，后治理”的经济发展之路。从生态建设看，整个长江经济带不仅面临着长江水资源与生态的保护与开发，还面临着五大淡水湖太湖、洪泽湖、巢湖、洞庭湖、鄱阳湖经济圈的保护与开发，钱塘江流域环保规划与开发，古运河的保护与开发，国家自然保护区、国家森林公园、绿带、湿地、大型生态公园和文化公园规划与实施等生态难题。这些难题的破解需要政府与市场合力寻求一种兼顾近期与远期、局部与全局的区域生态协调发展模式，引领全国生态文明建设。应加强长江全流域生态环境监管和综合治理，转变经济增长方式，实现低碳和谐发展。

第三章　合作基础：长江经济带城市群联动发展基础

第一节　交通基础设施初步实现互联互通

长江经济带城市群联动发展需以必要的交通基础设施条件作为支撑。换言之，长江经济带内各种运输工具和交通网络成为沿江城市群联动发展的载体。近年来，随着各级政府对交通基础设施的大量投入产生的累计效应逐渐释放，长江经济带城市群的一体化交通网络逐渐形成。长江黄金水道货运能力提升、高速铁路网的形成、公路体系完善和航空吞吐能力的飞速发展，改变了长江流域相对缺乏流动的发展格局，使得各种要素资源可以在各区域间迅速流动，大大缩短了各地的时间距离和空间距离，为推动长江经济带城市群的联动发展提供了基础运输条件。

水运方面，长江黄金水道作为长江经济带城市群联动发展的渠道载体，2013年，长江干线货运量达19.2亿吨，刷新了世界内河航运纪录，年货运量连续数年居世界第一位。这是长江沿岸各地加强港口、航道建设，完善长江干流水运通道的丰硕成果。目前，长江水道建设主要体现在两个方面：第一，港口建设，形成大中小港口相结合，江河海港一体，集疏运相配套的多功能、多层次的巨大港口群体。初步建成和完善以上海港为中心的长江口港口群，以南京为中心的长江下游港口群，以武汉为中心的长江中游港口群和以重庆为中心的长江上游港口群。第二，航道建设，开展了长江口深水航道综合治理工程，提高沿江主要港口和部分地区性重要港口航道等级，加大对瓶颈航道改造扩能力度，缓解船舶拥堵通行不畅问题。对长江干线港口和航道的系统性建设，必将进一步发挥黄金水道优势。

铁路方面，原有铁路和新的高铁线路组合形成发达的陆地动脉。经过长江流域的铁路主要有纵贯南北的京沪线、京九线、京广线等；横跨东西的铁路线有陇海线、汉丹—襄渝线、沪杭—浙赣—湘黔—贵昆线等。经过“十一五”和“十二五”铁路系统的飞速建设阶段，长江经济带已经建立了覆盖广泛的铁路网络，特别是高铁时代的到来，大大缩短了整个经济带城市群之间的距离，2014 年 7 月 1 日，首趟上海至成都 D2206 次列车在上海虹桥站正点始发，标志着沪汉蓉高铁全线贯通，这条高铁沿途经过上海、南京、合肥、武汉、重庆、成都 4 省 2 市，横跨东、中、西部，串联起整个长江经济带，中游城市群中心城市武汉作为中心形成了“十字架”形的高铁网络，现在从武汉出发 1 小时可到达湖北各主要城市，2 小时可到达郑州、合肥、长沙等中部城市，4～7 小时可到达北京、上海、广州、重庆等国内主要大城市；成渝城市群中心城市重庆也实现了客运列车到长三角城市群中心城市上海、杭州的朝发夕至。发达的铁路系统将作为大动脉为长江经济带城市群的联动发展输送源源不断的人员和物资。

公路方面，经济带城市群内逐渐完善公路网络，发挥路网整体效率。公路建设以高速公路建设为重点，以带内中心城市为枢纽，建成各大城市间的公路快速运输主骨架网，打通东出、北上、南下的出口通道；各省市要通力合作，打通跨省跨行政区域高速路段的断头和节点，建成上海至成都沿江高等级公路，形成一条贯穿东西的快速运输大通道；若干条南北纵向的公路干线加强了沿江地带南北纵向辐射的功能，支持了主要港口集装箱港区的发展。对于长江经济带中游和上游经济欠发达地区的公路建设投入增加迅速，有效突破了上述地区交通基础设施落后对经济发展的制约。总体上看，不论是带内各地区之间，还是与国内其他经济区域之间，相互连接的高速公路网络基本完善。

航空方面，以建设空港和提高吞吐能力为重点，各地区不断推进航空运输体系发展。下游方面以南京为例，2014 年，南京禄口国际机场二期工程正式投入使用，南京成为继上海虹桥机场、浦东机场、杭州机场之后华东地区第四个拥有双跑道的机场；上游贵州推进“一干十三支”航空布局建设，进一步提高其西南航空枢纽功能。经济带内上海、南京、武汉和重庆四个区域性特大中心城市的航空港建设，进一步提升了机场的区域枢纽作用；同时加快建设合肥、南昌、长沙等若干符合发展需要及条件成熟的支线机场，形成合理布局和密切配合的航空运输网。

第二节　统一的市场体系雏形开始呈现

统一有序的市场体系，既包括产品市场，也包括资本、土地、人才、技术等生产要素市场。从当前长江经济带城市群市场体系的发展情况看，统一产品市场的发展相对较快，各城市群内形成了一批地域性的商品市场，如上海航运交易中心、浙江义乌小商品市场、绍兴纺织品市场、江苏吴江纺织品市场、安徽芜湖米市、武汉汉正街服装市场、湖南的有色金属市场、成都药材市场等。这些市场的出现，一方面带动了当地经济的发展，另一方面加强了沿江各地的联系，并逐渐成为地域性的专业市场，为形成区域内统一市场奠定了重要基础，呈现了市场一体化的雏形，为长江经济带城市群联动提供了市场基础。而生产要素市场的发展则相对迟缓，长三角城市群、长江中游城市群、成渝城市群等大都市群汇聚着丰富的资本、人力和技术资源，应实现长江经济带城市群市场的统一，以优化资源配置已经得到各方面的认可和重视。2014 年，中部四省会城市在《长沙宣言》中提出将建立统一开放、竞争有序的产品、技术、产权、资本、人力资源等各类市场，取消各类要素市场准入的附加条件，探索建立四省会一体化社会信用系统和商标、名牌产品保护制度，组建工商、质监、金融等部门联合监管同盟，允许商品在四省会城市自由流通。清理修订和完善长江各城市现有政策及法规，消除行政壁垒，实行相对统一并合法合规的招商引资政策，协同鼓励吸引国内外资本和企业进入市场。

从人力资本市场看，长三角地区是吸纳劳动力的主要地区，而其他几个城市群则是劳动力主要输出地。因此，形成统一的劳动力市场对于长江经济带城市群联动发展意义重大，备受关注的国务院《关于进一步推进户籍制度改革的意见》正式公布，标志着我国长期制约劳动力流动、阻碍统一的劳动力市场形成的制度瓶颈将被打破；长三角中下游沿岸，拥有国内最发达的资本市场，集聚着数十万亿元的产业资本，拥有各类企业的“总部经济”，因而具有巨大的产业资本和金融资本的配置能量。随着我国深化金融体制改革为资本市场跨区域流动提供新的机遇，必将能够更大范围地服务长江经济带城市群的联动发展；沿江各城市群都具有雄厚的科技实力，集聚着数以千计的高等院校、科研院所和高新技术企业，技术要素已经成为沿江各城市群发展的重要支撑，并不断沿江向内陆地区扩散。

现代市场体系中，信用是不可或缺的部分，建立健全社会信用体系，是整顿和规范市场经济秩序、改善市场信用环境、降低交易成本、防范经济风险的重要举措，是减少政府对经济的行政干预、完善市场经济体制的有力手段，逐步开展的信用体系建设将为长江经济带城市群联动发展的统一市场提供重要保证。

第三节　沿江产业分工合作局面初步形成

总的来说，长江经济带内各个城市群依据自身的地理位置、经济社会发展水平、要素禀赋状况、基础设施建设水平等，建立了其在长江经济带区域内的分工和定位，经过多年建设，整个经济带已具备较完备的综合性产业基础和发展态势。

从第一产业看，长江经济带种植业和养殖业发达，是我国粮食和农副产品主要生产基地，为第二、第三产业的协调发展提供坚实的基础。目前，农业发展的重心处于中西部地区，但正摆脱传统模式，朝规模化、产业化、现代化和生态化发展。

从第二产业看，长江经济带实力强大，目前已经形成了门类齐全，轻、重并举，配套能力较强的完整的工业体系，其中，冶金、石化、机械、电子、汽车、纺织、农产品加工等行业在全国占有重要地位。长江上游地区由于计划经济原因，在汽车、摩托车、成套设备制造、工程机械、数控机床、彩色电视和通信设备等传统产业上具有相当的基础和优势，是国家重要的装备制造业基地、天然气化工基地和国防工业基地；中游地区主要工业类别包括黑色金属加工、有色金属采掘和加工、汽车及其他交通运输设备业、石油和天然气业、纺织工业、烟草加工业、重型机械设备制造业、食品业和医药制造业等；长三角地区则是我国工业最发达地区，一些重要的工业和企业在全国均处于领先地位，市场份额比重高，高科技产业发达，对整个国民经济都有巨大的影响力和推动作用，重要工业部门包括：汽车制造业、电子通信设备制造业、成套设备及大型机电设备制造业、家用电器制造业、石油化工及精细化工工业和以集成电路与计算机、现代生物与医药、新材料为代表的高新技术产业。各区域产业分工优势互补，成就斐然。

第三产业主要集中在长三角城市群，向广大沿江内陆地区辐射。但近几年长江经济带各地区的第三产业发展迅速，交通运输业、邮电通信业、批发零售业、餐饮业、金融保险业、信息服务业、旅游业和房地产业都有不同程度的快速增长。

在市场经济体制下，基于平等互惠原则，一些新产业的分工合作现象开始显现。上游和中游城市群的加工制造业已经得到一定发展，地区间资源流通的物质基础大大改善。同时，以上海和江浙为龙头的长三角城市群经过30多年的快速发展，近年来资源和环境压力越来越大，土地供应不足，环境承载力接近饱和状态，再加上劳动力成本上升，产生了产业向外转移的强大推力。因而，上中下游各地区之间的产业分工合作开始呈现水平型模式，即基于资本、劳动力、技术、管理等资源可以自由流通基础上的全方位分工协作，长三角部分产业沿长江向中上游地区转移就成为一个重要现象。

第四节 各区域间制度和科技协同创新不断

长江经济带城市群的联动发展过程实质是区域制度不断创新的过程。纵观各地区经济的协调发展过程以及国际经济一体化的进程可知：经济一体化是在制度创新的条件下逐渐发展的。一种制度的确立并非永恒不变，制度能刺激经济发展，也能阻碍经济发展。因此，经济要不断发展，就必须不断地促进制度变迁和制度创新，目的是为加速经济的市场化进程，实现资源的合理配置。

长江经济带乃至全国范围内，广泛而深刻的区域制度创新不断推进，取得了举世瞩目的成就。主要包括：

一是逐渐解决地方保护主义，市场经济体制建设，保证各地区经济主体自由竞争，公平竞争，形成统一、开放、有序的市场体系，充分发挥市场进行基础性资源配置的作用，改变政府对微观经济的过渡干预现象，实行政企分离，建立新型的政府与企业关系，政府对微观经济主体的活动，渐渐采取“引导而不直接干预”的做法，使地方保护主义失去存在的前提。

二是开始改革政治体制，逐渐改革地方政府的业绩考核指标，进一步淡化地方政府的经济职能。原先对于地方政府领导人功绩的评价，总是以各种经济指标衡量，如地方经济总量、GDP 的增长率、财政收入增长情况等。因此，为了实现区域经济的一体化发展，改革我国政治体制，淡化地方政府的经济职能。通过政府从“权力政府”向“责任政府”的转变，进一步推动经济体制改革的深化，加快计划经济向市场经济和法制经济转变。

三是跨区域合作机制建设。长期以来，以行政区划为沟壑的城市间、地区间的恶性竞争、重复建设现象层出不穷，各级政府在制度和政策制定方面“各自为政”，表现出整体上的发展无序和不理性，城市和局部地区所获得的短期收益往往是以更大范围内不可持续发展、长期利益损失为代价，这就需要各地区间制度层面的协调与沟通。长江经济带城市群之间制度创新方面的协同虽然起步较晚，但长江沿岸中心城市经济协调会、市长联席会议等协调机制为不同城市之间制度协调创建了沟通平台，2014 年，上海、重庆、武汉、南京等 27 个城市签署了包括《长江流域环境联防联治合作框架协议》和《口岸一体化发展备忘录》一系列共建长江经济带的合作协议，这类协调会议不仅作为城市合作机制的一部分，而且也为协调各区域制度创新提供磋商机制。

四是跨城市群协同科技创新形成。随着各城市群一体化、专业化程度的提高，为了应对日益激烈的市场竞争，城市群内企业开始重视区外生产、销售、创新活动，或在区外设立分支机构，拓展发展空间，带动优势产业向区外发展和延伸，并与区外经济融为一体，出现跨城市群科技创新现象，这在长三角城市群尤为明显。各地充分认识到科技创新为经济带来的强劲动力，逐步深化教育、科技、人才和文化等方面的体制机制改革，革除制度性弊端，充分调动高校和科研机构及其人才的积极性，释放创新活力；积极扶持风险投资、科技投资、创业投资、创投保险公司成立。特别是通过组建沿江科技研发联盟、创建跨行政区划的沿江科技协会等有效载体和强劲杠杆，培育一些创新创业型的沿江“小硅谷”；通过科技研发、联合攻关和人才资源跨行政区划的优化配置，沿着引进、消化、吸收的有效路径，走二次创新、合成创新和合作创新的成功道路；在产品产业的品质上下功夫，做强产品品牌，实现产品产业的升级换代、出口换代及进口替代，把城市群的科技、教育和人才等巨大优势与潜力转变为协同创新的不竭动力。

第五节　长江流域生态环境协作治理加速推进

随着建设生态文明目标的提出，中国工业化进程报出了构建资源节约型和环境友好型社会以及完成污染减排指标的约束性目标任务。作为中国工业化的主阵地及环境污染的重灾区，长江流域生态保护在新阶段中被提到了空前的高度，环保工作任务也愈加艰巨而紧迫。在现有区域行政划分体制下，要解决跨区域环境污染的难题，必须加强对跨区域环境管理的体制创新，建立沿江各地政府间合作的有效机制，以适应建立长江经济带城市群生态协同保护机制的需要。

长江流域生态环境方面合作的尝试早在“2003 长江三角洲城市经济协调会”就已开始，会议明确指出了联手实施环境保护国策，维护可持续发展的生态环境方面的合作。同年底，长江三角洲地区环境安全与生态修复研究中心也随即成立，绿色长三角的打造已经成为区域合作的新目标。但生态环境治理的合作是一个不断探索、不断完善的过程。2008 年 12 月，苏浙沪两省一市共同签署了《长江三角洲地区环境保护合作协议（2009 ~ 2010 年）》，2009 年，《长江三角洲地区企业环境行为信息公开工作实施办法》出台对提高企业环境意识规范企业环境行为、保障公众环境权益、实现区域企业环境信息共享、提升区域环境管理水平起到了巨大的推动作用。

在长江中上游地区，启动实施了三峡库区及上游水土保持防治等重点工程，对多个跨区域大型生产建设项目开展了联合水土保持监督执法检查，对重要支流和重点区域开展了水土流失动态监测，有效地治理了长江上中游的水土流失。以保障流域饮水安全为重点，开展了对长江干流、主要支流及三峡库区水域排污口的综合治理，对水污染事件启动了应急响应，基本建成了覆盖长江流域主要江河、湖泊和水库等水体的水环境监测网络。积极探索流域与区域相结合的水资源保护工作机制，在南水北调中线工程水源区建立了由长江委与地方政府组成的“1 +5”联席会议制度。目前，长江水质状况总体得到改善。大力加强流域水生态保护力度，鱼类增殖放流站、过鱼设施的设计和建设、武汉大东湖生态水网建设等河湖水系连通工程对水生态修复形成具有积极意义，取得明显成效。近期，湖北十堰市、宜昌市，湖南湘江源头、武陵山，重庆渝东南武陵山区、渝东北三峡库区，四川成都市、雅安市等省市部分地区以及江西、贵州与云南三省全部范围都陆续建立生态文明示范区，加强沿岸湖泊和江河流域的水污染防治治理。

长江生态安全关系全局，长江经济带城市群积极按照科学发展的要求，处于发展和保护的关系，避免新的产业转移带来污染转移。同时，加强生态系统修复和综合治理方面的投入，缓解重点区域水土流失问题，尝试建立全流域严格的水资源和水生态环境保护制度，控制污染排放总量，促进水质稳步改善，正创造一条与生态环境协同保护治理的新路，确保一江清水绵延后世、永续利用。

2014 年 11 月 22 ~23 日，在合肥市召开了“长江沿岸 27 个中心城市经济协调会第 16 届市长联席会议”。在过去的两年，在长江协调会 27 个城市的共同努力下，各项工作积极向前推进，在加快区域经济转型升级，推进区域通关一体化，推进长江航运建设和港口合作，全面加强产学研合作，升华区域多领域合作，完善城市合作机制六个方面取得显著成效，区域合作迈上新台阶。本次会议各成员城市市长共同签署了《长江流域环境联防联治合作协议》。

第六节　社会服务与社会治理合作范围扩大

一方面，长江经济带经济持续高速增长与社会发展进程不断加快；另一方面，各区域发展的不平衡程度令人担忧，在公共服务和社会治理水平方面差距尤为明显。提供均等化公共服务和社会治理，已经成为构建社会主义和谐社会新形势下维护社会公平、促进社会和谐的重要内容，这一点已经成为全社会的共识。目前，长江经济带城市群之间在公共服务和社会治理方面，合作联动步伐逐渐加快，范围逐步扩大，如在义务教育、社会保障、医疗卫生、文化等领域展开统一的规划与协调。

首先，长江经济带城市群在教育合作方面已经具备了一定的基础，长三角地区率先就教育合作签订了协议，标志着区域教育合作开始了实质性的启动，但仅有这些是远远不够的，为了进一步提高竞争力，实现教育资源的优化配置，各城市群今后要加强在教育一体化开发方面的力度。

其次，社会保障一体化的协调条件逐渐具备，经济实力的增长以及经济水平的大致相当是跨区域建立统一社会保障政策的前提条件，而长三角城市群在这方面优势明显；长江中游城市群武汉、长沙、合肥、南昌四省会城市合作深化，在公积金互认、异地购房方面达成共识，并启动运作。

再次，医疗服务领域，长江沿岸城市群的医疗服务水平较国内其他地区较高，汇集了全国不少一流的医院。这些医院在管理、学科建设以及医学科技创新等领域，成绩卓越，而且在绝对数量方面，区域内医疗服务机构已经达到了相当规模。

最后，社会治理方面，城市群政府协同治理的内容涉及方方面面，且越来越广泛，由最初单一的经济领域合作向社会、经济、文化、生活等各领域全面发展，合作的广度和深度日益拓展，在基础设施、产业对接和市场监管等方面取得了阶段性成果。各地政府签订了《信用体系建设区域合作推进方案》和《长三角区域环境合作倡议书》等一系列正式文件，涉及城市规划、交通物流、工商质监、信用体系、生态环境等各个领域，为进一步促进长江经济带城市群的社会治理协调合作提供了良好的法制和政策基础。

以全面推进长江经济带经济和社会协调可持续发展为目标，深入探究长江经济带公共服务和社会治理协同均等的理论逻辑与现实困境，以及探索公共服务和社会治理协同均等化的实施路径，对于长江经济带城市群联动发展来说，无论在理论上，还是在实践上，都是一个值得高度关注的重大课题。

第四章　联动障碍：长江经济带城市群联动发展困境

长江经济带联动发展作为国家级区域发展战略，旨在通过增强我国东、中、西部三大区域间的互动联系，加强对外经济开放程度并扩大广阔腹地内需，充分利用长江经济带现有的各种经济基础与优势条件，为促进区域经济持续发展提供长足动力，是我国在新常态背景下打造经济增长新动力的重要战略支撑。但长江经济带地域范围较广，域内各地自然环境复杂，地区发展差异较大，且联动发展体制机制建设仍任重道远，长江经济带城市群联动发展难免存在诸多困难，尤其是在产业转型升级、交通基础设施互联互通、市场体系一体化、环境保护联防联治、公共服务共建共享等方面。

第一节　区际梯度差距明显，产业结构趋同严重

一、明显的经济发展梯度差

从经济发展水平看，各地区经济发展差距明显较大。根据 2014 年长江经济带中所含 11 省市的人均地区生产总值可知，长三角城市群人均地区生产总值远远高于长江中上游城市群，平均水平达到 7.9 万元，其中上海人均地区生产总值更是达到 9 万元以上，形成以上海为中心的长三角城市群。长江中游城市群人均地区生产总值在 4.8 万元，其中江西的经济发展更为落后，中游城市群中只有湖北省的经济发展程度稍高于其他省份，因而形成以湖北武汉为中心的长江中游城市群。长江上游地区包括重庆、四川、云南和贵州 4 个省市，人均地区生产总值差距较大，云南与贵州两省的经济发展速度明显低于一般水平，在长江经济带甚至全国的经济发展地位中都处于最末位置，而重庆地区却保持着较快的发展水平，与长江中游城市群中湖北省的人均地区生产总值持平。

二、严重趋同的产业结构

从三次产业结构看，各区域中的不同省份存在着结构严重趋同的问题。在长三角城市群中，上海明显处于工业发展阶段的后期，第三产业比重是长江经济带所有省市中唯一超过50%的地区，且批发与零售业以及金融业分别占第三产业总值的26.3%与21%，这与上海打造国际航运中心与国际金融服务中心的战略发展方向相匹配。而江苏与浙江两省，三次产业比重非常接近，仍然处于以工业为主体带动经济发展的阶段，但第三产业与第二产业比重较为接近。分析两省具体行业，工业、建筑业等第二产业与交通运输仓储、批发与零售业、住宿与餐饮业、金融业、房地产业等第三产业的结构比值差距较小，产业结构趋同现象较为明显。相比长三角城市群，长江中游各省份都有一个明显的特点，农、林、牧、渔等第一产业占总产值的比重均在12%左右。这是由中部地区拥有丰富的土地资源及适宜的气候环境决定的，也是国家长期发展所需农产品与原材料供给，支撑第二、第三产业长足发展的需要。第一产业是经济发展的基础与支撑条件，第二产业则是真正带动经济发展的主体部分。长江中游各省份第二产业占比大概在50%，而第三产业发展还有所不足，其产业分配格局表明中部地区还处于工业发展的中期或初期阶段，未能充分发挥第三产业对经济的拉动促进作用。长江上游城市中产业结构出现较大差别，重庆与四川两省市的第二产业比重相对高于云南和贵州地区。云南的支柱产业烟草、矿产、电力与旅游业，与贵州白酒酿造、电力、药业等产业都是附加值较低、技术水平不高的行业，对经济发展与劳动力吸纳能力都较为有限。同时，在没有制造业、高新技术产业支持的前提下第三产业也主要集中在批发和零售业、交通运输与仓储业等基础性服务业，如表4-1所示。

表4-1 长江经济带11省市经济发展主要指标（2014年）

地区	GDP（亿元）	人均GDP（元）	第一产业比值（%）	第二产业比值（%）	第三产业比值（%）
上海	23567.7	97159.15	0.5	34.7	64.8
江苏	65088.32	81874	5.6	47.4	47
浙江	40173.03	73002	4.4	47.7	47.9
安徽	20848.75	34425	11.5	53.1	35.4
江西	15714.63	34674	10.7	52.5	36.8
湖北	27379.22	47145	11.6	46.9	41.5
湖南	27037.32	40271	11.6	46.2	42.2
重庆	14262.6	47678.68	7.4	45.8	46.8

续表

地区	GDP（亿元）	人均 GDP（元）	第一产业比值（%）	第二产业比值（%）	第三产业比值（%）
四川	28536.66	35128	12.4	48.9	38.7
云南	12814.59	27264	15.5	41.2	43.3
贵州	9266.39	26437	13.8	41.6	44.6

数据来源：《中国统计年鉴 2015》。

对长江经济带城市群中 11 省市的经济发展情况与产业结构进行分析，可以发现：

一方面，长三角城市群、长江中上游城市群之间经济发展水平具有较大的差异。长三角城市群在人均地区生产总值上明显优于长江中上游城市群，这会造成不同地区对于城市群联动发展有两种不同的态度：一是会促进经济欠发达的长江中上游城市群拥有承接经济发达地区产业转移的欲望与动力，采取各种积极措施扩大外地企业对本地区的开发与投资，不断促进本地区产业优化与升级。二是经济发达地区却缺少与长江中上游城市群互动的意愿。主要是出于保护本地区利益的角度，限制本地区资金、人才与技术等生产要素向外流失，却又难以找到与长江中上游城市群联动发展中的利益共同点，在缺乏促进区域经济整体发展的全局观念下，造成与长三角中上游城市群经济上的支持互动比较有限。

另一方面，长江经济带城市群内部产业结构也存在着趋同问题。除上海市处于工业化发展后期阶段，主要依靠现代服务业、金融、航运和国际贸易等第三产业作为经济发展的主要动力，其他省市仍然处于工业化发展的中期阶段甚至是起步阶段。众所周知，产业只有分工合作才能进行专业化生产并实现规模报酬递增，而产业结构趋同易引发同类产品之间的无序竞争，以致两败俱伤，最终损害地区整体的经济利益，不利于区域间的产业协同发展。对长江经济带城市群中各省市的主导产业进行比较，发现各地政府都倾向于发展产业技术较高、未来发展潜力较大的产业。如上海、江苏、浙江、安徽、江西、湖北、湖南、重庆、四川等都将汽车或电子信息产业作为本地区的主导产业之一，在生产过程中不仅造成资源、人才、技术等要素的分散与浪费，产业间的无序竞争与产业核心技术的保密与会限制区域整体利益以及城市群产业核心竞争力的提升（见表 4－2）。

表 4－2　长江经济带 11 省市工业重点产业

地区	工业重点产业
上海	电子信息产品制造业，汽车制造业，成套设备制造业，石油化工及精细化工制造业，精品钢材制造业，生物医药制造业

续表

地区	工业重点产业
江苏	汽车制造业，医药制造业，专用设备制造业，电气机械及器材制造业，通用设备制造业，计算机，通信和其他电子设备制造业
浙江	高新技术产业，装备制造业，战略性新兴产业，高端装备制造业，电子信息制造业，八大高耗能产业
安徽	电气机械和器材制造业，非金属矿物制品业，电力热力生产和供应业，农副食品加工业，通用设备制造业，化学原料和化学制品制造业，计算机通信和其他电子设备制造业，汽车制造业，橡胶和塑料制品业，黑色金属冶炼和压延加工业，专用设备制造业，金属制品业以及酒、饮料和精制茶制造业
江西	非金属矿制品业，电气机械及器材制造业，汽车制造业，计算机、通信和其他电子设备制造业
湖北	农副食品加工业，饮料和精制茶制造业，化学原料和化学制品制造业，橡胶和塑料制品业，建材、钢铁、有色金属制造业，通用设备制造业，汽车、电气机械制造业，电子设备制造业
湖南	农副食品加工业，通用设备制造业，专用设备制造业，汽车制造业，计算机、通信和其他电子设备制造业，电气机械和器材制造业，非金属矿物制品业，化学原料和化学制品制造业，有色金属冶炼和压延加工业
重庆	汽车制造业，电子信息产品制造业，装备制造业，化医产品制造业，材料制造业
四川	计算机、通信和其他电子设备制造业，汽车制造业，黑色金属矿、酒、饮料和精制茶制造业，化学纤维制造业，家具制造业，石油加工、炼焦和核燃料加工业
云南	烟草制品业，电力生产和供应业，非金属矿物制品业，电力热力、黑色金属冶炼及压延加工业，有色金属冶炼及压延加工业，石油加工炼焦及核燃料加工业
贵州	酒、饮料和精制茶制造业，煤炭开采，烟草制品业，电力、热力生产和供应业

资料来源：2014 年各省市国民经济和社会发展统计公报。

对于同一区域内产业结构趋同的原因可以从几个角度看：①在同一区域中的城市，由于其经济发展水平与发展阶段相似，造成产品市场中的需求与供给结构趋同，影响该区域中产业结构具有高度的相似性。②产业间的比较优势导致的产业趋同。如在不同产业结构中选择第二、第三产业比第一产业拥有更多的经济优势，在利益驱动的条件下，地区投资者更加倾向于对工业、服务业等第二、第三产业的发展与投入；或在同一产业层次不同行业中，汽车制造、电子产品、新材料、新能源等投资回报率较高的高新技术产业会受到更多的关注与投入。③在一定的区域内，各地区所拥有的各种生产要素、交通基础设施建设、政府重点建设项目与投资优惠政策等投资环境具有“均质化”特征。一般而言，企业在选择生产经营点时会考虑到市场、交通、资源等影响企业经营成本的多方面因素，力求在经营成本最低的前提下实现企业效益最大化。而在投资环境相似的背景下，企业会弱化对投资地点的选择，从而对产业结构的趋同造成一定的影响。

第二节　物流运输能力有限，区域互联通达较差

一、物流运输方式单一，物流基础设施薄弱，运力不足

长江经济带联动发展离不开交通基础设施的一体畅通，开发长江经济带，需要加强城市与城市之间、城市内部的交通基础设施建设，提高城市的运输能力，让人流、物流、资金流、技术流等生产要素得到有效流通。长江经济带各省市均意识到了交通基础设施建设在经济发展与区域互动合作中的重要作用，并在以往的交通建设基础上，持续加大这方面的财政投入。为尽快融入长江经济带整体发展规划，各省市陆续制定实施了一系列积极措施以提高地区内部以及区域间的交通运输能力。但是，仍面临着诸如运输方式结构失衡、物流基础设施薄弱、物流服务层次较低等严重影响区域内互联互通的现实问题。长江沿线主要以高耗能、高污染的公路集运方式为主，低成本、环保型的水路集运方式利用率较低。区域内也没有建立起快捷的公路、铁路、水路与航空等综合交通网络，东部发达地区与中西部地区联系还较为有限。

二、城市群间长江港口基础设施建设不完善，水陆交通难以有效衔接，可达性较差

从整个长江经济带城市群间的物流运输看，主要问题在于对长江流域的运用与依赖性不高，这与水路运输具有低成本、高货运量、污染小等有利于企业控制经营成本与可持续发展的特征相违背。城市群间港口基础设施建设的不完善是导致其港口贸易发展受限的原因之一。在当前经济快速发展与市场竞争激烈的时期，政府对于运输速度更快的公路、铁路、航空等交通设施的建设更为重视，而传统意义上的水路运输则由于运输速度慢、航道建设困难等原因受到忽视。另外，水陆交通的对接过程较为复杂也会影响水路航运的使用。当城市港口建设未能提供完善的咨询服务和便捷处理货物运输的能力时，在企业货物运输距离较短的情况下，企业会优先选择其他运输方式。同时，由于产业集聚效应，关联性或互补性较强的产业在空间布局上会保持在一定的距离范围内，从而可以共享区域

内部的信息、技术、人员等资源。因而在经济活动频繁的地区，在市场经济发展的需求下，交通基础设施建设会得到不断发展，使得一定区域内部的交通较为通畅便捷。但是，随着运输距离的拉大，资金投入成本的增加，交易活动并不频繁的跨地区、跨行政间的交通设施建设会受到限制。

另外，长江经济带涉及11省市，其跨区域的交通基础设施建设不仅受到距离较远或者资金投入多的影响，还涉及不同地方政府的合作机制、协商成本、利益分配等因素。尽管各地政府不断推进与城市群联动发展相配套的交通设施建设，但现实中仍然存在着不少问题。在无法达成共识的情况下，难以形成城市群间以及城市群内部的水路、公路、铁路、航空等便利、高效、衔接顺畅的综合交通网络体系，严重影响了区域间的资源共享与合作交流。因此，需要在理清当前交通基础建设与布局规划不足的基础上，继续完善与推进城市群间的进一步联系与合作。

第三节　联动封闭左右摇摆，市场一体任重道远

一、市场联动遭遇地方保护，资源配置效率大打折扣

党的十八届三中全会提出要充分发挥市场在资源配置中的决定性作用，与以往市场发挥基础性作用不同，这充分表明政府已经意识到市场在经济发展过程中发挥着越来越重要的作用。一般情况下，在没有政府行政权力干预的情况下，市场力量能够自发地调控区域范围内的各种资源，使得土地、劳动力、资金、技术等生产要素通过合理配置得到高效利用，在追求利益最大化的前提下，使得整个区域范围内的产业结构得到优化配置，激发市场创新活力，不断推动经济的高速发展。然而，当前长江经济带中长三角城市群与长江中上游城市群间的经济联系还不够紧密，市场在区域间的资源配置作用也不明显。各区域之间的地方保护主义盛行，通过各种行政手段限制本地区的人流、物流、资金流与技术流等资源向外流出，防止地方企业资产通过投资方式向区域外部转移。即使长三角城市群当前正处于产业结构优化升级的关键时期，仍需要将高耗能、高成本、低附加值的限制类产业淘汰掉，转而向低成本、高效率的集约化产业发展，但出于地方保护主义与防止经济利益溢出思想，长三角地区并未将这些落后产业大量、及时、主动地转移出去，不仅限制自身的产业发展，对于区域整体的产业升级也造成不利影响。在金融服务领域中同样存在市场分割，未能实现区域一体化的现状。如当

前企业投资规模的不断扩大常常造成公司总部与产品生产车间相分离的情况，为降低企业生产经营成本，企业对金融机构能够提供跨区域金融服务的需求逐渐增强。但基于当前商业银行在各地区分支机构相互独立，并不提供跨地区办理业务的现状，常常造成资源的低效利用。

二、政绩冲动引致过度干预，共享机制缺位使得共赢发展迟缓

造成市场分割、地方保护主义盛行的很大原因在于政府对市场经济活动的过度干预。由于政府在促进长江经济带联动发展过程中，对区域间资源配置、产业合作方式、矛盾冲突协调办法等问题进行处理时发挥着重要的作用：既可以扩大经济向外开放程度，减小资源流动的限制条件，充分发挥市场作用在产业发展中的最大效益，使得区域间的分工合作与经济联系更加紧密，又能够通过行政措施限制区域内的资源向外流动，减少与其他地区的合作交流。区域间地方政府的两种行为常常受到自身双重身份的影响：一方面，地方政府作为中央政府政策执行的代理者，需要按照中央政府的意见，处理好与周边地区经济友好往来，使长江经济带开发成为促进沿海与中西部地区联动发展、实现我国经济长期稳定增长的新动力；另一方面，地方政府作为有主体意识的利益体，拥有对自身行政区内各种资源的配置权力，通过行政规划、产业布局、公共设施服务等行政手段促使本地区经济利益得到最大化实现。如长三角城市群，经济发展程度已达到较高水平，成为我国经济实力最强的城市群之一。随着企业数量增加以及规模的扩大，长三角城市群中市场竞争激烈程度日益增加，为追求价格更低的劳动力、土地等生产要素，企业会自发地向其他地区转移并扩散开来，对周围地区的经济发展起到带动促进作用。这种经济辐射能力受到城市群综合实力大小的影响，城市群综合实力越强，对外辐射的范围越广，扩散速度越快，反之亦然。在地方政府对这种跨区域的辐射扩散效应采取支持或引导措施时，会加快对周围地区经济发展的拉动促进作用，对完成中央政府下达的任务，实现长江经济带城市群联动发展具有重要意义。但在现行的分税制财政体制下，上级政府考察地方官员任期内的政绩主要通过地区生产总值增长等经济发展指标，而在区域经济合作中的贡献或对生态环境保护治理的支持力度并不包含在政绩的考核内容中。同时，官员职位晋升需要在特定年龄限制条件下，获得与同级其他地方政府在政绩上的比较优势。因而地方政府出于自身利益最大化角度出发，常常对市场经济行为进行人为干预，采取地方保护主义等一系列妨碍区域联系发展的壁垒。而在区域中，各地方政府由于在信息获取、理解上的差异以及信息沟通不通畅等问题，在各利益主体相互理解与信任不足的前提下，使得区域间的关键性利益问题在协商调解过程中

难以达成一致意见，导致区域间的矛盾冲突升级。不仅造成各地方政府强化地方保护，加大区域间交易壁垒，降低区域间合作交流的可能性，还会对区域间自发形成的社会协调组织进行干扰和阻挠，不利于区域经济长期稳定增长。

三、央地共同推动区域联动发展，强约束政策亟待出台

当前，开发长江经济带作为区域经济发展的重点工程，受到中央政府的高度关注，并印发《关于依托黄金水道推动长江经济带发展的指导意见》在区域协调发展体制建设上提出总体要求。长江经济带中各地区都纷纷签订相关协议，加强彼此间合作交流，积极响应中央政府的号召。此前长江沿线七省二市（江苏、安徽、江西、湖北、湖南、四川、云南、上海、重庆）已签订《长江经济带合作协议》。长江中游城市群通过市长联席会议制度先后签订《长沙宣言》、《武汉共识》等合作框架协议，以及部分城市定期召开关于加强区域合作的协同发展座谈会。所签订协议以及座谈会内容涉及交通设施建设与水陆联运对接、开放市场建设、产业联动发展、区域生态保护与治理等加强区域分工与交流的合作机制。在《指导意见》印发以后，长江经济带各省市在积极融入区域整体发展规划的同时，采取一系列措施继续加强区域间合作交流的深度与广度。但由于这些框架协议和座谈会只是一种政策申明，是对区域合作意向或主张的表达，未能明确长江经济带各省市利益主体在推进区域合作中的权利和义务关系，对其采取的具体行为措施不具有约束效应。但是，中央政府制定的区域性合作框架协议，只是一种抽象的政策表达，仅仅对未来合作发展中的重点方向进行把握，在实际行动中地方政府却可以有较大的发挥空间。因而在促进长江经济带联动发展中，还缺少具有较强约束性的法律法规，对区域间各利益主体的合作机制、利益分配及补偿、矛盾协商方式等做出具体的界定与规范。

第四节　生态治理困难重重，联防联治动力不足

一、流域污染治理不力，个中原因既有客观也有主观

长江经济带是由沿着长江流域所在的大中小城市组成的贯穿我国东、中、西部三大经济区域的城市集群，在城市群相互联系的所有渠道中，水运是其中运输成本最小、最为便捷、环境污染最小的运输方式。然而我国的长江流域正面临着严重的水污染问题。在经济发展以及城市化不断推进的过程中，工业污水、生活

污水不可避免地流入长江流域，中部地区农业生产形成的各种化肥、农药等农业污水也对长江造成污染。水污染对长江流域周边城市居民的生活健康造成非常不利的影响，急需各方政府调配各种资源进行综合处理。

但治理长江水污染时却面临着严重的困难。一是受到自然因素影响造成的客观难题。由于水资源具有流动性，因此在长江上游城市群造成的污染，往往经过水流运动将污染传播到中下游城市群甚至整个长江区域。使得某个地区的污染点或污染源影响着整个流域的水质，进而影响流域周围居民的生产活动与生活环境。二是人为或制度因素加大对水污染治理的难度。由于水资源在使用过程中存在着过度使用的情况，具有“准公共物品”的特性。但行政区划分割以及水资源流动相互形成的矛盾，导致在水污染治理中并不坚持“谁污染谁治理”的原则。在实际生活中，政府管理流域水污染时仅对本行政区域拥有行政权力，为减小区域治理成本并增加本地区经济效益，往往会出现长江中上游城市造成污染却不愿或不能治理，而长江下游城市又不愿为中上游城市的水污染买单等情况，最终造成整个长江流域水污染治理问题难以解决。

忽略长江流域污染难以治理的客观因素，若对其主观因素进行分析，当前长江经济带污染治理存在着几个问题：一是缺乏统一而权威的管理部门。当前环境污染治理采取多部门参与、多层次管理的体系。这造成相关的管理机构行政权力分散、职能分配不清，难以涵盖污染治理中的所有方面，同时对区域内各部门缺少约束和监督。因此会出现居民投诉环境污染问题，却遭遇环境管理部门相互推卸责任或无法解决环境补偿问题的情况。二是缺少跨区域的协调组织机构。由于长江流域环境污染问题涉及东、中、西部三大经济板块以及11省市行政区，这种跨行政区域治理的特点造成各区域主体在利益处理问题上需要特别的重视。因此需要在权威管理部门领导以及相关政策规划保障的基础上，设立一个专门的协调组织部门。对在跨界污染治理中所面临的信息沟通、利益调解、冲突协调、综合治理等方面进行协商处理，特别是需要对其区域间的矛盾与冲突等复杂问题进行多次协商，力求达到一个让各方利益群体都满意的结果。三是缺少区域间合作的环境法律条文。尽管各地政府积极推进国家生态文明先行示范区建设或各自采取保护长江流域生态的措施。如上海闵行区、崇明县，江苏镇江市、淮河流域，浙江杭州市、丽水市，安徽巢湖流域、黄山市，湖北十堰市、宜昌市，湖南湘江源头、武陵山，重庆渝东南武陵山区、渝东北三峡库区，四川成都市、雅安市等省市部分地区以及江西、贵州与云南三省全部范围都已入选生态文明示范区。湖北省通过《湖北省水污染防治条例》，以法律形式加强对水环境的保护；云南省采取的“七彩云南保护行动”，继续实施重点防护林、天然防护林等工程，并加强高原湖泊和江河流域水污染的防治与治理。但还缺乏相关的法律条文对跨区域的环境保护或污染治理等问题进行明确的界定，在面临划分治理任务、追究污染责任、选择污染治理的合作方式等情况时，因难以依据相关的法律法规而造成各利益主体间的权利与义务关系模糊不清，给区域间污染的综合治理与利益协调带来不便。

二、生态保护关系共同利益，难以联动源于合作动力有限

长江经济带城市群因涉及区域较为广泛，区域内部经济发展程度较大，在追求利益最大化的前提下，各省市对部分投资回报率较高的产业进行重点发展支持，进而产生产业结构趋同的现象，不利于长江经济带各省市产业分工合作基础条件的实现。而连接长江经济带各省市的交通基础设施仍然不能满足未来大量资源流动的需求，在各种交通工具的有效衔接上也缺少相应的服务供给，使得沟通区域经济联系必要的硬件设施服务不尽如人意。在软件设施上，各地方政府在双重身份的矛盾博弈中，促进城市群间的联动发展动力不足，造成区域间的市场分割、地方保护主义盛行，不利于区域间资源的有效流动，导致资源的利用效率较低，难以实现扩大中西部产品市场需求，保持经济持久动力的目标。随着经济发展程度不断加深，不可避免地造成了对生态环境的破坏。长江经济带依靠长江流域紧密相连，受到水资源流动性的影响，长江流域水生态保护与治理不仅是各地方政府内部问题，更是涉及各地区各自的利益问题，严重影响着城市群间的合作互动关系。探究城市群联动发展困境的内在原因，最根本在于各地方政府间的合作动力有限，在区域合作约束性不强的前提下，难以实现持久的联动发展。

第五章　长江经济带城市群联动发展机制

《国务院关于依托黄金水道推动长江经济带发展的指导意见》将长江经济带定位为：具有全球影响力的内河经济带，东、中、西部互动合作的协调发展带，沿海、沿江、沿边全面推进的对内对外开放带以及生态文明建设的先行示范带。长江经济带要想实现以上战略定位，加强城市群联动发展是摆在眼前的首要问题，而城市群联动发展的关键之处在于机制的构建。城市群联动发展机制有利于跨区域整合资源要素，形成良性互动、合作共赢的发展格局，实现国家对长江经济带的战略定位。

第一节　航道运输管理机制

长江水系是我国最大的内河航道系统，水深港阔，通航里程长，是连接中国东西部地区的“黄金水道”。长江干支流的通航里程已达到9.6万千米，年货运量大约占全国河流总运输量的70%。万吨巨轮可从长江上溯至南京，5000吨级的轮船可以开到武汉，3000吨级的可直至重庆。但目前长江航运多头管理，责权利难以理顺，严重影响了长江大动脉通航能力和社会经济效益的发挥。

（1）完善法规体系，加大各项投入。建立健全与国家行政法规相协调的区域性航道管理法规；设立专门针对船型标准、航行规模、航道监管、航运安全等的航道运输检验体系；完善《船舶法》、《航道法》、《防治船舶污染》等相关法律，从法律制度上加强对航道的保护与利用，解决跨、临、拦航道建筑物及进行非法采砂等问题，促进水利运输事业可持续发展。不断建立健全河流开发专门机构，改善河流开发与综合利用新模式。建议仿照世界上内河水运发达国家成功经验，成立具有统一综合管理能力、安全监管能力的管理机构，涵盖航道管理、运输管理、水资源管理、海运管理等；避免多头管理，建立内河航运与公路运输、铁路运输、航空运输有效对接机制，打造具有全球影响力的内河经济带。

（2）改进航道管理系统，提升通航能力。建议在航道维护管理决策系统、测量的技术手段和科技水平、航道常年维护资金渠道、快速应急反应能力及工程建设的市场机制等方面改进航道维护管理保障系统，加强通航保障能力。此外，长江经济带囊括 11 个省市，长江干流流经 11 个省市，直流覆盖 8 个省市，不同省市对长江水系航运事务管理存在差别、要求不尽一致。因此，建议长江水系可建立统一的行政执法部门，如长江航运建设与管理专门委员会，对长江水系航运相关事务统一规定、立法、执法。这样能够有效破除不同省市、地区因行政管理部门不同而造成对长江航运事务做出的不同规定、立法、裁决；提高全国航道标准，提升航道运输市场秩序稳定。

第二节 利益共享机制

（1）制度化利益共享机制是深化区域合作的根基。跨区域城市群社会经济能否取得实质性进展，关键在于能否突破地方保护主义，破除行政藩篱，消灭“以我为中心”的独赢思想，促进资源要素更高效地流动。因此，要改变各城市间相互竞争的发展现状，树立“共赢、联动、协同”的发展理念，构建上中下游城市群区域间的利益共享机制，通过合理的利益分配与补偿，促进资源要素在上下游区域之间更高效地流动，实现长江经济带成为东、中、西部互动合作的协调发展带目标。

（2）健全利益共享制度。完善科学有效的财税管理体制、规范的转移支付制度、优化的政府绩效考核制度等，以制度化的保障约束各地区的经济行为。建立合理的利益分配与补偿机制，将市场“无形的手”与政府“有形的手”相结合，确保利益分配的公平与公正。建议获益较多的区域应在其他方面为联动发展区域提供一定的补偿，确保短暂利益缺失的区域能从长期经济合作中获利。

（3）发挥市场机制调节作用。市场协调是协调跨区域间社会经济利益最主要的协调方式。市场协调，一方面是通过供求机制、价格机制、竞争机制等相互联系、相互作用实现的；另一方面是通过市场对资源配置起决定性作用引导资源要素的双向流动。从互利合作、利益共享考虑，不同区域处于同一产业链上的企业可以共同协商、谈判，以契约方式形成产供销关系，结成利益共同体，如建立跨区域间的农工商、产学研等一体化组织；由行业协会牵头组织服务性协调机构或跨区域旅游网络等。

（4）调动行业协会的积极性。行业协会作为行业自律性组织，受行政等外力影响较少，可通过制定行业内规章制度，为行业内经营主体提供行业市场等方面的信息，组织安排企业经营者之间的交流，监督规范经营主体的行为。另外，城市之间应形成统一协调、公平合理的市场竞争规则，健全完善的市场网络，坚持“透明度原则、市场准入原则、非歧视性原则、公平贸易原则”，为各类经济行为提供健康规范的市场环境，提升市场交易的公平、公正；突出核心城市（如上海等）利用自身资源优势，实现产品、技术、劳动、资本等生产要素的流动辐射，带动周边城市的经济发展；完成从产业趋同走向产业分工协作，建议各地区利用比较优势产业，成立“产业战略联盟”，消除产业同构，实现资源优势互补。

第三节 区域合作交流机制

区域合作作为一种社会经济健康有序运行的方式，是体现跨区域城市群要素流动、资源互补、共赢发展的目标。实现跨区域共同利益最优化是开展区域合作的着力点。我们主张坚持“市场引导与政府主导”、企业主体与社会参与相结合的原则，建立全方位、多层次的区域合作交流机制。

打破行政区域经济，发展城市群经济。区域内政府要克服行政壁垒和地方保护，以城市群中心城市为核心，发挥增长极作用，加强城市群内外城市的经济联系，发展“城市群经济”，打破区域内外分割，建立信息共享、资源互补、共创收益、完善统一的市场体系。发挥各地资源要素禀赋比较优势，完善跨区域城市群融合发展的体制，推动城市群向集约、集聚、特色化、差异化方向发展。建议构建目标机制、动力机制、市场机制、协商机制及利益分享、扶持、激励机制，确保区域合作可以健康有序；借鉴国内外成功经验，成立区域合作共同体，由参与区域合作的成员组成，主席可以轮流担任，定期召开会议，制定共同发展规划，协商解决问题；优化投资环境，仿照长三角合作机制设立“共同开发合作基金”；鼓励跨区域合作开展重大课题研究，支持跨区域专项合作。

发挥上海龙头引领作用，搭建区域合作新平台。以黄金水道和重要交通通道为纽带，明确大中小城市功能地位，充分发挥以上海为龙头的核心城市带动辐射作用，推动城市组团融合发展，共建区域合作新平台，形成各类城市协调发展新格局。长三角区域合作经验告诉我们，充分发挥长江经济带龙头城市上海及其世界级城市群长三角的组织引领作用，对实现长江上中下游联动发展至关重要。建议以上海为主导，在国家财政支持下设立长江经济带开发专项财政资金，为城市合作提供更多资金、人才、技术等的支持；每年定期去其他兄弟城市学习交流，共促发展。此外，长江经济带沿线布局有长三角城市群、武汉城市圈、皖江城市带、成渝经济区等国家重点规划的经济区，浦东综合改革配套实验区、长株潭城市群两型社会配套改革试验区等国家级综合配套改革实验区，还有上海浦东新区、上海自贸区等国家级新区。建议未来逐步将经济带内各类开发区、实验区进行分类别、有层次的统一，利用互联网新媒体（如微信、微博等）设立跨区域合作信息共享公众账号，公众可登录平台查看合作领域实时更新动向，了解最新合作指南。通过搭建区域合作新平台，组建政府、企业、民间等多层次区域合作组织，加强政府、企业信息交流，共同打造商务合作、物流配套等合作平台，形成网络化协作体系。同时，在长江经济带城市群中，逐步推进一次通关、一次检验的长江经济带“大通关”建设、实行海关通关一体化、检验检疫一体化；类似的政策、措施更应逐步推广、普及，彻底消除行政壁垒对经济社会发展带来的负面影响，根除“办事难”的现象。

第六章　长江经济带城市群联动发展对策

第一节　充分发挥政府引导作用

缩小区域差距，通过长江经济带城市群联动加快落后地区发展，仅仅依靠市场机制是行不通的，政府引导和推动必不可少。因此，必须发挥政府主导作用，加大政府扶持力度。尤其是在培育上中下游联动协调发展的内在机制方面，政府更是责无旁贷。具体可通过以下方式发挥作用：

一是拓宽政府多元化筹融资渠道。建立透明规范投融资机制，规范地方政府举债行为。国家及地方政府应重点加强对内河航运投资倾斜，建议成立"长江航运建设发展基金"，形成稳定的内河航运建设资金渠道。建立健全长江经济带跨区域城市群各地方政府之间的信息服务网络，及时收集信息，强化沟通联系，为企业建立信息交流、合作洽谈的活动平台，包括政策平台、信息平台、项目平台，形成推进合作的有效载体，为企业牵线搭桥，做好服务。

二是加强政府对城市群体系规划引导职能。保证城市群的联动发展，必须合理制定和规划城市体系。各地政府通过编制科学合理的城市群、城市圈、都市带规划，引导城市群中规模不一城市的协调发展，形成互补的城市体系。

三是加大政府对法规条例的执法力度。建立完善对环境法、产权法、交通法、融资法、补贴法、资源使用单行法等相应的法律法规，消除行政壁垒和市场壁垒，健全具有可操作性、执行性强的法规，清理过时法规，杜绝乱收费现象，规范政府行为，简化行政审批。运用政策法规手段优化资源配置，平衡利益冲突，可联合提出区域政策诉求，及时调整和推出新的政策措施，提高行政效率，保障合作共赢。

第二节 大力推进产业转移和转型升级

依托产业基础，发挥比较优势，合理调整产业布局，优化产业结构，强化分工协作，及时淘汰落后产能，加快产业转型升级，形成竞争与合作共存的区域分工合作方式，实现城市间经济合作、利益共享的区域协作新模式，构建具有区域特色的现代产业体系。

一是加快产业结构调整，完成由传统产业向高新技术产业转变。长江经济带跨区域城市群联动发展应重点发展有“龙头”带动作用的示范项目，整合产业优势，这包括两个方面：首先，加快科技创新。强化企业在技术创新中的主体地位，加强与高等院校、科研院所等共建产业技术创新战略联盟，大力发展太阳能、新材料、光电子、汽车与轨道交通、装备制造、冶金、石油化工、战略新兴产业等，加快发展外向型经济。其次，推进产业转型升级。建立产业转移跨区域合作机制，建立由政府为主导、市场机制为辅助的支柱产业配套、新兴产业共建、一般产业互补的产业联动新模式，科学、合理、有序地将部分传统产业、传统产品以及技术层次不高的产业、劳动密集型产业通过合作共赢的方式逐步转移，积极发展“飞地经济”，促进城市群产业布局调整和协同发展，实现优势互补、互利共赢。

二是创新企业合作方式和多样化商业运作模式，建立企业、产业技术创新战略联盟，共创经济发展新的增长点。企业合作模式有以下几种：①科技服务带动型。长三角“龙头”企业依靠技术优势向长江中上游地区企业提供先进技术，有偿服务，带动长江中上游城市群企业生产适销对路产品。②生产销售带动型。长三角“龙头”企业依靠品牌、信息和销路优势，带动长江中上游城市群企业，生产同类产品推向市场，利益均沾。③加工服务带动型。长三角“龙头”企业以加工品为主，通过向长江中上游城市群企业收购原材料等，进行初加工和深加工后负责销售。④外向经营带动型。长三角“龙头”企业出口门路广，与长江中上游城市群企业联手，生产和加工产品出口，使商品走向世界。

第三节 积极鼓励民间合作交流

和政府、企业一样，行业协会、商会等民间组织也是区域合作不可忽视的重要主体。这些民间组织在规范竞争秩序、维护合作环境、提供决策咨询等方面有其不可替代的作用：

一是打破行业协会行政管辖分割。建议成立长江经济带跨区域城市群城市合作咨询委员会，由遴选的各省顶级咨询专家组成，主要为城市群建设提供区域发展与合作方面的项目论证、政策建议和决策咨询；成立长江经济带跨区域城市群城市行业联盟，联合工商联，引导行业协会自主成立联盟。其主要任务是制定城市群行业的发展规划和行业标准，推进城市群市场一体化进程。

二是加强行业组织自律能力。民间组织日益成为市民参与社会的有效中介渠道之一。民间组织应加强自治自律，维护市场秩序，遵守契约，按规办事，强化区域合作的契约精神和规则意识，提升民间组织在公众心中的公信力。

第四节 完善统一市场体系

市场一体化，健康开放的市场体系是核心，科学规范的市场需求是基础，有序合理的市场规律是准则，高效合法的市场手段是纽带。统一市场体系的形成和完善包括两个方面：

一是构建完善市场机制，建立市场服务网络体系。长江流域各地区政府应制定符合经济运营方式的市场准则，促进城市群市场主体登记注册一体化。建立健全市场信息服务体系，探索建设城市群企业信用信息互通共享机制。依靠科技手段，积极扶持一批大型商贸企业集团和主体市场，特别是国有资本或国有资本控股的企业和市场。此外，建立消费维权联席会议制度，加强知识产权保护，规范发展多层次、多功能的综合性产权交易市场。

二是提升金融支撑能力，营造良好的金融市场秩序。鼓励支持相关省市的国有商业银行，提高在各自发展建设中的各类金融服务和借贷比重，通过落实与国有商业银行间签署的战略合作协议，密切与金融机构的合作，完善与银行间的信息沟通渠道，促进政企、银企对接。支持建立城市群产业投资基金，共创产业投融资平台。大力支持保险机构提供相关的保险服务，保障中小企业的贷款风险补偿。积极发展金融机构和各类型股权投资基金，鼓励地方政府与行业协会设立合法的产业基金和共同担保基金，为区域合作提供制度保障。

第五节　优化公共服务资源

健全社会保障公共服务体系，打造标准化、规范化、信息化的社会公共服务平台，推进长江经济带跨区域城市群社保一体化，加大社会保障卡应用环境建设力度，整合城市群内人才服务信息平台，建立一体化人力资源市场，保障劳动力的流动性与人力资源空间配置的合理性和高效率。

一是优化公共教育资源。实现长江经济带内公共教育资源在学前教育、义务教育、高中教育、职业教育、高等教育等阶段全面共享。例如，从根源上解决随迁子女入学难问题，为流动人口设立专门的子女就读学校，并配备专门场地、教师、设备等教育资源；实现高等教育招生名额公平分配，高等教育招生尽量避免"刻意照顾"高校所在省市，导致其他省市考生失去到理想大学求学的机会。

二是优化公共医疗资源。加强各类医疗机构建设，提升城市群医疗能力和水平。鼓励大型综合性医疗卫生机构跨区域布点，探索实施畅通异地就医渠道和医保直通车制度，建设区域内医保基金跨省结算机制，实现医疗保险卡在长江经济带内互通、互用，解决异地就医难、报销难问题。

三是优化信息基础资源。推进城市群政府信息资源深度开发利用，建立信息资源目录和交换体系，开展政府间、政府与企业、公众间基础信息共享试点，建设长江经济带城市群信息港，推动信息资源共享。重点推进一批综合性网络应用工程、公益性信息服务工程、信息化与工业化融合工程等重点应用项目建设。推进现代化智慧城市建设，优化现有网络结构，挖掘网络潜力，积极推进云计算、互联网的融合，加快建设具有世界先进水平的城市信息高速公路，用覆盖整个城市群的跨行业宽带网络打造智慧城市群；加强农村信息服务设施建设，推动广播电视网络村村通工程、电信网等的建设，在信息化服务上逐步实现城乡一体化。

四是统筹共享社会保障。实现长江经济带内社会保险、养老、住房公积金等社会保障一体化，推动社会保障信息平台互联互通，加快推进社会保险政策对接；建立城市群工伤保险相关业务互助机制、失业保险无障碍跨地区领取及异地居住退休人员领取养老金认证；建立住房公积金异地互认和转移等。

第六节 夯实交通设施建设

从长江经济带城市群经济布局的实际需要出发，综合空运、陆运和水运立体交通考虑，科学合理布局并完善机场港口、高速铁路、高速公路和城市轻轨建设。把交通枢纽、交通轴线、交通网络建设同区域经济发展和城市建设、产业开发有机结合，建立高效便利的大城市群、城市带和城镇现代交通网络。

一是建立依托黄金水道的综合立体交通走廊。首先，交通基础设施规划是区域规划的重要组成部分，应与主体功能区规划、城镇发展规划相适应。其次，水运发展要以打造紧密协作的水运网络、港口建设为重点；加强港口沿岸设备管理，疏通港口通道；加强港口集疏运体系建设，拓展港口运输服务，形成江海联运的直达系统；铁路发展以完善沿江铁路建设为重点，联合建设沿江铁路，扩大沿江经济带辐射能力；公路发展以沿江高等级公路建设为重点，形成以沿江公路运输为主轴和汽车专用的快速大通道；加强省界地区的普通国道、省道衔接，提高国省干线公路技术等级。航空方面以完善长江经济带内中心城市枢纽机场为重点工作，优化航线网络，提高城市群与全国主要城市间航班密度，加快省会城市对外开放程度、加大旅游城市机场建设力度。

二是建立城市组团内部协调管理机制。应建立以计算机技术、通信技术和信息网络技术为基础的、统一的现代交通信息网路，促进智能交通系统的应用与普及。对于跨地区的公路、铁路等交通设施，采取统一管理，推进客票一体联程、健全高速公路联网收费和统一的 ETC 结算清分体系等方式，加强多种交通方式有机衔接。此外，探索物流管理体制改革，打破地区封锁，降低物流企业成本；建立高效快速的邮电运输网络和高效安全的管道运输网络，推进综合交通运输信息化、智能化建设；完善统一的交通运营价格与税收政策，避免差异化收费，实现交通管理一体化。

第七节 加强环境联防联治

加强长江流域环境联防联治，共同创建多主体参与的环境保护模式，建立由政府主导、公众参与的区域性公共事件处理机制，竭力预防应对区域内公共突发事件，健全跨区域生态文明建设联动体制，实施城市群环境总体规划，探索和创新资源开发和生态恢复补偿机制，探索多样化的生态补偿方式。

一是建立损害长江经济带整体利益行为约束机制。以区域整体利益最大化为基本原则，按照“谁开发谁保护、谁受益谁补偿”对造成生态环境破坏者给予惩罚，对维护生态环境保护者给予补贴。推动下游地区与上游地区、开发地区与保护地球、生态受益地区与生态保护地区建立横向生态补偿机制。完善区域环境污染治理的法律体系。城市群之间可共同建立生态建设和环境保护的合作框架，并设统一的环境维护治理部门，开展以重点区域为核心的区域综合整治。建立环境违法行为联防联治机制，提高环境执法强度，形成环境保护部门共同监管，相关部门各负其责的执法机制。

二是加强水资源保护与修复。健全完善与水资源利用相关的法律法规，加强水资源承载能力评估和科学调度，探索建设水资源一体化协作平台，通过法律程序加强对水资源开发的审批、监察程序，完善流域与区域相结合的水资源监控能力建设。同时，合理平衡经济发展和环境保护二者之间的关系，不能以牺牲生态环境为代价来发展经济。首先，严格控制“三废”的排放，禁止企业向长江排放超标污水，减少水环境质量的污染负荷；其次，加快长江沿江防护林建设，提高沿江植被覆盖度，综合治理水土流失，支持上游水源林区保护与恢复，改善自然生态环境；最后，有计划地开发利用生态资源，从源头上杜绝森林过度毁坏和水土大面积流失。

第七章　莱茵河与密西西比河航运带动沿岸城市发展经验借鉴

2014年9月25日，《国务院关于依托黄金水道推动长江经济带发展的指导意见》发布，规定了长江经济带的四大战略定位，“东、中、西部互动合作的协调发展带”是其中的一个战略定位。

长江经济带的经济体量大，但内部发展不均衡，中游和上游地区的经济发展水平相对下游地区要低很多。以长江水运为依托，促进长江沿岸地区的经济要素流动，实现上、中、下游地区的协调发展，是建设长江经济带的主要任务之一。《国务院关于依托黄金水道推动长江经济带发展的指导意见》指出：“充分发挥长江运能大、成本低、能耗少等优势，加快推进长江干线航道系统治理，整治浚深下游航道，有效缓解中上游瓶颈，改善支流通航条件，优化港口功能布局，加强集疏运体系建设，发展江海联运和干支直达运输，打造畅通、高效、平安、绿色的黄金水道。”从这一战略定位出发，考察欧洲各国对莱茵河以及美国对密西西比河的治理、航道水运开发和沿岸城市的协调发展等经验，具有一定的参考借鉴价值。

第一节　莱茵河国际航运与沿岸城市发展

一、莱茵河简况及现代航运发展历程

莱茵河是西欧第一大河，发源于瑞士阿尔卑斯山，全长1320千米，干流流经瑞士、列支敦士顿、奥地利、法国、德国、荷兰6个国家，在荷兰鹿特丹港以西注入北海。莱茵河的流域面积为18.5万平方千米，流域内常住人口约5000万。莱茵河具有航运、发电、供水、旅游、灌溉、生态保护等多项服务功能。

莱茵河流域的降雨量丰沛，年均降水量1100毫米，保证了河流的流量并创

造了较好的通航条件。莱茵河干流通航里程约为1000千米，自瑞士的巴塞尔至莱茵河口，可常年通航5000吨货轮。在曼海姆以下，无须工程措施即可常年通航。在曼海姆上溯至巴塞尔之间的河道，由于河道水平落差较大，水流流速快，先后修建了10座大坝、船闸和相应的水电站，改善了通航条件，并取得了综合利用的效果（见图7－1）。①

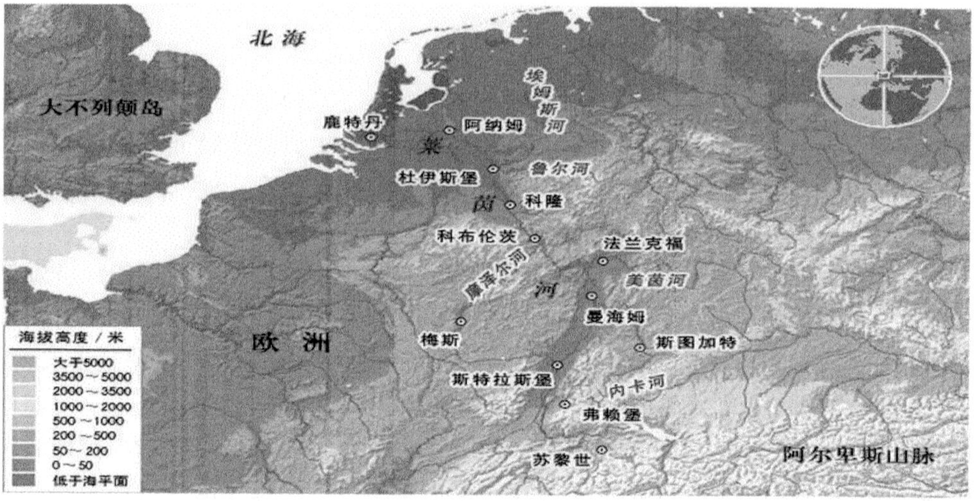

图7－1　莱茵河流域的城市分布及地形

资料来源：http：//amuseum.cdstm.cn/AMuseum/shuiziyuan/water/02/w02_b04_05.html。

二、莱茵河航运现状

莱茵河流经世界上工商业最发达的地区，其航运潜力得到最大限度的开发，成为当前世界上航运量最大、航运最为繁忙的内陆河流，其巨大的物流量催生出了一系列河港，其中包括年吞吐量超过1亿吨的欧洲最大河港——杜伊斯堡港，以及曼海姆、路德维希、科隆等重要河港（见图7－2）。

当前，莱茵河航运总吨位超过1500万吨，年货运量超过3亿吨，年货运密度为1168万吨/千米，相当于20条铁路干线的货运量。② 莱茵河航运运输的货物以煤炭、矿物、石油及工业设备产品等大宗商品为主，20世纪80年代以来，逐渐转向集装箱运输和汽车滚装船运输。

① 沈秀珍等．莱茵河的治理与开发［M］．郑州：黄河水利出版社，2004.

② 东朝晖等．莱茵河：流淌着的“二十条铁路干线”［N］．中国交通报，2010－08－03.

图7－2 莱茵河的干流航道、流经国家、沿岸城市

资料来源：http：//www. rollintl. com/roll/rhine. htm。

莱茵河航道的两大特点是国际化和标准化。莱茵河通航河道已经全部渠化，以水深2.5米，宽150米以上的欧洲Ⅳ级航道为主。其中，在荷兰、比利时、德国和法国的内河航道里，通航标准达到1000吨级以上的航道占41.7%，400吨级以上的航道占57.6%。从荷兰鹿特丹上溯的7000吨级船舶可达科隆，5000吨级船舶可达曼海姆，2000吨级船舶可达斯特拉斯堡，1500吨级在洪水季节可达巴赛尔。当前在莱茵河上航行的船舶约有9000艘，包括4000多艘散货船和集装箱船、1000多艘驳船、900多艘油船，船舶平均年龄为30～40年，平均吨位为1395吨。运输方式多为自航船和自航船顶推船队，以吃水－2.5米、长85米、宽9米、1350载重吨的船舶为标准欧洲内河自航驳船，顶推船队一般有2艘、4艘、6艘、9艘标准驳船组成，集装箱船型主要为208TEU驳船，500TEU为最大船型。①

莱茵河两岸分布着60多个港口城市，建有32个集装箱码头，码头普遍采用钢板桩墙技术，泊位以多用途为主，大多数码头配有多式联运的铁路线和运输设施。

---

① 参阅莱茵河航行中央委员会（Central Commission for the Navigation of the Rhine，CCNR）信息，Rhine Vessel Inspection Regulations（RVIR），http：//www. ccr－zkr. org/13020500－en. html#05。

三、莱茵河航运的国际化管理体制①

莱茵河是国际河流，沿岸各国有航行与经营自由权，但按规定各国共同建设共同管理，管理机构是“莱茵河航行中央委员会”（Central Commission for the Navigation of the Rhine，CCNR）。② CCNR 成员由莱茵河流域的国家、州、地方等代表组成，包括瑞士、法国、德国、荷兰、英国和比利时（见图 7－3）。

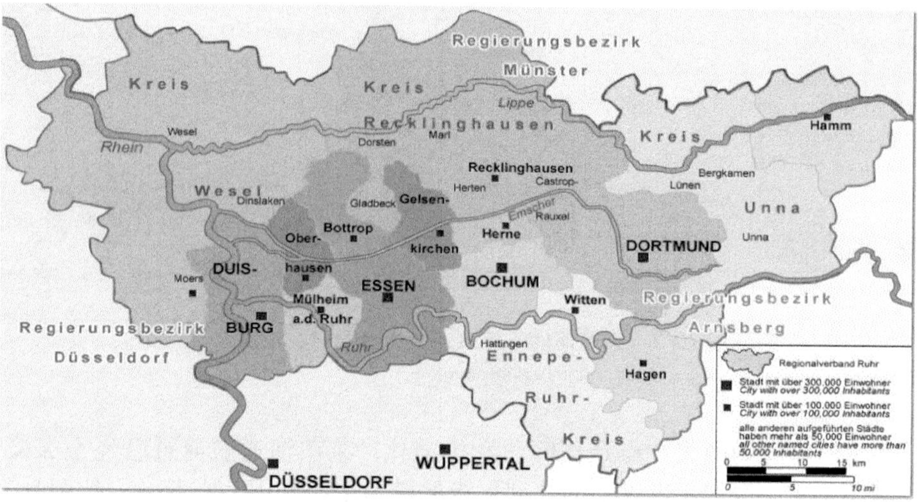

图 7－3　德国鲁尔区人口在 5 万人以上的城市、莱茵河干流支流分布

资料来源：维基百科 Ruhr 词条。

根据 1861 年的曼海姆—莱茵航道公约制定“莱茵河航行中央委员会”的组织法。“莱茵河航行中央委员会”负责协调莱茵河管理工作的机构，主要对航行于莱茵河的船型尺寸、航行要求、技术要求、建造质量以及航道规划等方面提出规范性建议。例如，为保证河流正常通航，“莱茵河航行中央委员会”规定了莱茵河的航道水深、航宽和航道最小曲率半径，跨河桥梁最小净空高度、沿河、跨河建筑物不得侵害通航界线，沿岸国家建设沿河或建筑物必须报经委员会批准才能施工。

“莱茵河航行中央委员会”对莱茵河的管理是以航运为主的，规定在保证航运畅通并符合欧洲水资源使用法规定的前提下，不妨碍沿岸国对水资源的综合利

① 相关航运法规的中文翻译参见：许贵斌，徐京晶．莱茵河航行公约修订本［J］．水运管理，1997（6）．

② http：//www. ccr－zkr. org/10000000－en. html.

用，沿岸国家可以自由引水灌溉或建设发电站等。“莱茵河航行中央委员会”还负责制定、实施和修改莱茵河的规章条例，参与缔结有关莱茵河航运的国际协定。

莱茵河沿岸的国家主要负责本国河段的养护和疏浚，保证规定的通航尺度，保证船舶畅行无阻；规定船舶航行条件、船员技术标准等。

当前，在欧洲一体化进程不断深化的大背景下，莱茵河沿岸各国都成为欧洲联盟的成员国（瑞士为特殊联系国），欧洲联盟成为莱茵河航运管理的主体，并为促进欧洲内河航运发展出台了一系列政策：

（1）欧洲交通运输委员会（ECMT）制定了协调欧盟成员国有关法规的欧盟地区统一的“马可波罗”欧盟地区海上和内陆水运法规，兴建标准化内陆水运；

（2）推行自由化市场经济政策，发挥市场机构，提高内河航运能力；

（3）建立健全的运输法规体系和有效的运输市场监控体系，及时识别和诊断市场可能出现的运力过剩等危机状况；

（4）河流沿岸各国政府承担内河航道、港口码头水上水下的交通基础设施建设和维护费用；

（5）鼓励发展内河航运，促进公路运输向内河航运分流，如为稳定内河航运建设资金来源，建立拆船基金、允许对内河航运补贴、制定多种内河航运优惠政策、加重对陆路运输的税赋等；

（6）实施拆船政策和运力更新机制，促进内河船舶结构优化。①

四、莱茵河航运与德国鲁尔工业区城市群的崛起

德国是莱茵河的主要经流国，莱茵河在德国境内的通航里程为 719 千米。德国对莱茵河的治理与开发方略为“兴利除弊、航运为先、因段制宜、多方兼顾”，河流整治与流域经济开发、港口城市建设与产业布局紧密结合、融为一体。

闻名世界的工业城市群“鲁尔工业区”（德语为：Ruhr - gebiet）是德意志联邦共和国“鲁尔煤管区规划协会”所管辖的地区，在行政区划上归北莱茵—威斯特法伦州管辖。鲁尔区总面积 4593 平方千米，占德国面积的 1.3%。鲁尔区人口和城市密集，人口达 570 万人，占全国人口的 9%，核心地区人口密度超过每平方千米 2700 人；区内 5 万人口以上的城市 24 个，其中埃森、多特蒙德和杜伊斯堡人口均超过 50 万人，其他的著名城市包括波恩、科隆、杜塞尔多夫等历史文化名城。②

鲁尔区的工业以采煤、冶金、机械、石油化工为主，其中埃森位于鲁尔城市

---

① 沈秀珍等．莱茵河的治理与开发［M］．郑州：黄河水利出版社，2004.

② http：//en. wikipedia. org/wiki/Ruhr.

群中央，是军工、飞机制造业的中心；杜伊斯堡位于莱茵河和铁路的交汇点，是钢铁、机械制造和化学工业的中心；多特蒙德位于铁路、公路和运河的交汇点，是采煤和冶金工业中心；杜塞尔多夫是城市群的行政中心。

鲁尔工业城市群区形成于19世纪中叶，是典型的传统工业地域，被称为“德国工业的心脏”，也是世界最重要的工业区之一。鲁尔区的工业发展优势首先来自当地资源丰富的煤炭资源，蕴藏量高达650亿吨，这为德国在第二次工业革命期间大力发展煤炭钢铁等重工业、大量修建铁路等基础设施提供了坚实的资源支持。可以说，鲁尔区是以采煤工业起家的工业区，随着煤炭的综合利用，发展了炼焦、电力、煤化学等工业，进而促进了钢铁、化学工业的发展，并在大量钢铁、化学产品和充足电力供应的基础上，建立发展了机械制造业，特别是重型机械制造、氮肥工业、建材工业等。同时，为大量产业工人服务的轻工业，如服装、纺织、啤酒工业等也有了很大发展。20世纪50年代以后，由于石油消费量逐渐增加，鲁尔区的炼油业和石油化工工业迅速发展起来。70年代以后，电气、电子工业有了很大发展。现在，鲁尔区生产德国80%的硬煤，90%的焦炭，集中了德国钢铁生产能力的2/3，电力、硫酸、合成橡胶、炼油能力、军事工业等均在德国居重要地位。进入60年代以后，在世界一些以采煤工业起家的老工业区严重衰退的时候，鲁尔区仍具有较强的生命力，是与其随着科学技术的进步，不断调整区内的经济结构与部门结构分不开的。①

鲁尔区的工业发展还有赖于其特殊的地理位置和四通八达的内河航运系统。鲁尔工业区和城市群地处连接欧洲南北和东西两轴线的十字路口，在东西方向上，依靠莱茵河下游的支流鲁尔河与利珀河以及一些人工运河，从东西方向上沟通了莱茵河与易北河两大水系；在南北方向上，则由莱茵河纵贯全区，并与荷兰的鹿特丹港联合形成“江海联运”系统，从鲁尔工业区启程的轮船，可以顺流直达荷兰鹿特丹港出海，交通极为便利。在历史上，德意志地区（当时德国尚未统一）制造的第一艘使用蒸汽动力的轮船“希望号”就是在杜伊斯堡生产的，并于1845年下水，沿莱茵河顺流而下，经鹿特丹港入海，并开往南美洲。② 到1879年，杜伊斯堡已成为当时世界上最大的内河港口，为鲁尔地区输入矿砂和粮食，输出煤和钢铁制品（见图7-4）。

---

① http：//www.ah.xinhuanet.com/yqjj/2007-03/28/content_ 9637578.htm.

② 孙炳辉，郑寅达．德国史纲［M］．上海：华东师范大学出版社，1995.

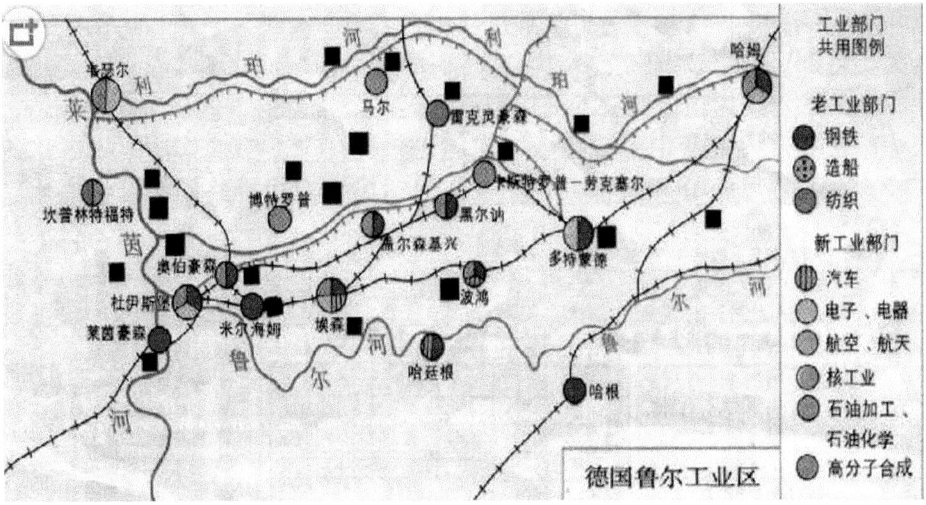

图 7－4　德国鲁尔工业区

资料来源：http：//www. baike. com/wiki/德国鲁尔区。

现在，从莱茵河口上溯的7000吨级海轮和8000吨级的顶推船队，可直抵鲁尔区的杜伊斯堡。从杜伊斯堡到荷兰边界的德国境内莱茵河段，年均运输量达1亿吨，并可通过河口的鹿特丹港与世界各地进行贸易往来。鲁尔区内还建成了沟通莱茵河、鲁尔河、利珀河和埃姆斯河的4条运河网，总长达425千米（包括通往埃姆斯河下游段），有大小河港74个，河道与港口均已标准化，可通行1350吨的欧洲标准货轮。同时，鲁尔区东部可利用多特蒙德—埃姆斯运河，经埃姆登港与海外联系。所以，虽然鲁尔区地处内陆，但由于它有着方便的水运条件，特别是莱茵河通海航运，使得它与沿海地区同样具有廉价运输条件。德国的内河运费，每吨/千米的价格为铁路运输的1/3，公路运输的1/7。廉价的运输条件和既通海又四通八达的便捷条件，使莱茵河两岸成为企业家竞相投资建厂的“风水宝地”。近30年来，莱茵河沿岸已建成新工厂450家，其中德国钢铁垄断集团的92个企业中，有66个集中在莱茵河沿岸地区。

同时，为了完善鲁尔工业区的交通运输系统，德国政府还大力发展铁路、高速公路运输，与莱茵河水运系统形成互补优势。由于莱茵河水系大多以南北走向为主，为了弥补东西横向运输能力的不足，鲁尔区内的铁路大多为东西走向，现在鲁尔区内铁路营运里程达9850千米，占全国近1/5，密度非常大，从巴黎通往北欧和东欧的欧洲干线铁路，都从鲁尔区穿过，哈根是德国也是欧洲最大的货运编组站。同时，公路和高速公路四通八达，从德国西部通往柏林和荷兰的高速公路均从区内通过，将鲁尔区同欧洲其他工业区联系起来。

从20世纪90年代起，为了缓解机动化程度不断提高给城市带来的交通与环境压力，特别是控制载重汽车对环境与生态的负面影响，德国政府提出“长距离运输以铁路、水路为主，两头的衔接与集疏运以公路为主”的物流发展战略，因而大力培育和建设货运中心成为战略实施的重要环节。为此，德国先后兴建了20多个货运中心，其中相当部分位于拥有发达综合交通网络的莱茵河沿岸。货运中心的兴建，对于莱茵河沿岸的传统产业如煤炭业、钢铁业等产生了极大的推动作用，机械、汽车、电子、仪器仪表等新兴工业获得了较大的发展。与此同时，货运中心的兴建也带动了相关产业如货运、仓储、集疏运等的发展，促进了金融、通信、保险、维修等第三产业的繁荣，为区域经济发展培育了新的增长点。

第二节　美国密西西比河航运与沿岸城市发展

一、密西西比河地理状况

密西西比河是美国第一大河和第一长河，其干流全长3766千米（约合2320英里），发源于明尼苏达州中北部的伊塔斯卡湖，流经明尼阿波利斯、圣路易斯、凯罗、孟菲斯、巴吞鲁日等城市，在新奥尔良注入墨西哥湾，主要支流有伊利诺斯河、密苏里河、俄亥俄河、田纳西河、阿肯色河、白河、红河等。密西西比河干流和支流所流经的区域涵盖美国31个州和加拿大的两个省，流域总面积达到322万平方千米，占美国国土总面积的34.4%。[①] 从美国的地理地形看，密西西比河水系夹在美国东部的阿巴拉契亚山脉和西部的落基山脉之间，孕育并滋养着美国的中部大平原（见图7－5）。

在没有对密西西比河进行现代化的航道治理和开发以前，密西西比河干流的自然通航条件较差，有历史记载以来，平均每7年发生一次大洪水，上游河段的水深仅0.3米，中游河段的航道游荡不定，浅滩水深1.4米左右，下游河口的拦门沙水深也只有2.7米。密西西比河主要支流的自然通航条件也较差，俄亥俄河部分河段宽浅异常，有“河宽一英里，水深一英尺”之说，阿肯色河更有“野马”之称，河道变化频繁。

① ［美］美国国务院国际信息局．美国地理概况［M］．杨俊峰等译．沈阳：辽宁教育出版社，2003.

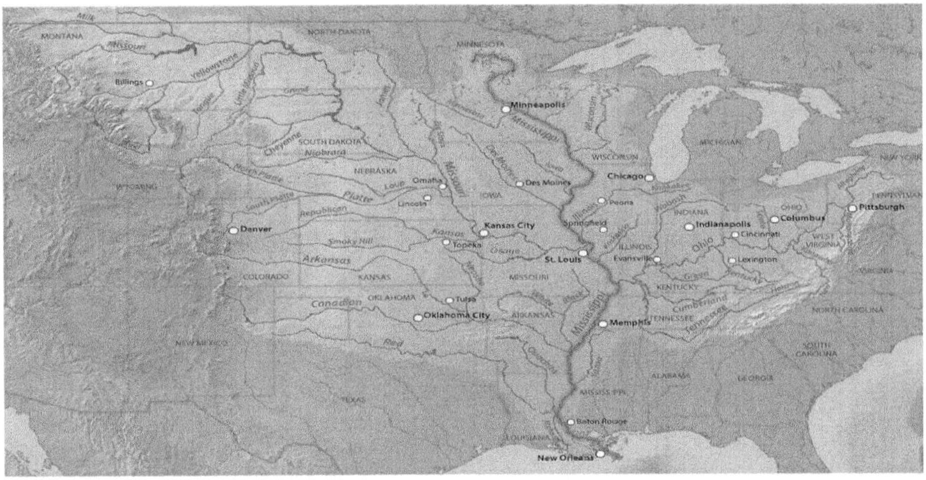

图 7－5　密西西比河水系图

资料来源：维基百科 Mississippiriver 词条。

二、密西西比河航运现状

美国是世界上交通运输业最发达的国家之一，拥有现代化的水陆空运输工具及道路、港口、机场等基础设施。各种运输方式相互支持，相互促进，为内河运输的发展创造了很好的条件。美国的水路运输由内河航运和海运（包括近海运输和远洋运输）组成。1998 年全美水运完成货运量 9.92 亿吨，占全美货运总量的 15.8%，其中内河完成 7.65 亿吨，沿海完成 2.27 亿吨。

密西西比河水系是世界上最发达的内河航道之一，其北通五大湖区，可以经圣劳伦斯河连通大西洋，南通墨西哥湾，通航里程近 2 万千米，年货运量及货运周转量占全美内河货运总量的 60% 以上，居世界第一位。

近几十年来，美国内河货运量的增长速度超过了美国工业产量的增长速度，由于内河运输业的竞争条件不断加强，到 20 世纪末，密西西比河的年货运量已经达到 10 亿吨左右，据专家估算，密西西比河的货运量相当于同等长度的 19 条铁路，年货运密度达到 1027 万吨/千米。密西西比河主要运输货种为煤炭、石油产品、粮食、原油等大宗货物，集装箱运输的发展相对缓慢。[①]

密西西比河干流上游及各主要支流基本实现了航道的统一标准化。现今，密西西比河水系的总通航水道长 2.5 万千米，其中水深在 2.74 米以上的航道约占

① http://www.shgk.org.cn/gkzz_text2.asp?id=241.

2/3，可通行1350～2720载重吨的驳船队。

密西西比河拥有一个高效的大型散货运输系统，以顶推无人分节驳顶推船队运输方式为主，上游和支流都可以航行8～15艘驳船组成的顶推船队，载重量1万～2万吨；中游可航行由15～25艘驳船组成的顶推船队，载重量为2万～3万吨；下游最大的顶推船队由30～40艘驳船组成，载重量4万～6万吨。顶推船队一律采用无人驳，推轮的自动化程度很高（见表7－1）。

表7－1　密西西比河水系主要通航河道里程　　单位：千米

航道名称	总通航里程	水深2.74米以上通航里程
密西西比河干流	3766	2940
伊利诺伊水道	526	526
俄亥俄河	1903	1695
密苏里河	1178	589
田纳西河	1050	1050
阿肯色河	2333	2333
田纳西—汤姆别克运河	407	407
合计	11163	9540

资料来源：［美］美国国务院国际信息局．美国地理概况［M］．杨俊峰等译．沈阳：辽宁教育出版社，2003.

密西西比河内河运输不仅运量大，成本低，而且是能耗极低的一种运输方式。据美国水运研究所发布的数据，一个由15艘1500吨驳船组成的船队其载重量相当于2.25列分别由100节车皮组成的火车或870辆大型卡车的载重量，同时内河运输的运费与铁路、公路的运费之比却仅为1∶4∶30，可见内河运输具有得天独厚的优势。

密西西比河的港口机械化程度基本上达到100%，2万吨级的船队只要8小时就可完成装卸作业；吞吐能力大，件杂货码头为10万～20万吨，散货码头吞吐能力都在100万吨以上，有些码头吞吐能力达到900万吨。码头基本上都是货主码头，许多工厂沿河均建有自己的专用码头，占码头总数的90%～95%。①

三、密西西比河航道开发建设模式及效益

作为世界上最发达的国家，美国制定了一套完整、标准、高效的河流开发、

① 常航．美国密西西比河航运开发的启示［J］．综合运输，2004（7）．

管理及约束体制。

美国国会负责审查、批准河流的开发规划，并通过立法确定开发标准和程序，建设资金须经美国国会批准后统一由联邦政府财政（含内河基金）拨付。成立于1824年的“美国陆军工程兵团”是美国河流开发建设的主要管理机构，专门负责“调查、发展和改进国家的水资源综合利用以及与水有关的土地资源利用”。

具体到密西西比河水系的开发而言，重视对水资源的综合利用，其河流开发目标以防洪为主，但重视航道建设，同时兼顾发电、工农业用水、城市建设、环境保护等。美国陆军工程兵团负责对密西西比河水系航道开发进行统一规划、设计、施工、运行管理及维护。

目前，密西西比河的干流中下游航道建设以疏浚、炸礁、裁弯为主，中上游则主要进行渠化。各支流河道的上游主要修筑高坝，用以蓄洪、拦沙、发电及调节航运用水，这其中最成功的开发工程是田纳西水电站，各支流河道的中下游开发主要是进行河道渠化建设，以保证航运，兼顾发电、供水、灌溉和环保。整个航道开发过程基本做到了干流和支流并重，上游和下游兼顾，标准统一。

为更加有效地利用航运资源，还开挖了人工运河，沟通五大湖及其他水系，形成了干支直达、水系沟通、江海相连的标准深水航道网。①

由于水资源得到了较为合理的开发利用，密西西比河水系开发工程效益十分明显。多年来，全社会用于密西西比河水系开发的投资约300亿美元，航运工程约占1/3。据测算，其效益仅减免洪灾损失一项累计达2440亿美元，并形成2万余千米四通八达的深水内航道网，年货运量稳定在4.5亿~5.4亿吨；全流域喷灌面积达3170万亩，水电装机1950万千瓦，并促进了沿河地区工农业的发展和经济繁荣。

目前，美国人口超过10万的150个城市中有131个位于河边，其中大部分分布在密西西比河水系。密西西比河流域水能资源的利用程度已达70%，而支流田纳西河水能资源利用程度竟达87%。以目前标准看，重建密西西比河的航道网络需要花费1250亿美元。当然，由于通航建筑物使用寿命大多按50年设计，密西西比河很多通航建筑物都存在老旧需要维修等问题。②

总的来说，密西西比河航道的开发建设历程，也代表了世界发达国家内河航运的发展历程。通过对一些重要河流进行整治和渠化，一条一条加以开发，并开挖沟通水系的运河，逐步建立能通航千吨级船舶的深水航道网，从而振兴了内河航运，带动了沿岸地区经济发展。

---

① 夏骥，肖永芹．密西西比河开发经验及对长江流域发展的启示［J］．重庆社会科学，2006（5）．

② 后立胜，许学工．密西西比河流域治理的措施及启示［J］．人民黄河，2001（1）．

四、密西西比河水系和五大湖水系助推芝加哥城市发展

芝加哥是美国五大湖城市群中最大的城市，1848 年建成连通密西西比河水系和五大湖水系的运河，由于占据了关键的交通枢纽位置，大大促进了芝加哥的经济发展，1890 年，芝加哥人口超过 100 万人，到 20 世纪上半叶芝加哥发展成为美国最大的钢铁工业基地。

芝加哥市位于美国五大淡水湖之一的密歇根湖西南岸，其主城区位于芝加哥河与密歇根湖相夹的长方形地段中，地理位置上傍湖临河，水运条件非常好，与其毗邻的芝加哥河是水运时代芝加哥市的大动脉，满载粮食、木材和工业品的船只曾在此穿梭不停。

从芝加哥出发的船队进入五大湖，经圣劳伦斯水道进入大西洋，形成东出海口，不仅与纽约和人口稠密的东海岸地区相连，而且与国际航道相通；从芝加哥往西经连通密歇根湖与伊利诺伊河的伊利诺伊—密歇根运河（Illinois and Michigan Canal）、可以南下密西西比河，直达墨西哥湾，形成南出海口。① 从这个意义上讲，依托良好的水运条件，芝加哥不是滨海城市，但胜似滨海城市（见图 7 -6）。

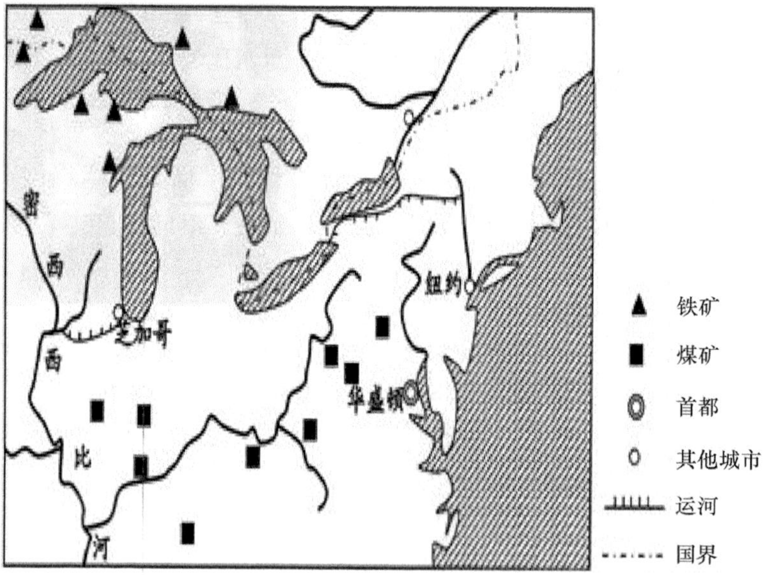

图 7 -6　北美五大湖地区主要工业城市及铁路线路图

资料来源：http：//tiku. 21cnjy. com/quest/QjM4Y_ _ AMT2M. html。

① 王旭．美国城市史［M］．北京：中国社会科学出版社，2000.

水运在促进芝加哥发展中起到了决定性的作用。1833 年的芝加哥市人口仅有 4000 人，城区占地 26 平方千米。1848 年，伊利诺伊—密歇根运河开通后，商船从南方的加勒比海可直达东海岸的纽约，一时间商贾云集、百舸争流，著名的"芝加哥交易所"（Chicago Board of Trade）应运而生（见图 7－7）。

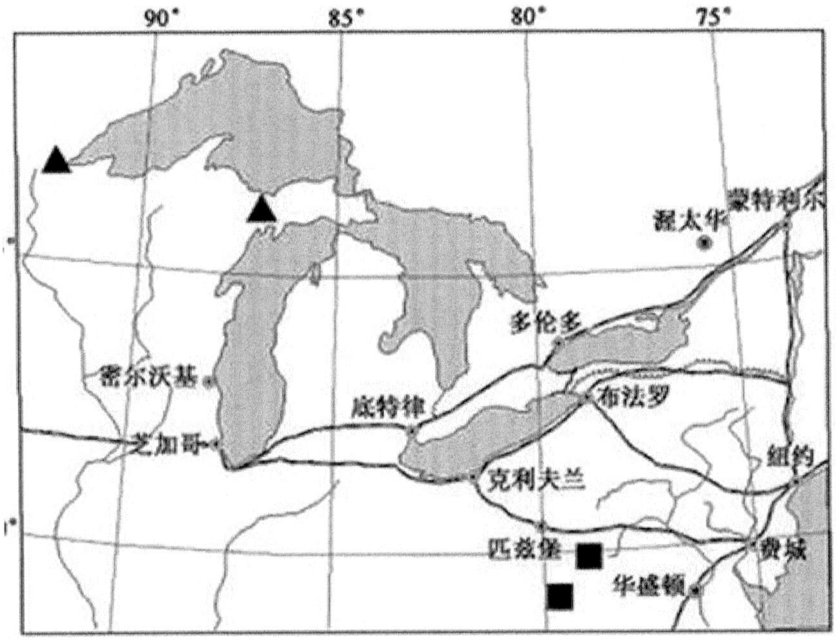

图 7－7　芝加哥联通密西西比水系和五大湖水系

资料来源：http：//image. baidu. com/芝加哥。

第二次工业革命时期，芝加哥的水运优势与铁路运输相结合，形成了"水运＋铁路"的综合交通枢纽。1850 年，连通芝加哥与密西西比河流域重要城市革利那（Galena）铁路建成，并最终形成以芝加哥为中心的放射型铁路网，芝加哥成为全美铁路货运、客运的枢纽中心，与铁路相关的钢铁冶炼、铁轨生产、火车车厢生产等大型企业迅速发展起来。1850～1870 年，芝加哥市的人口增加了 10 倍，从 3 万人增长到 30 万人（见图 7－8）。

1893 年，芝加哥市为了纪念发现美洲大陆 400 周年，举办了世界博览会，吸引了 2700 多万名游客（近乎相当于当时美国总人口的一半），帮助芝加哥市树立起世界级城市的形象。这期间又有 4 个周边地广人稀的城镇加盟重建后的芝加哥市，市区从 111.4 平方千米扩大到 435.1 平方千米（接近于现在的 591.8 平方千米）。1890 年芝加哥市人口已过 100 万人。①

20 世纪上半叶芝加哥的工业发展走向现代化，现代制造业特别是重工业（如钢铁、金属加工、化工、机械制造等）地位上升，形成了一个部门比较齐全的工业系统。芝加哥东南部的卡路梅特工业区（Calumet）是 20 世纪全美最大的钢铁基地，号称“美国的鲁尔”。

图 7-8　芝加哥水运航道

资料来源：http：//commons. wikimedia. org/wiki/File：ChicagoRiver. svg#/media/File：ChicagoRiver. svg。

需要指出的是，芝加哥本地并没有发展钢铁业所需的矿产资源如铁矿、煤炭等，吸引钢铁企业前来落户的主要原因是廉价的水运。芝加哥位于连通密西西比河水系和五大湖水系的交通枢纽位置上，既能运来苏必利尔湖一带的铁矿，又可运出炼成的钢铁，而且芝加哥地区本身就是钢铁的大市场。除了普尔曼（Pullman）车辆总公司，还有另外两家大的火车设备公司（Union Tank Car 和 General American Transportation）也落户在此。除此之外，卡路梅特工业区还有大型的肥

① 王法辉，胡忆东. 芝加哥制造业发展过程及区位因素分析［J］. 地理科学，2010（2）.

皂、油漆、化工、水泥等工厂。

芝加哥通过五大湖廉价的水运和放射型的铁路网，与资源产地、销售市场联系便捷，加之密歇根湖提供源源不断的淡水资源，工业发展的区位良好。

芝加哥地区之所以成为美国最大的钢铁基地，对美国现代工业发生重要影响，就在于它有着水陆转运点的优越地理位置。虽然芝加哥地区并不富有工业矿产（原料），也不如东海岸人口集聚（市场），但作为水运和铁路运输的中转点，成为成本低的最优区位（见图 7－9）。

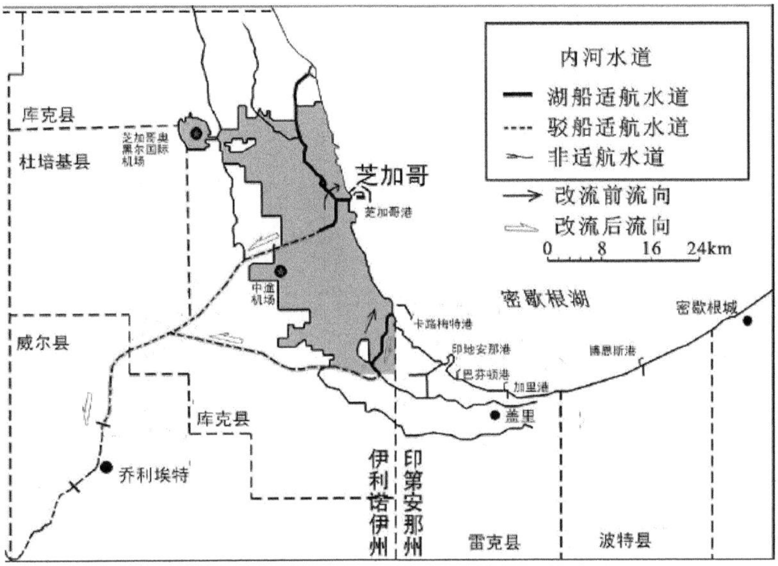

图 7－9 芝加哥城区、内河水道、港口、机场

资料来源：王法辉，胡忆东．芝加哥制造业发展过程及区位因素分析［J］．地理科学，2010（2）．

中　篇

皖江城市带与长三角城市群一体化研究

第八章　皖江城市带与长三角城市群一体化发展背景

第一节　国家区域发展战略推进的必然

《皖江城市带承接产业转移示范区规划》是全国第一个以产业转移为主题的区域发展规划，也是新中国成立以来安徽首个“国”字号战略规划，对于安徽的意义非同寻常。从20世纪90年代初“开发皖江、呼应浦东”的决策与实施，到2006年国家将皖江城市带纳入中部地区崛起战略重点发展区域，再到2010年国务院正式批复《皖江城市带承接产业转移示范区规划》，皖江城市带作为安徽的先发地区，已然成为国家区域战略的重点地区。

追溯历史，清朝初年，安徽属江南省，是当时社会经济文化比较发达的地区，在整个中国的近代历史时期，江南地区一直是全国的社会、经济、人文重心之一。清康熙六年（公元1667年）始拆分当时的江南省为安徽和江苏两省，所以安徽建省时间相对较晚。

随着商业经济的繁荣与发展，近代安徽城市经济和城市文明也以较快速度发展。19世纪中期开始，当时作为安徽省会的安庆与武汉、南京并称为“长江三巅城市”。位于长江南北两岸农业腹地的芜湖，由于得天独厚的地理、资源条件，在19世纪后期就成为全国四大米市之一，20世纪前期则更是居于四大米市之首。

安徽是洋务运动的发源地，也是较早出现近代工商业的省份之一。咸丰十一年（公元1861年），清政府在安庆建立起中国第一个近代军事工业企业——安庆军械所，制造出了中国自己的第一台蒸汽机和第一艘机动轮船，它也标志着安徽乃至于整个近代中国掀开了工业化进程的开端。

康熙六年分省后，安徽、江苏两地的社会经济联系和交往受到一定影响，但由于两地人文、地理上的天然联系，两省社会经济联系仍然十分密切，在官方或民间，人们已经习惯于称安徽、江苏两地为江南。由于安徽历史上曾隶属于江南地区，安徽融入长三角，既是区域经济发展一体化的内在需求，也是一种人文地理的历史回归。

2008 年夏，时任安徽省委书记王金山应邀接受新华社和人民网专访，他认为，“安徽与长三角无缝对接。历史上我们和江苏是一个省，同属江南省……安徽与长三角的关系，就是这样一个紧密的关系，本来就是一个经济区”。①

新中国成立后，安徽社会经济得到全面、快速的发展。在经济发展与变革的过程中，随着国家区域发展战略的变化，安徽在全国区域经济格局中的地位也发生了较大的转换和改变。可以说，安徽的命运与国家非均衡的发展战略紧密相连。

1958 年，为合理安排区域分工格局，更好地组织国民经济的建设和发展，全国被划分为七大经济协作区（不包含港澳台地区），即东北区、华北区、华东区、华中区、华南区、西南区、西北区，其中华东地区含山东、江苏、安徽、浙江、福建、江西、上海六省一市，全区土地富饶、物产丰富，工业基础较好。新中国成立初期，地区经济社会取得了较快的发展，但此后由于中苏关系和国际政治形势的恶化，国家的发展战略也不得不发生改变，国家经济的建设重心和生产力布局也随之进一步向西、向“三线”地区转移，华东地区经济社会发展受到较大影响。

改革开放之前，由于安徽一直属于华东，是国家政策不予重点扶持的地区，1978 年前的 30 年中，国家在安徽的投资不到国家在全国各省平均投资的一半。

改革开放之后，原属华东地区的沪、苏、浙、鲁、闽被视作东部沿海地区，而安徽则被划入中部。但是中部地区未能享受国家给予东部沿海地区的系列优惠经济政策，更没有成为国家区域经济发展战略的重点，相反，其地位日渐衰落。

中国地方经济的发展，一直受到经济和行政区划的双重影响。按照国家区域分布格局，中部地区含山西、河南、湖南、湖北、江西、安徽六省，位于我国内陆腹地，具有承东启西、连南通北的区位优势，人口和经济总量分别占全国的 28% 和 20% 以上。中部六省既是我国重要的粮食主产区，又是国家综合运输网络的中心区域和重要的能源、原材料基地，在我国经济社会发展全局中占有重要地位，长期以来为全国经济社会发展做出了重大贡献。

经济区是由多种自然地理要素，包括地形、土壤、气候、资源的相对一致性和与之相协调的人文环境（历史文化传统、人口和人力资源状况、科学技术水平

---

① 数据来源：安徽省人民政府网站。

等）所决定的、以劳动地域分工为基础、各具产业特色的地理区域。一个国家特别是幅员辽阔的大国，在不同的发展时期都有其规划的重点发展区域，也被称为基础经济区。除了明清时的江南省，新中国成立后的安徽从未成为国家政策的倾斜对象，总是身处政策边缘化地区。安徽本身所具有的地理区位和资源优势反而成为发展的劣势。在国家生产力布局中，安徽始终被定位于粮食基地和能源原材料基地，这种分工定位使得安徽工业化、城市化进程缓慢。以弱质性初级产品产业为主导的产业定位，不仅不能带动区域发展，相反，却是供应越多吃亏越大，长期在与沿海发达地区的垂直性贸易分工中遭受双重的利益盘剥而不能获得补偿。

随着西部大开发和东北老工业基地振兴战略的实施，西部地区经济与社会出现加快发展的良好势头，东北老工业基地也重新焕发活力，东部沿海地区更是率先发展。在此背景下，中部地区经济发展速度相对较缓，区域经济发展呈现出“中部塌陷”的态势，安徽作为中部省份，与东部沿海省市之间的经济发展差距逐渐拉大，也与中部共“沉浮”，进入发展的“凹地”。从华东经济区到中部地区，安徽实际上处于一种政策边缘化地区，某种程度上是国家实施“区域非均衡发展战略”的客观结果，因此，“中部塌陷”在一定程度上可以解读为“政策缺陷”。

“区域非均衡发展战略”的核心是优先发展沿海地区，对沿海地区实施倾斜政策。其结果是，东部地区不仅获得区域垂直分工体系下的双重利益，而且尝到了扶持政策带来的硕果，占尽了改革开放的先机。相反，安徽所在的中部地区却承担了改革的成本，沦为改革开放以来国家政策的“边缘区”，在经济上也成为全国经济增速的“凹地”。由此导致区域差距越来越大，区域矛盾与摩擦也日益加剧，进而影响到包括东部沿海地区在内的国家的整体发展。由于差距过大导致的严重不平衡，还带来一系列的社会问题。基于此，进入 21 世纪，国家区域发展战略走向发生了重大变化，东、中、西部区域协调发展成为主旋律。

2004 年 12 月初的中央经济工作会议上，“中部崛起”首次出现在“2005 年经济工作的六项任务”当中。自此，“中部崛起”成为继“东部沿海地区率先对外开放”（现在称为“东部率先”）、“西部大开发”和“东北振兴”之后区域经济的新战略。2006 年十届全国人大四次会议通过的《中共中央关于制定国民经济和社会发展第十一个五年规划的建议》，明确将“促进中部地区崛起”列入实施区域发展总体战略之中。

作为中部地区省份的重要一员，面对国家“促进中部地区崛起”的这一重大战略决策，安徽省委、省政府积极响应，提出了“抢抓机遇，乘势而上，奋力崛起”的发展战略，以科学发展观为引领，依托现有基础，提升产业层次，推进工业化和城镇化，加快“四个基地一个枢纽”的建设步伐，努力把安徽建设为全国重要的粮食生产基地、能源原材料基地、现代装备制造及高技术产业基地和综合交通运输枢纽。随着国家促进中部地区崛起战略的全面实施和各项政策措施的逐步推进，安徽经济社会发展已经站在新的战略起点上，正在进入全面提升产业层次、加快经济社会转型的新阶段，在国家中部地区崛起战略中发挥了承东启西的桥梁纽带作用。

“中部崛起”战略使安徽看到了发展的契机。国家对安徽作为中部综合交通运输枢纽地位的支持和大力投入，极大地改善了安徽的交通基础设施，使自古以来安徽的区位潜在优势落到实处，区位优势逐步向竞争优势转化。然而，现阶段由于中部六省产业结构的相似性和经济特征的同质性，决定了中部地区更多的是一个自然地理区，各省之间很难形成有产业层次的、分工协作的真正经济区，区内竞争远大于合作。因此，仅靠“中部崛起”战略尚难以带动安徽的跨越式发展。

俗话说得好：“火车跑得快，全靠车头带。”与长三角无缝对接的安徽，如果能搭上长三角这趟高速发展的快车，借力发展，借船出海，借梯登高，必将加快安徽崛起的进程。

地理概念中的长三角即长江三角洲，是指长江入海的地方由于河水所含的泥沙不断淤积而形成的冲积平原，大致包括苏中南、上海和浙东北。如今人们常说的长三角实际上是长三角城市群，即长三角城市经济协调会的 16 个城市成员，包括上海，江苏的南京、苏州、无锡、常州、扬州、镇江、泰州、南通和浙江的杭州、嘉兴、湖州、宁波、绍兴、舟山、台州。后随着社会经济形势的发展，2007 年进一步泛化、扩容为苏、浙、沪两省一市。所以，现在又有一个说法，即把 16 个城市称为狭义的长三角，把扩容后的苏、浙、沪两省一市叫作广义的长三角。截至 2014 年，长三角城市经济协调会已拥有 30 个成员城市。

长三角地区凭借其特殊的区位优势、完善的基础设施、良好的配套能力、丰富的人力资源以及上海的国际地位等在区域经济发展中脱颖而出，成为我国经济、科技、文化最发达、最具活力和带动力的地区，我国第一大经济圈和世界第六大城市群。据统计，世界 500 强企业已有 400 多家在此落户；中国经济实力最强的 35 个城市，有 10 个在长三角；全国综合实力百强县，长三角地区占了近一半。长三角由 16 个城市扩大到两省一市，长三角地区对周边的带动作用进一步增强，辐射范围进一步扩大。凭借与长三角无缝对接的区位优势，安徽在更大范围内接受了长三角地区的辐射，为安徽今后作为一个整体全面融入长三角带来了新的机遇。这种机遇是安徽多年来可遇而不可求的。

新中国成立以后，尤其是改革开放以后，安徽历届政府都在苦苦探索适合安徽省情的发展道路，制定符合安徽实际的发展战略。

20世纪80年代，安徽就提出了“远学闽粤，近学江浙”的口号，开始了20余年被戏称为“剃头挑子一头热”的融入长三角的不懈追求。当时，还是安徽省省长的王金山对中部省份如何对接东部有一番肺腑之言。他说：“从2000年开始，安徽就提出了融入长三角经济区，但事实是除了一个‘15+1’的旅游发展项目，长三角从来都没有将安徽纳入其发展规划。”

竞争与合作在区域经济中始终是相辅相成的。当年的苏南也是在与上海的竞合关系中发展壮大的。安徽要融入长三角，就要敢于“叫板”，参与竞争，在竞争中找到合作的空间和对接点。

从积极融入长三角，到全面参与泛长三角区域合作发展，乃至最终成为长三角一员，安徽一直在不懈努力。2008年元月中旬，胡锦涛总书记视察安徽，并发表了重要讲话。“安徽要充分发挥区位优势、自然资源优势、劳动力资源优势，积极参与泛长三角区域发展分工，主动承接沿海发达地区产业转移，不断加强同兄弟省份的横向经济联合和协作。”这是以胡锦涛为总书记的党中央在准确把握国内外区域经济发展大趋势的基础上，着眼于全国整体发展战略布局做出的重要指示，也是“泛长三角”概念第一次从国家最高领导层面上被正式公开提出。这是给安徽的一个全新的定位，从1645年的江南省，到2008年的泛长三角，既是国家区域发展战略和政策的推动，也是安徽全省上下20余年的热切期望，更是长三角区域经济一体化的内在需求与必然结果。

2008年8月初，在国务院出台的《国务院关于进一步推进长江三角洲地区改革开放和经济社会发展的指导意见》中，“泛长三角”第一次出现在国务院文件中。随后，国家有关部委和相关省市也开始进行研究谋划，积极推进泛长三角区域分工与合作。苏、浙、沪、皖三省一市就建立泛长三角区域合作机制进行了探讨，并达成了共识。泛长三角“3+1”的格局已然形成。

2008年公布的《国务院关于进一步推进长江三角洲地区改革开放和经济社会发展的指导意见》（国发〔2008〕30号）明确：长江三角洲地区包括上海市、江苏省和浙江省。以上海市和江苏省的南京、苏州、无锡、常州、镇江、扬州、泰州、南通，浙江省的杭州、宁波、湖州、嘉兴、绍兴、舟山、台州16个城市为核心区，统筹两省一市发展，辐射泛长三角地区。《意见》要求加强与安徽等泛长三角区域合作，建立健全泛长三角合作机制，强化上海及南京、杭州等中心城市的辐射功能，促进要素跨地区自由流动，实现人口和产业有序转移。

2010年5月，国务院公布《长江三角洲地区区域规划》，是我国首个跨省级行政区的区域发展规划；2014年9月，国务院印发《关于依托黄金水道推动长江经济带发展的指导意见》；2016年9月，国务院发布《长三角城市群规划》。

这些规划和文件首次在国家层面上明确了安徽的长三角成员地位和合肥市在长三角城市群中的副中心定位。安徽身份和定位发生了重大改变，终于实现了由长三角边缘向主体的身份转变。

更为重要的是，这些国家级规划和指导意见对我国区域发展提出了新思路，进行了新布局，指出了在国家区域经济战略背景中的皖江城市带的发展趋势、发展走向，追求并实现皖江城市带的崛起，是顺利完成国家“十二五”和“十三五”规划发展目标的重要保障。

第二节　皖江城市带与长三角合作共进

长江三角洲城市群已成为国际公认的六大世界级城市群之一。2013 年 12 月 18 日，长江三角洲地区主要领导座谈会在南京举行，此次座谈会主题为“加快转型升级，共同打造长三角经济升级版”，就推动经济转型升级、联动实施国家战略、深化重点专题合作、完善合作发展机制等事项进行深入讨论。特别提出长三角地区将推进统一大市场建设，着力消除市场壁垒，协同加大“信用长三角”建设力度，鼓励开发促进区域内产业整合的新型金融产品和服务。包括加快皖江城市带承接产业转移示范区建设，使长三角各成员都能享受到上海自贸区带来的“连动效应”。

因此，通过与长三角城市群深度合作，实现长江经济带中下游协同发展，尤其是在产业发展、城乡建设、基础设施等方面合作共进，形成互动共推合力，才能迅速提高皖江城市群整体竞争力。如今，安徽 10 个皖江城市利用省外资金已占全省的 70% 以上，其中来自长三角地区的就近 60%，而且沿江先进制造业、新能源、新材料等产业的自主创新特色愈加鲜明，为设立国家级承接产业转移示范区奠定了坚实基础。

安徽近年来积极利用“长三角打造世界级城市群”这一契机，大力实施东向发展战略，加快融入长三角的步伐。在主动承接长三角和国际产业资本转移的同时，切实转变经济发展方式，积极优化经济结构，提升产业层次，营造投资环境，拓展发展空间，为长三角地区提供充裕的粮食和特色农副产品，提供低成本的能源、原材料和劳动力资源，提供重要的加工制造业基地和配套产品，使当地优质资源在更大的范围内得到充分利用和合理配置；通过融入与融合，推动自主创新，壮大产业规模，延伸产业链条，提高产业的关联度和竞争力，不断增强可持续发展的后劲，自觉参与长三角区域发展分工，形成与长三角联动发展的优势产业体系。从空间格局过程看，城市群作为国家新型城镇化规划建设的“主体形态”，随着以皖江城市带为一角的长江中游城市群和长三角城市群的逐步融合，长江中下游城市集群将成长为毫无争议的中国经济第一极。

第九章　皖江城市带与长三角城市群一体化发展现状

第一节　长三角一体化进程：三次扩容到《指导意见》出台

目前，长三角城市经济协调会成员城市包括上海，江苏省，浙江省全境以及安徽省的合肥、马鞍山、芜湖、滁州和淮南5地市，共30个城市。自1992年，长三角城市经济协调会成员城市指苏浙沪毗邻地区的15个市组成的都市群，包括上海，江苏省的南京、苏州、无锡、常州、镇江、南通、扬州、泰州共8个市，浙江省的杭州、宁波、湖州、嘉兴、绍兴、舟山6个市。这一组合突破了单纯的长三角地理概念，使之成为真正的经济圈概念。2003年，浙江省的台州市被接纳为正式成员。2010年3月，长三角核心城市群扩容，吸收盐城、淮安、金华、衢州4个苏浙城市，以及泛长三角区域内的合肥、马鞍山两个安徽省的城市。2013年4月，长三角城市经济协调会成员城市又加入连云港、徐州、宿迁、丽水、温州、芜湖、滁州、淮南8个城市。长三角经济圈的形成不仅能够推进长三角地区的经济发展，还能带动长江流域以及中西部地区的发展。

2014年9月，国务院发布的《关于依托黄金水道推动长江经济带发展的指导意见》（以下简称《指导意见》）指出，长三角城市群是我国城市化程度最高、城镇分布最密集、经济发展水平最高的地区。它以上海为中心，南京、杭州、合肥为副中心，以沪杭、沪宁高速公路以及多条铁路为纽带，形成一个有机的整体。《指导意见》提出，优化提升沪宁合（上海、南京、合肥）、沪杭（上海、杭州）主轴带功能，促进长江三角洲一体化发展；充分发挥上海国际大都市的龙头作用，加快国际金融、航运、贸易中心建设；提升南京、杭州、合肥都市区的国际化水平；打造具有国际竞争力的世界级城市群。2015年6月《长江三角洲城市群发展规划》出台，把合肥都市圈纳入其中，明确推进南京、杭州、合肥等都市圈同城化发展，增强协同效应。

第二节 皖江城市带与长三角城市群一体化潜在优势

一、具有得天独厚的区位和交通条件

皖江城市带与长三角山水相连，是距离东部省份最近的区域之一。目前，通往东部的立体交通网络已初步形成，皖江地区到南京与上海的车程分别只有 1 个小时和 3 个多小时。即将和正在建设中的宁安城际铁路、400 千米皖江黄金水道的治理、300 千米芜申运河航道、池州九华山机场的建设、安庆机场的扩容、芜湖机场民航站的建设、六座跨江通道等一批重大交通基础设施建设项目的建成，将进一步改善皖江城市带的交通条件，实现与长三角交通的网络化对接。承东启西、连南接北的综合交通枢纽地位将大大提升，区位优势将更加凸显，物流成本将进一步降低，承接产业转移的优势将更加突出。

二、岸线要素资源丰富，具备承接长三角产业转移的有利条件

一级和二级岸线总长近 300 千米，占总岸线近四成，并且岸线的利用空间广阔，特别是巢湖、安庆、池州等地分别拥有数十千米的深水宜港岸线，具备发展重化工业的环境资源，而这些产业都是下一步转移的重点。皖江城市带可以安庆、芜湖等沿江中心城市为依托，加快壮大重化工、装备制造等产业规模，延伸产业链条，提升产业层次，增强发展能力，加速与长三角一体化发展。

三、具有较强环境承载能力

皖江城市带环境容量较大，拥有森林面积 208. 5 万公顷，占全省森林总量的 58%；森林覆盖率达到 31. 1%，高出全省 5 个百分点，高出全国近 13 个百分点；拥有自然保护区 18 个，其中国家级 4 个，分别占全省的 49% 和 67%；保护区面积达到 31 万公顷，占全省的 71%。拥有较多可供开发的荒地、滩涂；宣城、池州、芜湖三市人均水资源拥有量达到 2221 立方米，比全国高 16%。这些资源为大规模承接产业转移提供了难得的环境空间。

四、较大市场容量，消费潜力可观

皖江是长江经济带的主要腹地，是长三角辐射安徽、华中、西南乃至广大中西部地区的重要区域，市场潜力巨大。以合肥为中心，半径500千米覆盖了七省一市4.8亿人口，这一区域经济发展水平高，消费潜力巨大，尤其是皖江最具基础的制造业市场前景广阔。

五、劳动力资源丰富，成本相对较低

全省常年在外务工人员超过1000万，拥有大量熟练产业工人，劳动力平均成本只相当于沿海地区劳动力成本1/2或2/3，可以有效吸引并承接来自长三角地区劳动密集型产业的转移。

人才和技术支撑力量强。皖江城市带是全省科技资源较为密集的地区，占全省科教资源的70%以上，拥有中国科技大学、合肥物质研究所等一批国家级科研院所，年高校毕业生15万人以上，为承接产业转移提供强有力的人才和技术支撑。

第三节　皖江城市带与长三角城市群一体化现实基础

一、具有较强的产业综合配套能力

工业领域，皖江城市带工业门类齐全，涉及基础原料、能源、装备制造等产业。拥有马钢、奇瑞、安庆石化、海螺水泥等一批国内知名企业。目前，已形成冶金、汽车及零部件、建材、家电、化工等产业集群，产业链明显改善。农业领域，现代农业发展迅速，综合农业生产能力大幅提升。服务业领域，2008年，皖江城市带已拥有第三方物流企业约百家，安得物流、江汽物流已进入国家物流百强企业之列；金融服务业也取得快速发展，产业综合配套能力迈上了一个新的台阶。同时，皖江城市带与长三角已经形成产业发展共生圈，皖江城市带加工产品的50%以上为长三角配套，汽车、家电等产业所需零部件70%左右来自长三角。上海浦发银行分别在合肥、芜湖设立分行，金融资本和社会资本开始参股皖江城市带中小金融机构；徽商银行也已在南京等地设立分行。

二、具有承接产业转移的微观基础

皖江城市带大中型企业发展势头强劲。规模以上工业企业数占全省的71.4%。在全省8家销售收入百亿元企业中，皖江城市带有6家。

上市公司数量多，效益稳步提高。安徽上市公司54家中，皖江城市带有42家，占全省上市公司家数的78%。其中，合肥市有17家，芜、马、铜三市有16家。同时，上市公司效益稳步提高，在主要指标如每股收益、资产净利率、总资产同比增长率、毛利率等方面，皖江城市带上市公司均优于全国A股平均水平，在市场激烈动荡调整中，皖江城市带板块跌幅也小于整体A股。

中小企业迅速成长。皖江九市规模以下工业企业实现增加值281.54亿元，占皖江城市带工业增加值的11.4%。近年来，皖江城市带规模以下工业企业逐步成长，日益发展壮大为规模以上工业企业。

私营经济活跃。近年来，皖江城市带民营经济快速成长，十分活跃，已经成为皖江城市带经济增长的重要支撑，带来了经济总量的扩张、经济效率的提高和运行机制的改善。在全国私营企业纳税百强中，安徽有长江钢铁、华菱电缆、华海电缆和新亚特电缆四家企业上榜，均位于马鞍山市和巢湖市。

三、具有更加坚实的承接平台

开发区载体建设更趋完善。皖江城市带拥有5个国家级开发区，65个省级开发区，占全省开发区总数的61%，覆盖所有开发区类型。皖江示范区还将继续不断提升开发区发展水平，打造承接产业转移坚实载体，将着力培育特色开发区。

开发区经济发展已具相当规模。皖江城市带开发区和产业园区共实现财政收入232.2亿元，同比增长29.6%，占皖江城市带的27%；完成固定资产投资1547.9亿元，同比增长40.6%，占皖江城市带的33%。

硬件基础进一步夯实。目前，市辖开发区的基础设施建设已达到“七通一平”，县域开发区已达到“五通一平”，管网配套也日趋完善。

软环境大幅提升。一是管理体制进一步健全。成立了以市县主要领导为组长的管理机构，协调与管理能力进一步增强。二是支持政策趋于完善。为支持开发区的发展，近两年，皖江城市带出台针对开发区发展的政策文件多达60份。

合肥、芜湖自主创新综合配套改革实验区建设正加速推进。皖江城市带本就拥有合肥软件、合肥生物医药、芜湖新材料、巢湖高沟特种电缆以及铜陵电子材料5个省级高新技术产业基地，合肥、芜湖自主创新综合配套改革试验区建设的深入推进，其承接国内外相关领域的高技术项目的优势将更加凸显。

服务外包基地快速发展。合肥已被批准为国家服务外包示范城市，中国工商银行、中国银行、中国建设银行等银行的后台业务支持中心也已纷纷落户合肥滨湖新区，形成规模化的合肥滨湖金融后台服务基地，为承接新一轮国际外包业转移提供了支撑平台。

“长三角区域规划”已上升至国家层面。安徽省整体融入长三角，这将有力地促进皖江城市带与长三角之间在关键领域的合作，加速与长三角一体化进程，承接产业转移的软平台更加坚实。

四、具有与东部合作的基础和经验

皖江城市带本来就与长三角人缘相亲、文化相近，经济发展合作由来已久。改革开放以来，安徽省一直十分重视皖江城市带的开发开放，不断推进皖江与长三角之间的一体化进程。1990 年，省委省政府做出“开发皖江、呼应浦东、带动全省”的战略决策；2004 年 3 月，省委省政府提出“东向战略”；2006 年 8 月，出台《沿江城市群“十一五”经济社会发展规划纲要》。目前，皖江城市带已成为与长三角联系最为密切、承接产业转移较多的区域之一。围绕招商引资，政府层面的联系更加广泛和深入。大部分市与长三角的各种机构建立了广泛的合作。尤其是胡锦涛总书记提出泛长三角合作以来，高层次政府层面合作机制正式建立，为进一步深层次的合作奠定了基础。围绕招商引资，皖江城市带已在基础设施建设、项目审批、土地供应、企业融资、财政贴息等方面加大改革、创新体制机制，在各种标准、体制和服务方面已与长三角区域进行有效的对接。围绕承接产业转移，皖江城市带在招商方式、招商手段、承接载体建设、转变政府职能、提升政府服务功能、营造“亲商、安商、富商”的氛围等方面积累了丰富的实践经验。

第四节 皖江城市带与长三角地区经济增长的一体化分析

一、区域经济增长的一体化表现形式

皖江城市带与长三角区域经济增长的一体化从表现形式上看，可以分为以下几个方面：

一是企业间合作，企业是区域经济一体化的主角，随着长三角区域合作和区域经济一体化进程的加快，企业间合作必然愈加频繁，包括产品联合开发、技术研发、兼并破产等内容。

二是产业差异化与互补性增强，如在农业、制造业、高新技术产业、旅游、文教、金融、科技、医疗、物流、信息等领域的整合与互动。

三是市场一体化，长三角区域正逐步形成各种要素市场的有机统一体，包括一体化的消费品市场、资本市场、技术市场、人力资源市场、产权市场、征信市

场、旅游市场、文化市场等。

四是信息一体化，建设覆盖整个长三角区域的信息网络平台，打破信息封锁和阻碍，以便各地的商情和公共信息都能公开、透明。

五是基础设施一体化，各地的基础设施进行全面联结，特别是大型的基础设施，如港口、高速公路、机场、跨江跨海大桥、铁路乃至网站、排污管道等。这一方面体现规模化、集成化优势，另一方面体现“快捷”要求，造就更大的“同城效应”。

二、区域经济增长的一体化衡量

对于区域经济增长一体化衡量，从区域经济增长理论来看，有不同的指标进行衡量，这里采用区域经济增长趋同理论进行衡量，趋同主要有两种趋同概念——σ 趋同与 β 趋同。σ 趋同衡量的是人均收入收敛程度，即区域之间的相对人均收入水平差异程度随时间推移而减小。β 趋同衡量的是经济增长收敛程度，即区域的相对人均收入增长速度与其初始水平呈负相关关系，这里，β 趋同可以进一步分为三种情况：一是绝对趋同，是假定区域之间不存在经济增长条件差异的情况下而发生的趋同；二是条件趋同，是指在经济增长条件相似或相同的区域之间所发生的趋同，即不同的区域趋同于不同的稳态；三是俱乐部趋同，是指在经济增长的初始条件和结构特征等方面都相似的区域之间所发生的相互趋同。区域经济增长趋同理论的关键之处在于其对条件 β 趋同的预测。而趋同之所以是有条件的，是由于各地区的稳态增长水平不同。稳态水平依赖于储蓄率、人口增长率、生产函数的性质以及政府政策和人力资本初始存量上的差异——正是这些差异导致各地区经济增长巨大的差异。当这些差异被排除时，各区域经济将趋于收敛到相同的稳态。

由于研究的对象——初始条件和结构特征都有很大差异的皖江城市带与长三角经济区，理论上不存在绝对趋同与俱乐部趋同的可能，因此本书重点是对条件 β 趋同进行分析。趋同考察的是落后地区经济相对于自身较低的初始经济水平是否具有更好的潜在增长能力，一般通过研究一个经济体人均实际 GDP 增长率与其初始人均实际 GDP 水平之间的关系加以考察。对初始条件和结构特征差异较大的地区一般进行绝对 β 趋同检验和条件 β 趋同检验。前者仅单纯地考察经济体人均实际 GDP 增长率与其初始人均实际 GDP 水平之间的符号关系，后者在考察经济体人均实际 GDP 增长率与其初始人均实际 GDP 水平之间的符号关系的基础上，还要加入若干对结果产生影响的控制变量。由于绝对趋同一般不存在，学术界研究的多为条件 β 趋同，因此，本书研究皖江城市带与长三角地区两省一市的经济差异收敛情况，即皖江城市带在经济增长上是否有能力向长三角看齐，并找出影响其收敛结果的重要控制变量。

新古典增长理论认为，由于资本的边际收益递减，在边际储蓄倾向 s、技术水平 A、人口增长率 n 等条件绝对相同的情况下，初始人均 GDP 低的经济体将与初始人均 GDP 高的经济体将收敛于同一稳态水平，并且低经济体会比高经济体增长更快，Baumol W. （1986） 把这一收敛关系描述为：

$$\bar{g}_t^i = \alpha + \beta \ln y_0^i + \mu$$

这里 $\bar{g}_t^i$ 为 i 区域人均 GDP 平均增长率，y_0^i 为 i 区域期初人均 GDP，β 为 i 区域经济收敛系数，β < 0 则即意味着经济是收敛的。Barro R. J. 和 Sala. I. Martin X. （1991） 发展了 Baumol 的回归方程，得到条件 β 趋同的经典回归方程：

$$\frac{1}{T-t}\ln\frac{y_T^i}{y_t^i} = \alpha - \left[\frac{1-e^{-\beta(T-t)}}{T-t}\right]\ln y_t^i + \kappa X_T^i + \mu$$

这里，t 为期初，T 为期末，T - t 即为考察期的时间跨度，y_t^i 和 y_T^i 分别为 i 区域期初与期末人均 GDP，$\ln\frac{y_T^i}{y_t^i}$为考察期的人均 GDP 增长，X_T^i 是对区域经济收敛稳态值影响的其他控制变量，主要选取的指标技术水平、产业结构、人口增长率等，β 表示经济收敛的速度。

这里皖江城市带选取合肥、芜湖、马鞍山、铜陵、安庆、池州、巢湖、滁州、宣城 9 个城市数据，对于长三角，考虑经济联系性与数据可得性，这里选取上海、南京、苏州、无锡、常州、镇江、杭州、宁波、温州 9 个城市数据，样本时间选择为 2000 ~ 2010 年（皖江示范区批复前）。从经验上看，皖江城市带作为初始人均 GDP 水平较低的经济体，相对于长三角并没有表现出更快的经济增长趋势，而长三角作为初始人均 GDP 水平较高的经济体，相对于皖江城市带也并没有表现出更慢的经济增长趋势，显然区域经济不存在绝对趋同。因此这里要考察的是条件趋同，重点是找出影响各自经济收敛的主要控制变量，这里选取的控制变量为：①居民人均储蓄占人均 GDP 的比重 s（居民人均储蓄/人均 GDP①），用于测度储蓄率的影响；②农业化比重 IR_1（第一产业生产总值/各市 GDP）和工业化比重 IR_2（工业生产总值/各市 GDP），用于测度产业结构的影响；③政府财政用于科技研发支出的比重 SE（R&D 经费/各市财政收入），用于测度科研投入的影响；④人口自然增长率 L（各市常住人口增长率），用于测度劳动力增长率的影响；⑤出口总额占地区产值的比重 E（各市进出口总额/GDP，汇率按照各年度中间价调整为人民币计价），用于测度经济的外向程度。

---

① 这里对于皖江城市带储蓄采用各市调查城镇居民家庭年人均现金收支情况中的数据，且池州和巢湖采用安徽省数据进行替代，而长三角城市数据采用各市居民储蓄存款/常住人口得到。

基于以上样本，运用 STATA12.0 软件对上述模型进行 OLS 回归，可以得到皖江城市带和苏南地区条件收敛的情况，如表 9－1 所示。

表 9－1 皖江城市带与长三角条件趋同检验结果

	皖江城市带	长三角
lny	0.0972*** (12.03)	－0.2147*** (－7.96)
s	－0.0034** (－2.34)	－0.1276*** (－11.43)
IR_1	－0.0017*** (－5.23)	0.1485 (0.37)
IR_2	0.0021 (0.75)	－0.0566*** (－10.01)
SE	－0.0483 (1.02)	－0.2781*** (8.54)
L	－0.0847*** (6.26)	－1.124*** (－9.21)
E	－0.0002*** (7.21)	－0.2178*** (12.47)
cons	－1.2223*** (－5.87)	－4.2462*** (－11.35)
R^2	0.9963	0.9924
F	872.21	721.56

注：表中圆括号内为 t 统计值，***、**、*分别代表 1%、5%、10% 的显著性水平。

从对数人均 GDP 回归系数值可以看出，皖江城市带的系数值为正，根据回归方程可知，该系数 $0.0972 = -\left[\frac{1-e^{-\beta(T-t)}}{T-t}\right]$，这样 $\beta < 0$，则表明皖江城市带呈现出一定收敛态势，而长三角的系数值为负，则 $\beta > 0$，经济不存在收敛。这说明皖江城市带的增长速度相对于其初始经济水平还是较快的，经济加快增长的潜力很大，而长三角的经济增长速度并未因初始经济水平较高而降低，增长势头依然强劲。这表明皖江城市带与长三角的经济差距呈现出一定的趋同态势，即皖江城市带经济增长速度相对于其初始经济水平还是较快的，经济加快增长的潜力很大，这也表明皖江城市带与长三角的经济增长一体化趋势增强。

第十章　皖江城市带与长三角城市群一体化的经济联动①

第一节　构建竞争合作、互利共赢的长三角经济区

自古以来，皖江城市带与长三角地区的经济社会发展就存在着密不可分的关系，从区域间人文联系的历史渊源及现状看，有着深厚的基础。330 多年前，安徽与江苏同属江南省，明清时期皖南地区的徽州商人也主要活动于今江浙一带。徽商的兴起与发展和长三角是紧密联系在一起的，而长三角地区一些城市的兴起，在很大程度上也是得力于徽商的经营。进入现代，皖江城市带的经济社会发展同样是与长三角这个大市场和大舞台紧密相连的，两地之间的文化联系和人际交往非常密切。在社会主义计划经济时期，安徽省际之间的物资流、资金流、信息流 70% 以上也是流向长三角的相关省市。在社会主义市场经济时期，市场机制对资源配置和要素流动的调节作用得到进一步增强，皖江城市带与长三角之间的经济联系也更为密切。

长三角经过近 20 年的高速发展，以制造业为支撑的经济结构正在凸显危机，面临土地、能源、资源、环境等多重硬约束。以太湖蓝藻大爆发为突出事件的生态公共危机，使长三角多年来的发展模式受到质疑；而日益加剧的贸易摩擦和国家相应的宏观调控措施，又使长三角加工企业赖以生存的“低成本、低技术、低价格、低端市场”的竞争法宝受到挑战。转变经济增长方式、进行产业结构调整、从以低成本为主的竞争导向，转向以创新力为主的竞争导向已经刻不容缓。

长三角生活污水、工业废水和废气、废物的排放量大且集中，江河湖海水质普遍下降，酸雨、赤潮发生频率和面积不断加大，生态环境趋于恶化。因此，长

① 本部分内容借鉴了胡艳执笔的“泛长三角区域合作的战略选择”一文。

三角未来的持续健康发展，急需扩展发展空间以克服土地、劳动力、能源等资源以及环境的瓶颈制约，亟待安徽等周边省份作为其纵深腹地进行支撑。

与世界其他城市群相比，长三角的整体实力和带动能力仍相对不足：从区域面积、人口和经济总量来看，美国大西洋沿岸城市群面积约 82 万平方千米，人口占全美的 20%，制造业占全美的 30%，大纽约区 GDP 占全国的 16%；日本太平洋沿岸城市群面积占全国的 20%，工业产值和国民收入分别占全国的 75% 和 65%，核心城市东京 GDP 占全国的 26%。而长三角 16 个城市的面积仅 10 万平方千米，占全国 1%，人口不足全国的 6%，经济总量占全国的 20%，核心城市上海的 GDP 仅占全国的 4.9%。显然，作为世界第六大城市群，目前长三角的整体实力还尚显不足，缺乏深厚的战略与经济腹地，长三角要与世界大城市群比肩，必须寻找合适的腹地。而这个更大的经济腹地，需要土地资源丰富、劳动力资源低廉、市场广阔、交通条件好等，安徽无疑是长三角扩容的首选之地。

安徽地处长江下游，紧邻长三角地区，和长三角地理交通相近，人文习俗相通，是长三角地区的自然延伸地带，在资源禀赋、产业结构等方面与长三角经济具有较强的互补性。安徽土地、能源等资源丰富、劳动力价格低廉、市场潜力广阔、交通条件良好。随着合宁高速、京沪铁路、申苏浙皖高速、宁宜城际铁路等 10 多条与长三角联系通道的建成，加上长江黄金水道和即将开工的沿江城际铁路，安徽与长三角的交通联系已非常紧密，具备了承接长三角辐射与产业转移、参与泛长三角的产业合作与分工的基础条件。安徽的能源、资源优势突出，煤、电、钢、铜、水泥、粮、油、棉、肉等资源及产品，在华东乃至全国都占有较大优势。安徽广阔的市场潜力、丰富的资源及产品供给，为长三角经济的健康持续发展提供了支撑和保障。

总之，长三角泛化到安徽，形成长三角经济区，并不只是长三角资本外流和产业转移的单向问题，而是一个竞争合作、互利共赢的双向选择。对长三角城市群而言，既为自己的产品找到了新的市场，取得了腹地的低成本的能源和资源；又找到了产业转移的空间和生产加工基地。有利于长三角扩展其区域空间和经济纵深，支撑与加快区域经济持续、协调发展。

对安徽来说，长江经济带国家战略给安徽带来重大机遇，凭借安徽与长三角地区产业结构的差异性、发展水平的梯度性、资源禀赋的互补性，安徽参与长三角分工与合作，既有利于安徽凭借着成本更低的空间——丰富的土地和低廉的劳动力资源、广阔的市场潜力、良好的交通区位等优势，吸收长三角向外转移的资本技术等要素和产业，优化产业结构；又有利于安徽突破行政区边界，借“船”出海，借“梯”登高，以较小的成本接轨国际，直接融入国内外经济发展的主流，登上国际经济的大舞台，借力发展，实现安徽从长三角“边缘”到长三角

“主体”的角色转换。通过充分发挥与长三角无缝对接的优势，在基础设施、产业布局、发展规划和体制创新等方面全方位对接苏浙沪，成为“长三角”的有机组成部分。

要实现整个长三角区域生产要素的合理流动和配置、促进产业结构的优化与升级，增强区域辐射带动作用，提升区域整体实力，必须走区域整合发展的道路。区域经济一体化已成为长三角经济应对资源约束、产业升级压力，提升区域经济竞争力的必然选择。

当前，长三角跟周边融合，边界模糊化已是趋势。国家出台长江经济带战略，研究制定长三角城市群规划，正是顺应了区域经济一体化发展的趋势与潮流。安徽是长三角地区天然的纵深腹地，也是我国承东启西、连南接北的核心区域，是长三角产业和资本向中西部地区转移的捷径。所以，积极推动长三角区域一体化，加快安徽融入长三角的步伐，对国家实施中部崛起政策、区域协调发展战略将起到重要的推动作用，对全国的区域统筹协调发展、产业结构的优化、地区差距的缩小和经济一体化水平均将产生重大积极影响。

构建长三角经济区，不仅是拓展长三角发展空间的内在要求，也是提升我国国际竞争力的客观需要。在经济全球化、区域经济一体化的今天，打造世界级的经济活动和人口聚集的经济核心区域，是全球经济发展的潮流。区域一体化是提升长三角竞争力的重要路径。随着长三角经济实力的与日俱增，扩散效应日益增强。长三角城市群由极化向泛化的演进，体现了区域经济活动的聚集效应与扩散效应的交互作用，这种区域空间的能量交流与碰撞，已然成为区域经济由封闭走向开放、由分割走向一体、由失衡走向均衡的动力所在。

近年来，安徽以区域经济合作为中心，主动寻求与上海、江苏、浙江等长三角各省市及周边其他省市的交流与合作，与长三角地区在基础设施对接、市场融合、产业合作等方面取得了显著成效。未来 10 年左右，中国铁路总公司将与安徽共同投资 1000 亿元，把安徽建成全国重要的铁路枢纽。同时，在实施崛起与赶超战略过程中，安徽积极促进区域经济发展，充分发挥中心城市带动作用，逐渐形成以“合肥经济圈”为核心，以“合芜蚌自主创新实验区”为动力、以“皖江示范区”和“沿淮城市群”为南北两翼的中心城市发展格局，成为带动全省区域经济实现腾飞的“发动机”。国家发改委出台的《长三角城市群规划》也已经把包括芜湖、马鞍山在内的合肥都市圈囊括其中。

第二节 以强化经济联系为突破口，全面接轨长三角

随着在长三角的角色分工越来越深入明晰，安徽的东向发展，进入一个崭新的阶段。目前，长三角地区产业向安徽的转移正呈现出加速态势。双方经贸联系更加紧密，决策层交流日益频繁，各类要素合作不断扩大，大批的资金、技术、先进管理理念入皖，融入长三角、接轨长三角已经全方位展开。

一、市场联系紧密，依存度逐步提高

区域一体化的本质是市场一体化，安徽东向发展，从根本上来说，也是市场的内在驱动。早在计划经济时期，安徽在省级物资流、资金流、信息流方面，70%以上朝向“长三角”地区。安徽省与长三角地区跨区域间的联系在当前社会主义市场经济体制下显得更为密切。市场机制调节资源与要素间配置和流动的作用更为突出。同时，长三角地区巨大的消费市场是“皖货东进”的主要诱因，长三角地区人口众多，居民收入水平较高，有着巨大的消费能力，是中国规模最大、最成熟、档次最高的消费市场之一。例如，2015 年第一季度至第四季度长三角地区城镇居民人均可支配收入 44616.63 元，远高于按全国平均水平的 31194.80 元。同时，长三角经济区因其独特的区位优势和经济基础，具有很强的国际市场开拓潜力，2015 年长三角地区的出口总额达 50422.87 亿元，占全国出口总额的 35.66%，表明长三角地区目前已成为我国出口发展最为成熟的区域之一。长三角地区市场规模和市场需求持续扩大，必将对周围省份尤其是皖江城市带市场的牵动效应增强。与中部其他几个省份相比，安徽境内生产的商品 60%以上都销往了长三角地区，与长三角的省际贸易依存度最高，安徽销往东部的产品主要以农产品（23.1%）、食品（14.1%）、电气机械器材（12.8%）、化工品（9.2%）、交通运输设备（8.2%）、非金属矿物制品（4.7%）、金属冶炼压延品（4.6%）、纺织品（4.1%）、通用或专用设备（3.3%）和金属矿石（3.2%）等，其中的 60%都进入了长三角两省一市（李秋淮等，2009）。

二、产业转移加速，分工合作深化

伴随着国际产业的转移浪潮，国内跨区域的产业转移加速。长三角向中西部产业转移也有着必然趋势。邓宁的经济发展阶段理论认为，当人均 GNP 超过 2000 美元的时候，应当增加 FDI 比例，处于对外投资的快速增长阶段。从瑞士

银行在2014年2月发布的中国各省级单位的人均GNP数据看，按实际购买力核算的长三角地区人均GNP已达15714.67美元，显然长三角地区的人均GNP已突破此限。与此同时，长三角地区发展受到土地、能源等资源的瓶颈制约，企业遭遇生产要素价格上涨，最低劳动力工资水平进一步提高（截至2015年底长三角地区月最低劳动力工资已达1836.67元），长三角地区产业同构竞争加剧导致利润下降，等等。这些因素都形成长三角产业转移的推力，大大提高了长三角地区对外产业转移的规模和速度。2016年1~8月，苏浙沪两省一市在皖投资项目共计2519个，占外省在皖投资总项目数的56.13%，在皖投资额共计9087.2亿元，占外省在皖投资额的43.57%，在皖投资到位资金共计3083.9亿元，占外省在皖投资到位资金的48.90%，可见安徽已成为长三角地区对外产业转移的重点区域。同时，作为承接产业转移的积极探索，安徽省自身也积极联合长三角地区共建园区及发展“飞地经济”。例如，滁州、宣城等地通过“园中园”、“托管园”、“共建园”等有效合作方式，为创新承接新途径、推进示范区建设积累宝贵经验。2010年11月，上海漕河泾开发区、上海虹桥经济技术开发区、苏州工业园区、无锡国家高新区、合肥高新技术产业开发区及宝钢集团等30多家园区和大型企业集团在安徽发起成立了“长三角园区共建联盟”。通过园区这一重要载体，以产业梯度转移和要素合理配置为主线，推进地区间产业梯度转移，充分发挥了安徽的土地存量优势，加强了区域间产业联动发展，有利于形成区域合理分工布局的产业集群，增强区域竞争力。

三、生产要素扩散明显，跨区域流动加快

要素跨区域流动是皖江地区与长三角地区经济联动发展的主要方面。长三角城市群其发展初期主要通过极化效应将周边地区的生产要素，特别是人才、技术、资金、优质的资源都吸附过来，造成周边经济弱化。目前，长三角正处于工业化后期迅速发展的阶段，已显露出很强的扩散效应，生产要素开始回流，对皖江城市带的辐射带动增强。例如，目前皖江城市带利用省外资金已占安徽省的70%以上，其中来自长三角地区的投资约占60%。弗里德曼用中心—外围模型探讨区域发展的极化问题，认为区域内的“变革中心”是引起区域发展的主要原因，“中心”周边地区因为“中心”创新的扩散而获得发展。如果将长三角地区视为中心区，将安徽（皖江城市带）作为外围的话，在20世纪90年代，长三角地区依然处于工业化初中期阶段，产生的优势及发展的需要使其各种优质生产要素源源不断地从周边吸附过来。皖江城市带作为一个资源丰富的区域，在国家的战略制度安排下，在长三角地区的经济极化效应的作用下，很长一段时期经济发展处于被弱化的状态。

目前，长三角地区处于工业化成熟阶段，生产要素开始从中心区（长三角）向外围（皖江城市带）扩散，也正是得益于此，作为安徽省经济发展的先头部队，皖江城市带对全省经济发展的带头和辐射作用也越来越强。2015 年，皖江示范区生产总值达到 14639. 3 亿元，增长 9. 6%，引进亿元以上省外投资项目到位资金 5891. 5 亿元，增长 14. 3%，实际利用外商直接投资 95. 3 亿美元，增长 12. 3%。随着外围（皖江城市带）的不断发展壮大，整个长三角区域经济一体化进程也开始进入新的深化阶段。

第十一章　皖江城市带与长三角城市群一体化障碍问题

随着区域经济竞争力加剧，国家对区域经济一体化发展愈发重视，逐渐将区域一体化发展纳入国家战略层面上，城市带、城市群共同发展、相互带动的发展模式愈显突出。近年来，皖江城市带与长三角城市群间的联动日趋紧密与频繁，通过产业转移与资源互补促进了两大区域经济的共同发展。但是，与此同时我们应看到，在促进皖江城市带与长三角城市群区域一体化发展进程中仍然面临着诸多障碍，在很大程度上阻碍了两块区域一体化的发展。能否逐渐解除这些障碍的束缚，让皖江城市带与长三角城市群顺利实现全面的一体化，使区域间的交流与合作之路变得更加畅通，对当地政府和企业来说是个严峻的挑战。

第一节　行政区划分割，区域一体化面临体制障碍

行政区划分割导致区域竞争加剧。皖江城市带与长三角城市群一体化面临着体制障碍，由于分属不同区域，不同区域之间行政区划不同，就一定会存在区域之间的竞争。当然，相同区域内的不同城市之间也会面临一定程度上的竞争问题。国家一般会以 GDP 及其增长来衡量政府官员对当地的贡献，GDP 及其增长是当地官员晋升的重要考核指标。因此，为了实现地区经济快速增长，当地政府以利益最大化为原则，通过加强与周边地区的激烈竞争，争取获得大量的有利资源。结果是竞争力强的区域能够不断地吸引到要素资源，竞争力偏弱的区域能够吸引到的要素资源就会比较有限。在外商投资方面，外商投资能够给当地带来资金与技术，加速地区产业升级，提高地区就业水平，对当地的经济发展有重要意义。皖江城市带与长三角城市群吸引的外商投资差距较大。根据最新统计年鉴数据，2014 年皖江城市带实际利用外资额为 87.54 亿美元，而长三角城市群实际利用外资额为 621.36 亿美元，是皖江城市带实际利用外资额的 7.1 倍，二者差距

较为明显。在税收优惠与土地竞价方面，皖江城市带与长三角城市群在税收优惠、土地竞价方面的恶性竞争表现得尤为突出，各区域对税收优惠幅度的不断提升以及在地价上的恶性竞争，很大程度上影响了地区的财税收入，导致国家和区域一部分财税的流失以及某一区域资源的过度开发与利用，不利于国家和各区域的宏观调控与基础设施建设。同时，区域资源的均衡利用与发展也会受到阻碍。对于经济基础本来就相对薄弱的皖江城市带来说，这样的恶性竞争只会进一步拉大与长三角城市群的经济差距，区域经济的均衡化发展会严重受挫。

各区域制度差异带来的一体化障碍。皖江城市带与长三角城市群行政区划的不同，导致各区域在外商投资、税收优惠、社会保障以及生态环境等方面存在制度差异，其中的政策法规有所不同。区域中很多政策法规只是针对自身区域制定、设置的，并未在整个长三角区域内形成一体化。例如，在社会保障制度方面，皖江城市带与长三角城市群各区域中城市的医疗保险、养老保险以及失业救济等社会保障制度只是适合本区域的居民，带有明显的区域性。在生态环境方面，各区域生态环境保护制度的差异，导致了在共同处理区域间的生态破坏问题时，区域间往往会存在分歧甚至冲突，比如环境污染的责任认定不清晰，惩罚标准不一致等。在区域保护主义的驱使下，皖江城市带与长三角城市群分别制定增强自身吸引力、保护自身区域利益的政策法规，促进自身区域经济发展，进一步提升竞争力。同时，皖江城市带与长三角城市群行政区划的分割使得区域间保持着一种恶性竞争，各区域都极力争取能够在激烈的竞争中脱颖而出，保护区域利益，促进当地利益最大化的形成。皖江城市带与长三角城市群这种由行政区划而带来的体制一体化障碍，加速了区域间的不良竞争，不利于区域经济合作与经济一体化的形成。因此，加强皖江城市带与长三角城市群的互动与一体化发展，需要各区域政府协同一致，共同努力解决区域体制一体化的障碍。

第二节　区域人才资源存在差异，人才流动及共享机制尚未形成

皖江城市带与长三角城市群人才资源的差异。皖江城市带与长三角城市群人才资源存在较大差异，由于区域经济基础差距较为明显，加上政府和企业对人才的待遇不同，众多优秀人才资源纷纷涌向长三角城市群，而皖江城市带人才资源则偏少，造成两区域人才资源差异突出，具体表现为人才总量与人才在产业上的分布格局不在同一层面上。各区域人才发展规划中的数据显示，2010 年皖江城

市带人才总量为 246 万人，而长三角城市群这一数量为 1856 万人，是皖江城市带的 7. 54 倍。皖江城市带中专业技术人才有 110 万人，长三角城市群这一数量为 819 万人，是皖江城市带的 7. 45 倍，由此可见二者在人才资源总量上存在较大差异。在人才的分布方面，皖江城市带多数人才分布于高等院校以及一些科研院所，学术型及科研型人才资源较多，分布在企业单位里的人才资源颇为匮乏；而在长三角城市群里，很多企业都拥有充足的实践型拔尖人才，这些实践型人才是企业的核心骨干，是企业发展的源泉与动力，他们为企业的不断创新与进步做出了重大贡献。

皖江城市带与长三角城市群的人才流动及共享机制欠缺。皖江城市带与长三角城市群在企业单位中的人才资源一体化机制并未形成，皖江城市带中可以利用的人才资源与长三角城市群比之较少，人才资源没有在皖江城市带与长三角城市群区域内充分流动起来。从目前看来，皖江城市带与长三角城市群缺乏人才资源共享、人才合作以及人才市场共建的体制机制，造成很多人才资源只是单向流入长三角城市群中，只为长三角城市群经济发展做贡献，并未形成人才资源在两区域间的自由流动，不能充分发挥人才资源的作用。区域间的人才资源也没有进行可能的短期借用，以此为皖江城市带带来新理念、新技术，进一步带动地区经济发展。因此，皖江城市带与长三角城市群人才资源一体化机制的缺失降低了区域内人才资源的利用效率，不利于区域经济的协调发展。

皖江城市带与长三角城市群中人才资源总量、人才布局差异以及人才流动、人才共享机制的缺失是导致区域经济发展不平衡的重要因素，久而久之，区域间的经济差距会因此而进一步加大。在国家促进区域经济一体化发展的大背景下，加快区域间的联动，加强资源的互补利用，实现区域协调、一体化发展显得尤为重要。因此，为了响应国家号召，切实落实国家促进区域经济一体化发展的精神，皖江城市带与长三角城市群人才资源一体化体制机制的建立势在必行。

第三节　区域生态环境趋于恶劣，一体化发展遭遇环境危机

长三角城市群生态环境破坏严重。近年来，长三角城市群经济发展迅速，区域资源消耗力度过大，人力及土地资源得以较大程度的利用，生态环境越发脆弱，用地结构也存在不合理的现象。在政府主导区域经济发展的同时，长三角城市群的环境却在不断遭受破坏，环境污染现象屡见不鲜，日趋严重，区域生态环

境保护迫在眉睫。据中国环境状况公报显示，2012 年、2013 年和 2014 年太湖水体一直处于富营养化状态，水体污染状况一直得不到改善。长三角城市群在工业固体废弃物产生量方面，浙江工业固体废弃物产生量由 2013 年的 4299. 58 万吨上升到 2014 年的 4541. 72 万吨，增加 242. 14 万吨。在工业废水排放方面，2013 年江苏工业废水排放量为 594359 万吨，而 2014 年这一排放量达到 601158 万吨。由此可见，长三角城市群中的环境资源已遭受较大程度的破坏，生态环境的承受能力越来越差。面对日趋恶劣的环境污染，长三角城市群急需将污染密集型产业转移到周边地区，以在一定程度上缓解区域的生态环境压力，促进区域经济的可持续发展。

皖江城市带生态环境破坏初现。皖江城市带毗邻长三角城市群，在承接长三角城市群产业转移中具有得天独厚的区位优势，皖江城市带本可通过承接长三角城市群产业转移进一步促进区域经济发展。但是，在皖江城市带承接长三角城市群产业转移过程中，往往会承接过多的土地密集及污染密集型产业，让皖江城市带生态环境遭受极大的破坏与冲击。由于各区域的土地资源以及环境承受能力有限，久而久之，虽然在一定程度上促进了皖江城市带的经济增长，但却侵蚀了当地的土地资源并且污染了环境，给当地生态环境带来了不可挽回的损失。近年来，皖江城市带生态环境破坏较为严重，人均耕地面积在逐渐减少，水污染状况不容乐观。以工业废水排放指标为例，根据统计年鉴相关数据，2014 年皖江城市带工业废水排放总量为 43548. 76 万吨，占整个安徽省工业废水排放总量的 62. 59%。由此可见，近年来皖江城市带的工业废水排放量较大。随着皖江城市带承接长三角城市群产业转移进程的逐渐加快与深入，区域经济发展与生态环境之间的矛盾日益突出，皖江城市带生态环境破坏程度也在不断加深。

第四节 区域文化价值观不同，一体化进程受阻

皖江城市带与长三角城市群的文化差异。皖江城市带地域文化浓厚，区域中每个城市都含有自身孕育的文化特色，比如合肥的包公和老庄文化，安庆的黄梅戏和徽剧文化，铜陵的青铜文化，池州的诗文化、佛教文化和戏曲文化等。从整体上看，皖江城市带囊括的文化范围较广，包括了文学、戏曲、宗教以及旅游等诸多领域。但是皖江城市带在利用文化资源促进经济和社会发展方面做得尚不到位，具体表现在区域文化产业发展滞后，皖江城市带并没有充分利用区域文化资源，以发挥文化资源的最大效益，文化资源的经济效益与社会效益有待进一步提

高，文化软实力依然较弱。

自古以来，长三角区域的文化底蕴丰厚，随着历史时期的不断变更，长三角区域的文化形态也发生了一些变化，由早期的吴文化，逐渐发展成江南文化，再到如今的海派文化。不同的文化时期体现了长三角区域相同的文化韵味和精神。长三角城市群与皖江城市带的文化特征在一定层面有较大差异，长三角城市群的文化特征突出的是开放性以及较强的创新性。从区位上看，长三角自古以来拥有开放的地理环境，区域的吴文化是一种由各种不同文化结合在一起衍生而来的文化，它的产生与发展都是这片区域开放性的体现；随着区域经济实力的加强，长三角人口数量越来越多，密度逐渐加大，可利用的资源变得越发紧张，如何使自身在激烈的竞争中更加具有开放性和创造性就显得颇为重要，因此激发了长三角区域居民的创造与创新，使他们能够在有限的资源以及生产力的条件下创造出最大的财富与效益。因而，从历史文化逐渐发展到如今的当代文化，长三角城市群与皖江城市带文化特征的差异较为明显。皖江城市带的文化色彩较为浓厚，其中的徽文化、戏曲文化以及宗教文化在一定层面上体现了皖江城市带偏保守色彩的文化特征，这与长三角城市群的文化特征截然不同。文化差异并不是单方面地影响区域一体化，皖江城市带与长三角城市群居民在不同的文化背景中成长、生活，文化影响人们的思想与精神意识，进而影响不同区域人们的行为，区域文化差异能够不断地衍生出其他更多的区域一体化障碍因素。

区域文化凝聚力弱，存在地域歧视现象。皖江城市带与长三角城市群文化凝聚力较为脆弱，各区域政府并没有将二者的文化结合起来，取长补短，充分发扬各自文化，进一步丰富自身区域的文化内涵。同时，由于长三角城市群经济基础牢固，经济较为发达，而皖江城市带经济基础较差，经济发展相对落后，地域歧视会因此而产生。长三角城市群在大力发展区域经济的同时，会积极主动加强与其他发达地区的经济交流与合作，共建区域资源共享机制，形成互促互进、共同进步与发展的良好局面。然而与经济相对落后的皖江城市带的经济联系仅仅停留在那些处于产业链底端的产业转移层面上，在一些高新技术及其相关产业方面会有所保留，缺乏与皖江城市带区域形成有利资源共享机制。文化影响了区域经济发展，反过来区域经济的发展也会在一定程度上影响区域文化的价值观。从整体看，长三角城市群突破自我、不断创新的文化价值观与皖江城市带的偏保守型的文化价值观形成了一种鲜明对比。不同的文化价值观是皖江城市带与长三角城市群经济产生差距的重要原因，也是区域一体化的一大障碍。因此，在皖江城市带与长三角城市群一体化进程中，要逐渐降低乃至消除文化隔阂以及地域歧视，建立起共同的现代文化价值观，让皖江城市带与长三角城市群在文化上能够互融互通，加强交流。再由文化上的一体化蔓延至经济上的一体化，促进皖江城市带与长三角城市群全方位一体化的形成与发展。

第五节　区域协调机制缺失，区域资源和利益难共享

健全有效的一体化协调机制的建立与完善对于皖江城市带与长三角城市群区域一体化的形成与发展意义重大，它是区域一体化发展的基础。皖江城市带与长三角城市群中经济主体的运行在不同的行政区划及管理体制下进行，不同的行政区划和管理体制对区域经济主体的运行效果存在差异，促进区域一体化的发展需要建立起统一的管理体制和一体化协调机制。

要素资源配置与流动一体化协调机制障碍。由于行政区划的划分，皖江城市带与长三角城市群在资源配置与利用、制定经济发展政策与措施时，均会以各自区域利益为主，没有规划出协调而又统一的区域经济发展蓝图。在政府导向的地区经济发展过程中，各区域要素资源的自由流动，区域中企业单位的并购与重组都会在一定程度上受到行政区划的影响，不能充分发挥市场在资源配置中的决定作用。对于皖江城市带与长三角城市群省际间要素资源的配置与流动，依然缺乏一体化的机制予以共同规划，这种要素资源的配置与流动只是停留在政府间的横向商讨层面，这样就会产生时滞问题。一旦区域合作出现问题，仅仅是通过政府间的横向商议以求解决问题，不能事先规划并制定好一体化协调机制，没有让区域合作在一体化的协调机制框架内进行，显然会降低解决问题的效率。同时，只是依靠政府主动配置要素资源，由他们控制要素资源在区域间的分配，而不是让市场自由配置，资源不能在区域间自由流动，因而不能充分发挥资源的效用，资源的使用效率会大打折扣。

区域间的联动及互促互进一体化机制障碍。皖江城市带与长三角城市群缺乏以区域政府、企业、中介组织机构的联合为利益主体的协调体制机制，区域间各利益主体的关联性需进一步加强。要注重保护某一区域政府利益的发展，区域一体化强调各区域政府、企业以及中介机构以全局化、整体性发展为契机，共同制定有助于加快皖江城市带与长三角城市群区域一体化进程的协调机制，而缺乏协调、统一的综合性体制机制是皖江城市带与长三角城市群区域一体化目前所面临的一大障碍。皖江城市带与长三角城市群各区域内均有产业园区，产业园区的建设是区域经济发展的动力与基础，然而在区域一体化发展的背景下，皖江城市带与长三角城市群却缺乏产业园区的共建机制，没有共同商讨制定一种机制，以促进区域间产业园区的共建，加强各区域在产业园区上的合作，导致产业园区只是

在各自的行政区划范围内“孤立”发展，不能达到互促互进、相互交融与共同发展的目的。

区域资源共享与利益补偿一体化机制障碍。皖江城市带与长三角城市群应加强省市政府之间的横向交流与合作，突破行政区划上的障碍，共建并完善资源共享机制以及利益补偿机制。比如，在人才与科技资源的利用方面，长三角城市群凭借自身较强劲的经济发展优势，大力将这些重要资源吸引过来，并没有与皖江城市带地区形成人才与科技资源的共享机制，就目前看来，皖江城市带的人才与科技资源较为缺乏。在跨区域的经济发展中，利益补偿机制是保证区域经济公平竞争的重要制度。为了提升自身区域竞争力，长三角城市群大力发展经济，因而该区域土地、人力等要素资源会变得紧张，此时会将有些产业转移到皖江城市带，其中很多都是处于产业链底端的产业，土地资源消耗大，环境污染严重，给皖江城市带的生态环境带来了极大的破坏。利益补偿机制的缺失会导致皖江城市带在承接长三角城市群产业转移过程中得不偿失，区域间的利益分配严重失衡，区域经济合作的可持续性与公平性会存在问题，皖江城市带与长三角城市群的一体化发展也将面临严峻的挑战。促进皖江城市带与长三角城市群区域一体化发展，需要区域间各级政府、企业、中介组织机构等各种机构共同着手制定并实践适合区域一体化发展的体制机制，在实践中检验成效，使其能够得到不断的修订与完善。

第六节　区域城市功能雷同，产业同构严重，区域竞合关系难理顺

随着社会的发展，区域及城市间经济竞争越来越激烈，皖江城市带与长三角城市群区域横向竞争及各区域内部城市间的纵向竞争力度逐渐加强，区域保护主义一直存在。因而导致城市功能的雷同问题，进而对各区域及城市中的产业结构设置与布局产生重要影响，具体表现在很多城市的产业同构现象盛行，区域及城市的产业结构单一、重复，重点产业的设置与发展不合理。趋同化的城市功能及产业结构对皖江城市带、长三角城市群以及二者之间的一体化产生不利影响。

皖江城市带与长三角城市群区域及城市间的产业同构。从 2014 年长三角工业总产值看，制造业总产值占比最大。2014 年，上海规模以上工业总产值为 32665.19 亿元，其中汽车制造业，计算机、通信和其他电子设备制造业，化学原料和化学制品制造业，通用设备制造业及电气机械和器材制造业的总产值位居

前列，产值分别为5364.95亿元、5319.10亿元、2665.73亿元、2656.02亿元和2288.23亿元。汽车制造业，计算机、通信和其他电子设备制造业产值占比高达16.42%和16.28%，是上海重点发展的产业。从省际角度出发，江苏省制造业产值排在前6位的是计算机、通信和其他电子设备制造业，化学原料及化学制品制造业，电气机械及器材制造业，黑色金属冶炼及压延加工业、通用设备制造业和纺织业。汽车制造业的产值也较高，占工业总产值的4.50%。浙江的纺织业，化学原料及化学制品制造业，电气机械及器材制造业，通用设备制造业，汽车制造业以及计算机、通信和其他电子设备制造业的产值在制造业中居于前列。在长三角城市群内部各省市中，一些地区的主导产业有些重叠。由于城市的功能定位不清晰以及各地区产业分工不明确导致了产业结构的重复性、雷同性，地区的特色产业较少。

在皖江城市带与长三角城市群区域间也存在产业的同构性现象，例如化学原料和化学制品制造业、通用设备制造业，汽车制造业及黑色金属冶炼及压延加工业，这些产业的产值在皖江城市带与长三角城市群中均占有很大比重，它们还是皖江城市带的核心产业。在皖江城市带区域内的各市中，合肥、芜湖的汽车制造业和通用设备制造业，合肥、芜湖、马鞍山以及铜陵的黑色金属冶炼及压延加工业都是各地区的重点发展产业，区域内产业也存在一定的同构性。因此，无论在皖江城市带与长三角城市群区域间进行比较，还是对各区域内部的城市予以比较，各区域以及城市间的重点发展产业雷同，产业布局相似。

皖江城市带与长三角城市群区域城市功能、产业一体化障碍。在经济竞争如此激烈的今天，政府想要的是区域经济效益，只要能给地方带来高经济效益的产业，就会得到政府的大力支持，并为这些产业的发展保驾护航，而未强调区域特色产业的发展。皖江城市带与长三角城市群各政府部门在产业垂直与水平分工方面需要进一步加强与完善，区域不合理的产业分工与布局加剧了各地区对资源的竞争强度，资源的消耗越来越严重，产业的同构化越发明显，城市功能的多样化发展受到严重阻碍。因此，促进皖江城市带与长三角城市群一体化发展，各区域城市功能的准确定位以及区域产业的合理布局与健康发展意义重大。区域经济的一体化发展需要从整体利益出发，要求在产业分布格局的规划与设置上，讲究一定的合理性，只是单一地追求高经济效益而投资发展某些产业会给区域产业分布产生一定混乱，产业的同构化也在所难免。在促进皖江城市带与长三角城市群区域一体化进程中，各区域不仅要看到地区产业发展所带来的经济效益，更要注重合理的产业布局以及地区特色产业的发展会给各区域带来更强的社会效益，只有这样才能够凸显各区域城市的特色功能，逐渐降低乃至避免城市功能以及产业的同质化、同构化，进一步促进皖江城市带与长三角城市群一体化协调发展。

第七节 区域基础设施建设水平不一，互联互通难以实现对接

基础设施的建设与完善是加快区域经济合作与一体化步伐的必要条件，这在降低成本、调节经济运行以及促进区域经济共同发展等方面意义重大。近年来，随着国家对区域一体化发展的重视程度逐渐加强，制定了区域一体化发展战略，皖江城市带与长三角城市群经济合作与发展面临良好的政策机制，区域经济发展速度突飞猛进，特别是长三角城市群，城市群体系渐渐壮大，区域经济实力和竞争力日益增强，因此对城市群基础设施建设的要求逐渐提高，长三角城市群已有的基础设施并不能满足经济发展的需要。皖江城市带是安徽经济发展的核心区域，是承接长三角地区产业转移的重要基地。由于经济基础较差，经济发展与沪苏浙区域差距大，该区域基础设施建设不完善问题更为严重，在很大程度上制约了区域经济的发展，降低了经济发展效率。

皖江城市带与长三角城市群交通基础设施一体化存在问题。在长三角城市群中，城市群的基础设施建设并未合理妥善地进行整体规划，基础设施建设的盲目性和重复性问题日益凸显，有些基础设施的对接性较差，基础设施建设有待进一步完善。在长三角城市群港口建设问题上，为了加强经济竞争，各城市都已投资建设较多的港口，比如上海的上海港、吴淞港、洋山港，江苏的连云港以及多个长江沿岸港口，浙江的舟山、乍浦和海门等港口。在长三角城市群一体化背景下，无须盲目地扩大港口建设，应将如何让港口的建设与布局保持合理性放在首要位置，加强分工与合作，降低资源的过度消耗，提升区域资源的整体利用效率。在公路基础设施建设方面，近年来，从整体上看，长三角城市群公路设施建设已较为发达并仍在不断得以完善，沪宁高速公路、苏嘉杭高速公路、宁杭高速公路等众多公路设施已建成，极大地降低了区域物流成本，但是在公路与铁路、港口的衔接段以及断头路段上的建设还存在不足，没有实现公路、铁路以及港口之间的完美衔接，各种运输方式在交通路段的衔接上需要进行合理、精密地布局。在铁路建设方面，长三角城市群已建成了沪杭铁路、沪宁高铁、沪杭高铁、宁杭高铁等，铁路系统的建设日趋完善，但在众多的铁路规划与建设中，存在重客运而轻货运现象，货运铁路的实施运行受到一定限制。同时，区域铁路的运行南北通道较少，在一定程度上影响了苏北地区与长三角中心城市的物流联系，不利于区域经济一体化发展。在皖江城市带中，区域城市基础设施建设的提升空间

较大。皖江城市带的高铁、机场数量较少，缺乏贯穿整个皖江城市带的高铁建设，跨区域的经济交流与合作依然要耗费较多的时间成本。在机场建设方面，皖江城市带中目前仅有合肥新桥国际机场、安庆天柱山机场以及池州九华山机场，航空基础设施建设有待进一步加强，机场的规划与建设需要逐渐纳入议程。在皖江城市带与长三角城市群间，近年来虽然公路、铁路以及航空等基础设施建设已有较大提高，但仍然存在不足，皖江城市带只是在与长三角城市群中的核心城市的经济交流与合作方面变得更加便捷，与其他边缘城市间的交通依然不够便利，区域经济合作的交通成本并未得以缩减。另外，在基础设施建设方面，资金主要来源于政府财政的划拨，财政划拨的力度也有限，在一定程度上会影响区域基础设施建设，因此政府需要扩充基础设施建资金来源渠道，增加建设资金的来源种类，逐渐加大民营经济和外资的份额，为基础设施建设提供充足的资金保障。

皖江城市带与长三角城市群区域信息基础设施一体化障碍。皖江城市带与长三角城市群除了在交通基础设施的建设方面存在一些问题外，还缺乏健全有效的区域信息基础设施建设。信息资源的共享、网络化与一体化能够降低区域合作成本，提高合作效率，是实现区域一体化的重要因素。目前，各区域政府及企业获取信息的渠道过于单一，区域间信息的互通及联动性差，并且信息的可靠性不能得以保障，各区域之间并没有达成共识以形成统一的信息资源共享机制，缺乏信息资源共享平台的搭建，区域信息的共享与一体化机制尚未形成。因此，无论是在皖江城市带与长三角城市群各区域内部，还是在两个区域之间，基础设施体系的建设均不够完善，不能满足区域经济日益快速发展的要求。进一步促进皖江城市带与长三角城市群区域一体化发展，需要国家以及区域内各级政府携手努力，共同建立和完善基础设施，让皖江城市带与长三角城市群的基础设施建设日趋壮大，变得更加全面与完善，进一步促进区域经济快速发展，反过来，区域经济的快速发展与壮大又会导致政府加大对基础设施的投资与建设，二者是相互作用与促进的关系。

综上所述，皖江城市带与长三角城市在各区域内部以及区域之间的一体化发展面临诸多障碍，各区域的政策、经济基础及发展机遇存在差异，行政区划不同，人才资源总量及层次差距大，区域生态破坏蔓延，文化背景相异，缺乏一体化协调机制，城市功能、产业结构雷同以及基础设施建设不完善，正是这些因素的存在，导致了皖江城市带与长三角城市群区域一体化发展困难重重。各区域怎样才能突破行政区划以及区域局部利益的限制，将促进区域经济整体发展作为首要目标，消除恶性竞争，互利共享区域资源，加强经济交流与合作，是国家以及皖江城市带与长三角城市群各区域政府和企业需要共同审视与思考的问题。

第十二章　皖江城市带与长三角城市群一体化利益协调机制[①]

“十三五”期间，国家将继续推动实施《长江三角洲地区区域规划》和《皖江城市带承接产业转移示范区规划》等长三角区域战略规划，推进产业转移与承接，深化长三角区域分工合作，实现经济社会和环境协调发展，加速长三角地区一体化进程。其中，利益分享与协调是关键，构建皖江城市带与长三角一体化协调机制就是建立合理的利益分享机制，这已成为摆在长三角“三省一市”面前的重大课题，也是长三角区域一体化的必然要求，建立合理有效的产业转移与承接的利益分享机制，可使长三角地区在竞争合作中实现共赢，促进区域经济社会和谐发展，加速长三角一体化进程。

第一节　建立利益分享机制的基本原则

竞争合作和互利共赢相结合原则。产业转移与承接涉及多重利益主体，包括转出方的各级政府、居民、转出企业，承接方的各级政府、居民、中介机构等。这些利益主体之间的关系多种多样，但在本质上属于竞争合作关系，它主要体现在以下层面：转出方政府与承接方政府之间；转出方政府、承接方政府和转移企业之间；转出方政府、承接方政府和中介机构之间；承接方各级政府之间；转出方各级政府之间；承接方政府、中介机构与承接方居民之间；转出方政府、中介机构和转出方居民之间；等等。

竞争以互利为前提，合作以共赢为目标。在上述竞争关系中，各利益主体应本着双方或多方互利的原则，坚决反对地方保护；在上述合作关系中，各利益主体应本着双方或多方共赢的宗旨，坚决避免以邻为壑。因此，我们认为，产业转

① 本章部分内容借鉴胡艳主持的国家发改委地区司课题《区域协调发展的利益分享机制研究报告》。

移与承接中的利益分享机制应体现在竞争中实现互利，在合作中实现共赢。

市场导向和政府引导相结合原则。产业转移本质上是一种市场行为，是转出和承接双方在共同利益基础上的一种交易行为。在产业转移过程中，产业转移的方向、企业投资的规模等应本着市场导向的原则，在转出方和承接方涉及利润、就业、技术和管理等层面的共同利益时，应本着市场调节的原则实现分享，尽量避免政府的行政干预。

在产业转移的过程中，存在市场失灵的地方，如在基础设施建设、公共信息平台建设、能源利用、环境保护、金融服务、规划建设等公共服务层面，需要政府搭建合作平台；在转出和承接双方合作过程中，不可避免地会出现利益分歧，需要政府搭建利益表达机制、利益分歧协调机制、利益冲突仲裁机制和利益补偿机制等一整套完整的平台，为利益分享机制提供实现途径和制度保障。

权责明确和公平公正相结合原则。产业转移中的各利益主体实现利益分享，要遵循权责明确的原则。如转出企业通过产业转移，在承接地获得新的生存空间和发展机遇，应当承担维护承接地的生态环境的责任，承接方政府通过承接产业转移扩大经济规模和财政收入，增加就业等，一方面为转入企业提供必要的公共服务，另一方面对转入企业与本地产业发展规划的兼容度、环境可承受度等方面进行严格的审查和评估。在产业转移与承接过程中，如果各利益主体的权利不明确，导致他们对利益预期存在不确定性，从而增加在利益分享过程中的交易成本。同理，如果各利益主体的责任不清晰，会导致产业转移过程中负外部性的增加，这也将对利益公平合理分享产生不利影响。

在产业转移过程中，各利益主体不但要明确权利和责任，更进一步，权利和责任在各利益主体之间的分配要体现公平公正。当前长三角产业转移过程中，存在诸多权利和责任分配显失公平公正的地方，如转出方享受了产业转移过程中的诸多权利和利益，但却较少地承担本应承担的责任和义务，给承接方造成诸如能源使用上的浪费，环境和水资源的污染，乃至技术依赖等一系列问题。利益分享机制应按照权利和责任公平公正分配的原则，实现直接利益和间接利益，局部利益和整体利益的公平合理分配。

效率优先和合理补偿相结合原则。产业转移过程中的利益分配要体现效率优先的原则。其具体内涵是按照各利益主体在利益创造和成本控制中的贡献度，实行利益分配，以此提高各利益主体的积极性和主动性。利益分享不等于利益平均分配，平均分配抹杀了各利益主体在利益创造中的差异性，不利于长三角产业转移与承接的健康和长远发展。

在利益分享过程中，除了遵循效率优先的原则，还应实行合理的利益补偿原则。在长三角产业转移与承接过程中，有可能会给承接地带来资源和能源的过度开发，造成水资源、土地、环境的污染等。同时，由于发展不平衡性和各地区功能定位的差异，产业转移还有可能会导致承接地陷入技术依赖的低端陷阱。因此，国家需要通过制定政策、转移支付等对承接地实行纵向利益补偿，长三角产业转出地也应对承接地给予政策和资金层面上的横向利益补偿，进而推动长三角分工合作进一步发展。

民主决策与统一行动相结合原则。利益分享机制牵涉各利益主体的切身利益，其设计过程理应由各利益主体共同参加，并通过民主决策来进行。在决策过程中，在充分尊重各参与主体利益诉求的前提下，首先，由各地方政府特别是省市一级的地方政府提出初始利益分享方案；其次，长三角协调会从长三角整体利益和长远发展的角度，对初始方案提出修改意见；最后，召开长三角成员单位联席会议，对利益分享方案进行民主讨论，就总体原则和总体方案达成一致，并成为长三角产业转移与承接利益分享的行动指南。

民主决策是利益分享机制设计的程序原则，但统一行动是利益分享机制执行的实施准则。设计完善的利益分享机制，在实施过程中需要统一行动，各利益主体只有按照利益分享机制实行统一行动，才能真正实现其应分享的利益。如果在利益分享过程中，不按已制定的分享机制统一行动，各利益主体各自为政，各行其是，那么分享只能变成幻想，利益分享机制也永远只能是一纸空文。因此，只有坚持民主决策通过的利益分享机制，才能得到各利益主体的一致认同；利益分享机制的实施只有通过统一行动，才能实现真正意义上的利益分享。

第二节　建立利益分享机制的总体思路和战略步骤

利益分享机制是解决长三角产业转移与承接中利益分歧与冲突的根本途径，是推进长三角产业结构升级和布局优化，提升地区综合竞争力的有效方法。

一、建立利益分享机制的总体思路

紧紧抓住长三角分工合作深化的战略机遇，立足区域产业转移与承接，充分发挥各地在发展水平、产业基础、区位优势等方面的比较优势，坚持“一个核心”，围绕“四大主体”，完善“五个机制”，分三个阶段，有重点、分层次地建立利益分享机制。

“一个核心”是指以产业利益分享为核心，即在产业转移过程中，政府、企业和居民通过协调共商，特别是地方政府要建立对口合作、沟通、协调共商的机制，使各方合理分享产业转移与承接带来的利益。

“四大主体”是指在产业转移与承接中涉及的四大利益主体：一是产业转出地的政府，二是产业承接地的政府，三是进行产业转移的企业，四是居民。

“五个机制”是指围绕利益分享的机制体系。利益分成机制主要促使利益主体对产业转移与承接中的直接经济利益进行合理分成；风险分担机制使各利益主体分担由一些不确定因素导致的风险；利益补偿机制是指产业转移与承接中因某利益主体的外部性行为，给其他利益主体造成利益损失，中央政府或者长三角区域经济协调部门给后者进行必要的补偿，使利益分配达到比较公平的状态；分歧协商机制是指长三角“三省一市”在产业转移过程中出现矛盾和分歧时，进行的协调和解决矛盾和分歧的机制；冲突仲裁机制是指当利益主体间的分歧扩大化，双方不能协调解决时，可以由第三方参与解决冲突矛盾。

二、建立利益分享机制的战略步骤

积极探索、总结利益分享经验。由于长三角区域合作涉及“三省一市”多级地方政府，在当前 GDP 绩效考核体制下，地方政府官员更关注任期内的经济增长，这往往导致恶性竞争。从历届区域合作会议议题看，一些关系到利益分享的核心问题，如土地利用、税收优惠等，还有待各利益攸关方认真思考并深入探讨。可喜的是，江阴—靖江工业园和郎溪十字经编产业园等地区，在承接产业转移过程中，正积极探索利益分享的具体模式，并就各方关心的核心利益明确了总体分享原则，这为建立完善的利益分享机制提供了经验。

建立合理有效的利益分享机制有利于促进产业转移与升级，有利于缩小长三角地区居民收入差距、促进社会和谐，有利于资源合理流动、改善生态环境；而利益分享机制缺失，导致各地区重复和低水平建设、恶性竞争、拉大地区差距、破坏资源环境。因此，我们应充分认识到在产业转移与承接中建立利益分享机制的重要性，积极探索并总结利益分享经验。

重点推进、搭建利益分享机制框架。充分利用安徽、江苏沿海和苏北、浙西南的土地、劳动力和能源等资源优势，发挥长三角城市协调会的功能，建立主要的、核心的利益分享机制，并在重点地区、重点产业推广开来。目前，长三角地区产业转移与承接模式主要有合作共建产业园区、“飞地经济”等。这两种不同的产业转移方式，利益分享机制也不尽相同。但其利益分享主体相同，包括转出地和承接地的政府和居民以及转移企业。政府关注的是经济利益和社会效益；而企业关注的是现实利润和未来发展空间；而居民关注的是其就业和生活环境。因此要重点推进普适性的利益分享方法。

全面构建、完善利益分享机制内涵。认真总结和推广各种产业转移模式的成功经验和有效做法，全面构建利益分享机制。同时，在长三角产业转移与承接实践过程中，不断吸收其他地区的先进经验，丰富利益分享机制子机制，进而完善利益分享机制。

完善的利益分享机制，将会有力地推动长三角产业转移与承接的发展，同时作为一个样本，它也将对探索全国区域分工合作中的利益分享模式具有一定的参考价值，对深化全国范围内的区域分工合作起到积极推动作用。

第三节　建立利益分享机制的现实举措和基本保障

建立利益分享机制需要在纵向维度上分“三步走”，通过三阶段实现机制构建的战略目标。首先，纵向维度外，构建利益分享机制还需要横向维度框架搭建；其次，纵向维度框架和横向维度框架相互交织，构成利益分享机制总体框架；最后，将微观层面的利益分享具体实施方案充实其中，一个有血有肉的、完善的长三角产业转移与承接利益分享机制就显现出来。

建立利益分享机制的横向维度框架。建立完善的利益分享机制需要构建一个横向框架，它涵盖四方面工作内容：第一，确定产业转移与承接的利益分享主体；第二，理性界定产业转移与承接可分享的利益；第三，搭建包括利益分成、风险分担、利益补偿、分歧协商和冲突协调五个机制的利益分享机制框架；第四，设计建立利益分享机制横向框架。如图 12－1 所示。

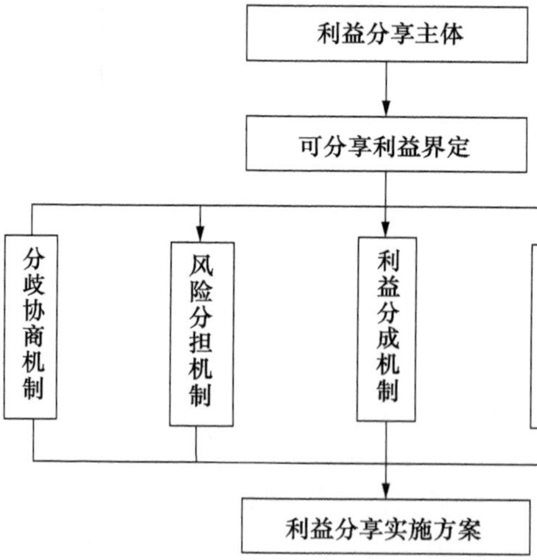

图 12－1　利益分享机制横向框架

设计利益分享机制的微观实施方案。利益分享实施方案实质是指各利益分享主体，在利益分成模式、成本和风险分担宗旨、利益补偿原则等方面，通过协商或仲裁达成合意后，在国家有关法律法规的框架下，按照各自在产业转移利益创造过程中的贡献度，实现利益分享的总过程。据此，可以设计更直观、更具体、更具操作性的利益分享实施方案。

实施利益分享方案的关键在于确定利益分成和利益补偿的具体方式。利益分成方式主要指根据各利益主体的投资贡献，对承接地就业、产出、利润和税收贡献，参与管理的广度和深度，对承接地的技术进步贡献等，分享包括利润、税收、就业和技术等直接经济利益，以及社会、环境、文化等非直接利益；利益补偿方式主要是指按照转出方对承接地能源和资源合理利用程度，对水资源、土地资源等生态环境的影响程度，通过政策补偿、政府间以及企业的转移支付、环境治理等措施对承接方进行的横向利益补偿。如图 12－2 所示。

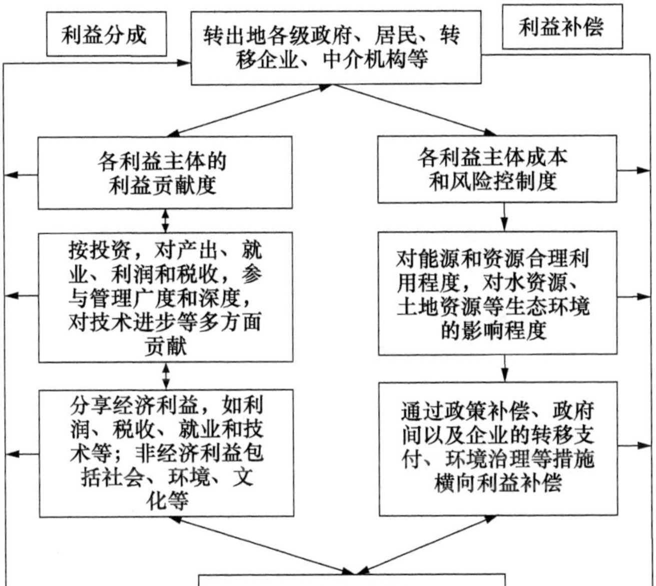

图 12－2　利益分享实施方案

第十三章　皖江城市带与长三角城市群一体化发展路径

第一节　充分发挥市场在资源配置中的决定性作用

建立适当的竞合关系。保持区域之间企业或产业的适度竞争，能够较好地发挥市场在区域发展中的活力，并不断促进企业实现各种资源利用率的最大化。在市场竞争的作用下，各企业为获得更多经济利益，通过引入先进产业技术或进行技术创新活动，不断增强自身的技术水平以及在行业发展中的主导地位，最终实现区域整体产业技术的不断进步，从而有利于区域整体的实力提升。为增强区域间的竞争因素，需要政府减少对经济各方面的过度干预，例如减少区域行政分割对资源流动的限制，增加竞争因素在国有或垄断企业中的作用。在充分发挥市场中各企业竞争关系的同时，还需要保持皖江城市带与长三角城市群整体的合作关系，合作是实现区域利益最大化的前提条件，要特别重视区域间资源互补、产业分工等有效合作方式，充分发挥区域整体的各种优势，才能实现经济的长期高速发展。

发挥集聚与扩散效应。集聚与扩散效应是市场经济发展规律中的一个必然现象。市场的自发作用会引起区域内人员、资金、技术等要素从资源利用率低的地区向资源利用率高的地区不断转移，从而形成一定的集聚经济。长三角地区在技术利用、管理方法与市场需求方面明显比皖江城市带拥有更多的优势，从而引起皖江城市带中的各种要素资源向长三角城市群转移，形成产业方面的集聚，在规模经济、产业创新等方面具有更多的效益，从而促进长三角地区经济实力的不断增强。随着这种集聚能力与城市化发展的不断推进，使得部分企业不断向外转移，从而形成原有中心城市对外部区域的扩散效应。长三角城市群为保持经济的长期发展，必然会对区域内的成熟产业如制造业、纺织业向外转移，发挥长三角地区对皖江城市带的辐射带动效应。同时，为扩大泛长三角地区整体经济实力，还需加强对皖江城市带在资金、产业、技术等方面的支持与联系。

加强区域间多种市场联系与融合。实现市场一体化建设，需要加强对皖江城市带与长三角城市群中的人才市场、资本市场、金融市场等方面的联系与融合。

在人才方面，皖江城市带与长三角城市群都高度重视对人才的培养与引进，拥有大量的高校、科研组织机构对不同产业进行科技创新研究。为促进区域间人才市场的一体化，一方面，需要加强不同地区高校、企业、机构人才的交流与合作，促进地区间信息流通的有效利用；另一方面，通过建立合适的岗位信息平台，减少人才在不同地区中流动可能遇到的就业问题。

在资本方面，长三角城市群拥有较多的财政资金支持，另外在引入外部资本方面也具有更大的优势，因而皖江城市带在城市产业发展中需要重视长三角城市群资金的引入，通过给予财政、税收等政策优惠，加强区域间资金的有效流动。

在金融方面，由于长三角城市群内部国有经济、外资经济与民营经济等多种经济形式的发展，促进金融服务行业的不断进步与创新，而皖江城市带受到经济发展水平的限制，其金融服务仍处于起步发展阶段。实现金融市场一体化建设，要求商业银行放宽异地贷款条件，通过加强不同地区间企业信息的管理与监督，减少贷款过程中的信任风险，从而增强金融市场融合的可能性。

第二节　力促形成产业一体化先导发展的良好局面

区域间产业一体化的发展需要市场与政府的联合作用，在市场发挥基本的资源配置与优化作用时，政府需要从区域整体的高度引导产业进行合理分工、发挥地区优势、增强区域产业的合作与创新，避免市场对资源配置的失灵现象发生。

明晰产业分工合作结构。不同地区的资源禀赋并不相同，各地区要根据自身的产业优势进行合理分工。皖江城市带在农业、汽车制造等产业上有较大的优势，而长三角城市群则在电子、化工、医药等高端技术产业、金融服务业等行业有着快速的发展。政府在加强区域产业分工与合作时需要发挥主导作用，通过加强皖江城市带与长三角城市群的产业联系，确定发展地区优势产业，以便于减少同类产业竞争、资源利用效率低等情况发生。增强区域之间的产业合作，则要求区域间相关机构单位进行产业信息交流、互访讨论等形式，加强不同地区企业在上下游产业链、关联互补产品与物流对接等方面实现有效的联系。在皖江城市带与长三角城市群实现产业发展的一体化过程中，通过加快明晰区域内产业的分工与合作问题，才能为促进经济一体化的实现提供良好的前提条件。

推动产业转移与技术创新。在区域经济发展过程中，往往需要引入外界高端技术或提高自身产业创新能力，不断提高本地区的产业竞争力，因而需要加强区域内部产业的有效转移以及自主创新能力的不断提高。进行产业转移的一个重要条件是不同区域内产业技术水平有较大差异，主要是从产业水平高的地区向产业水平低的地区转移，使得经济较发达地区能够集中利用各种资源发展高新技术产业或者金融、商业等服务性产业，而经济欠发达地区能够吸收较成熟的产业技术以及先进的管理经验。

长三角城市群由于开放程度、改革力度高于中西部地区，其产业技术水平明显高于皖江城市带，因而皖江城市带成为接受长三角城市群产业转移的一方。皖江城市带需要主动接受产业转移，并要高度重视其在技术、人才、资金等方面的引进，才能不断提高皖江城市带的产业竞争力。当前，产业创新能力在提高地区经济发展以及企业产品竞争方面发挥着越来越重要的作用，因而在推动皖江城市带与长三角城市群产业一体化进程中，需要高度重视企业、高校、科研院所等主体的创新活动。这需要增强区域间的产业联系，通过建立有利于区域信息交流与产业创新的中介机构，如产业技术创新战略联盟等形式增强产业间的技术水平，为区域产业的持久发展提供必要的准备。

发挥中介机构的信息沟通作用。加强区域间产业信息的公开与交流，积极促进企业实行兼并、重组、联合等不同形式的组合，其中，政府需提供恰当的政策引导并减少对企业发展的过度干预，不断提高企业跨区域投资建厂的能力，从而促进企业在不同区域间的产业技术传播程度。发挥行业协会、科研组织等中介机构对产业知识的整合与利用，通过地区间不同中介组织对产业技术的交流与沟通，加强地区间产业发展的互惠互利关系。积极引导产业创新与市场需求的结合，加强产业创新成果转化为现实生产力的比例，使得企业产品生产链条能够持续不断地进行下去。发挥地区间产业的自动融合，是增强区域间产业一体化的重要组成部分，因而需要在区域间政府对产业分工整体调配的基础上，发挥社会组织对产业融合的促进作用。

第三节　构筑保障区域经济一体化发展的制度框架

由于各地方政府对所管辖区域内的各种经济行为、治安管理、交通网络等方面拥有较大的控制与管理权力，因而在一定的区域内，受不同地方政府管理方式与调控手段的不同，造成区域间在政策措施、产业布局以及管理理念等有着较大的差别。皖江城市带与长三角城市群的一体化发展涉及安徽、上海、江苏、浙江4个省市，行政区划的分割造成行政规划壁垒、市场分割以及地方保护主义等不利于市场资源流动的因素，使得区域之间各种生产要素与商品要素的交易成本大大上升，不利于区域经济一体化的实现。因此，需要加快皖江城市带与长三角城市群间的体制一体化建设，为形成统一的市场机制提供良好的合作环境。

重塑政府间合作开放意识。不同地方政府因追求经济利益的大小，与周边城市在要素资源、外资引入以及产业布局等方面往往形成一定的竞争关系，从而相互之间引发不合理的价格、政策优惠等无形战争，对于区域整体的经济利益造成不良的后果。打破区域间各地方政府的恶性竞争，从政府领导机构入手，积极促进地方政府的联系，增强在区域整体利益最大化的合作意识，而不应该仅仅局限于短期的经济效益，放弃长远的城市发展规划。这需要在平等合作的基础上，加大各地方政府间的信任与交流，从整体区域的高度，协调各地方政府间的利益关系，形成区域间更加合理、有效的城市发展机制。

制定引导区域一体化发展的法规制度。通过法律的形式确定区域发展过程中相关的政策发展方向，引导区域之间技术人员、生产要素、创新技术等资源的流动与联系，从而有效加强区域之间经济的长期发展。适当减少区域发展中的制度障碍，一方面，通过协商来制定缩小各地区在招商引资、税收优惠、设施建设等政策的差距，从而为市场资源的流动提供更加公平的环境；另一方面，通过对现行的政府考核评价体系进行改革，加强绩效与当地经济长远发展、对区域经济辐射带动效应等的联系，从法律层面上加强政府成员间的合作意向，是一种更加稳定、长期有效的保障措施。另外，在市场行情变化迅速的时期，需要加强相关法律措施的不断更新，使得法律的制定能够有针对性的规范市场行为，增强法律的实施效应与规范能力。

设置统一的区域管理机构。通过建立联系各地政府的中介组织机构，对皖江城市带与长三角城市群进行整体规划与布局，能够从整体利益的角度为区域经济的发展提供良好的管理与服务。建设区域间工业园区，加强产业技术信息交流与合作，促进区域产业的整体发展；为区域进行整体的城市功能定位，不仅可以促进各地区产业链的形成发展，加强产业优势互补，还能够实现区域产业的错位发展，从而减少资源浪费与产业无序竞争情况的发生；缓解不同区域中的利益主体在发展合作过程中的矛盾与纠纷，协调政府之间的利益关系，保证区域可以拥有长远持续的合作发展。另外，由于不同地区都是区域整体发展的一个组成部分，需要区域管理机构兼顾区域内各地区的均衡发展，对部分产业发展优势不明显的地区，要对其进行产业扶持与政策倾向，使其得到较理想的发展。

缩小公共服务设施差距。皖江城市带与长三角城市群因经济发展水平、地理位置等因素的不同，使得两地区的基础设施建设有较大的差距。皖江城市带的公共服务设施供给无论是覆盖率，还是种类设施都明显低于长三角城市群的内部建设。因此，需要加强皖江城市带的公共服务建设，改善相应的投资环境，努力缩小与长三角城市群在公共服务设施上差距，从而为市场一体化的扩大与发展提供便利。首先，需要提供完善的交通基础设施建设，大力投入高速公路、港口、机场以及铁路运输等建设，构建更为便利、合理的区域交通网络体系，从而更好地服务于区域间的资源流动。其次，加强通信网络方面的设施建设，建立区域间共享资源网络服务，便于不同地区各种信息的有效获取，从而为资源使用效率的增强提供有效的信息服务。最后，加强城市内部水电、管道、绿化等设施服务，改善生活与居住环境，为吸引外资投入与企业进入提供良好的城市形象。

第四节　重视区域生态一体化建设

随着经济发展水平与人们生活水平的不断提升，居民对于生活、工作环境的要求越来越高，同时面临着日益严重的资源短缺，环境恶化等问题，社会各团体对生态环境的重视也不断增强。因此，从加强区域内部与区域之间的生态联系推进皖江城市带与长三角城市群的一体化建设，可以提供良好的沟通交流基础，也是社会全体成员的共同需求。

推动区域间低碳合作。加强区域生态建设，首先需要对现有产业技术进行改进，不断增强资源利用效率，降低企业废物排放，促进粗放型的经济增长模式向集约型、可持续型的经济与环境相协调的经济发展模式转变，从而实现产业经济的可持续循环发展。这需要社会群体从多方位的角度完善低碳经济的实现。一方面，需要加强环境保护的立法与实施工作，虽然中央政府已制定相应的环境保护法规，但由于地方政府缺少对环境保护方面的重视以及对地区经济总量增长的追求，造成对企业排放污水、气体进行监控与管制方面的不作为，使得区域发展中往往出现以环境资源换取经济利益的行为，因此，地方政府需要从制度层面上来规范企业的生产行为。另一方面，积极促进产业技术创新，增强资源利用效率以减少固体废物、污水以及气体的排放，并加强对废物资源回收再利用的技术研发，将企业生产活动对生态环境的破坏程度降到最低。当前，长三角城市群在循环经济的发展利用程度上较高于皖江城市带，其集约型产业有着较大的发展规模，而皖江城市带则处于工业化发展的初级阶段，仍然依靠资源与劳动力拉动产业的发展，为避免皖江城市带出现“未发展先污染”的局面，需要特别加强对生态环境的重视，走一条可持续的经济发展道路。

加强区域旅游业合作发展。加强区域生态建设，需要特别重视产业发展对地区环境的影响，一方面，通过产品技术研发促进现有工业产业效率上的提升，以便减少产业发展对环境的破坏；另一方面，增强区域旅游、商业贸易等服务性行业的发展，发展这种新兴的、污染较少的产业不仅有利于区域经济实力的提高，对区域环境的损害也比较有限。

皖江城市带拥有大量的旅游资源，如九华山、天柱山等自然旅游景点，芜湖方特等现代园林以及合肥、安庆等地的人文古迹。通过加大对旅游景区的宣传以及景区基础设施建设，打造具有皖江城市带的旅游特色，努力提升旅游品牌效应。另外，还需加强旅游产品创新，建设自然生态园林、休闲旅游度假等多种旅游形式，并借鉴先进的管理与服务经验增强对不同地区人口的吸引力，从而增强皖江城市带旅游产业的综合实力。需要加强皖江城市带与长三角地区旅游资源的共享，通过旅游交流的方式向外界树立皖江城市带良好的生态形象，增强地区对外来企业的吸引力，从而获得更多的外资投入，促进地区经济的发展。在促进区域旅游产业发展的基础上，要特别重视商业、餐饮、酒店等相关服务产业的发展，通过建立完整的旅游商业体系不断推动地区经济与生态的和谐发展。

谋划区域生态补偿机制。积极推动生态补偿机制的形成，是维护与改善区域生态环境一个重要的措施，也是协调区域间生态价值与经济价值协调发展的必要手段。部分地区受到环境自身修复功能以及生态承载能力的限制，造成当地产业发展与经济增长水平低于其他地区，同时，这部分地区的生态保护对于维护区域整体环境有着重要的作用。这使得政府在经济发展与环境保护中处于两难的境地。为解决这种矛盾与冲突，政府间应该加快建立恰当的生态补偿机制，将这种生态保护价值通过合适的方式融入到当地经济发展成果中，可以有效地促进各地区合理地保护环境。实施生态补偿机制，需要构建操作性强、全面性较高的生态评价指标体系，能够合理地评估生态价值与经济发展成果的联系程度，从而发挥生态补偿机制的效应。另外，不同政府对生态补偿机制的认同与实施对加快完善区域生态体系具有重要作用，因而需要积极促进各地政府对环境保护的重视程度以及协调交流不同区域之间的利益关系。各级环境执法部门也需要加强对企业排污、能源消耗等行为的监察力度，并严格按照相关法律法规对破坏环境的企业给予严厉处罚，并对积极配合政府工作以及努力改善生产条件的企业给予恰当的鼓励与优惠。

第十四章　皖江城市带与长三角城市群一体化政策建议

第一节　构建皖江城市带与长三角地区统一的市场环境

消除行政壁垒，完善现代市场体系。推进长三角统一大市场的形成，首先要消除行政壁垒，完善现代市场体系，把内贸市场与外贸市场结合起来，着力培育较强的产业和技术创新功能、商品和生产要素集散功能、信息和旅游等综合服务功能，统筹利用长江三角洲的深水岸线资源，努力建成出口加工区集群—集疏运支撑体系—大型集装箱喂给港体系—大型集装箱枢纽港体系，和以上海为核心的国际航运中心。将上海在金融、贸易等服务业方面的优势与江浙皖的制造业优势、农业优势结合起来，使该地区在我国现代化建设中担当发展的强劲引擎，带动整个长江流域的发展。

确立市场准则，形成统一的要素市场。要充分发挥市场机制在促进长三角一体化进程中的决定性作用，各级城市在协同的基础上，打破行政壁垒，确立统一的市场准则，建立与国际接轨的市场运行规则和法制环境，优化资源配置，保障资源、要素和商品的自由流动，形成统一的劳动力、资本、技术、产权、信息等要素市场。支持技术、理财、市场、投资、法律等现代咨询服务业的发展，优化金融、人才（劳务）、市场、投资信息组合，发布国内外产品市场动向、产业重大技术攻关、用工信息、招商引资信息等。目前，皖江南北段的马鞍山、芜湖、铜陵、池州、合肥、滁州应谋求本区域的跨江联动发展，强化人水和谐的居住环境，加快推进区域信息一体化建设。

引入排污权交易，利用市场机制解决环境污染问题。皖江城市带在节能减排、污染排放、产业准入和淘汰等方面逐步与长三角三省一市的统一环境标准对接统一，建立有关环保的预报预警平台、紧急联动措施及科研合作平台，尝试利用市场机制解决环境污染问题，试点排污权交易市场的运行等。

发挥区域空间整合对产业结构整体升级的引导作用。在长三角经济区域日益融合的趋势下，必须促进区域生产要素的合理流动与配置、经济社会结构与功能的优化组织，提升整体实力。皖江城市带作为中部地区的门户正在加速崛起，长三角城市群的发展离不开皖江城市群作为其腹地，提升其整体竞争力。因此要充分尊重市场机制对资源要素的高效配置，产业的合理分工布局，发挥区域空间整合对产业结构整体升级的引导作用，形成皖江与长三角一体化的市场环境。在皖江上游的铜陵、池州和安庆，重点培育经济增长极，加快产业与人口的集聚速度，带动各自下辖的县、镇及农村地区的发展，将产业发展与空间整合结合起来，形成大中小城市协调发展的新型城市产业密集带。

第二节 加强皖江地区软环境建设，吸引长三角产业的移入

加速皖江城市带建设，推动形成以上海为龙头的世界级城市群。历史上安徽曾经与江苏属同一省份，地缘相近，人缘相亲。但在近代发展特别是改革开放以后，江苏在集体经济、浙江在民营经济、上海在外资经济方面发展很快，因而使得皖江城市带在发展理念、管理方式等方面与江浙沪的差异很大，因此皖江城市带要坚持吸收长三角核心地区的一些现代元素，主动融入，接受辐射。当前，皖江城市带作为国家战略层面上的承接产业转移示范区，是长三角核心区产业转移的最好接受地。皖江城市带应重点沿着宁合发展轴发展宁合城市群，向邻接区直接扩散其经济影响力，带动其邻接区发展，并将宁合发展轴延伸至沪宁合发展轴。从目前看，沪宁合发展轴是长三角跨区域合作的典范，是长三角一体化的根本基础，是整合长三角各种经济社会资源的有力通道。按照城市群空间整合的思想，以宁合城市群为内核，发展邻接的皖江城市群以及外缘的滁淮埠城市群、皖南城市群。由于皖江城市群的建设对提升皖中、皖南的经济实力，延伸长三角核心地区经济向西辐射以及带动长三角一体化发展具有全局意义。因此，应在“上海—苏州—南京—马鞍山—芜湖—安庆”陆路发展轴上，加速皖江城市群建设，使之成为安徽重要的产业支撑点，连接沪宁合的经济走廊，主动迎接长三角核心地区辐射，承东启西。

发展民间交往，打造皖江旅游品牌。充分挖掘皖江地区的历史文化与民俗风情，把具有浓厚的民族特色和群众基础的花鼓灯、黄梅戏等文化品牌发扬光大，

不断深化皖江城市“徽文化、佛文化、道文化”内涵，营造一个皖江城市带与长三角地区传统性相连、现代性相异的文化软环境，把自然地理、旅游资源、历史文化和宗教文化结合起来，发展民间交往和文化贸易。大力推进皖江旅游与长三角旅游一体化建设，重点建设大皖南国际文化旅游示范区和合肥都市圈旅游区，加快发展红色旅游、历史文化旅游、乡村旅游、休闲度假旅游、科教旅游、工业旅游、会展旅游。大皖南国际文化旅游示范区包括黄山市、绩溪县、旌德县，这一地区连接新安江和富春江，不仅有颇具特色的以西递—宏村为代表的徽州文化，而且有风景秀丽的黄山、太平湖，原始生态保护良好。在这一地区打破地域界线，可对长三角旅游资源进行整合，如黄山与千岛湖山水相映，二者通过富春江连在一起，形成浑然一体的旅游市场。进一步完善旅游商品销售体系，开发具有安徽特色的旅游商品，把旅游观光与休闲度假、购物娱乐、商务活动结合起来，延伸旅游产业链，把皖江旅游打造成为国际知名品牌。

促进特色鲜明的战略性新兴产业开发区形成。近年来，皖江城市带各市不断加大政策和资金扶持力度，紧紧抓住发展战略性新兴产业的战略机遇，通过战略引进行业领军企业，使得战略性新兴产业不断向国家级开发区、省级开发区集聚，部分开发区已成功实现转型，战略性新兴产业集群化发展趋势明显。从目前看，皖江城市带一些高新技术产业区、经济技术开发区已经具备了发展战略性新兴产业开发区的条件，另外一些省级开发区可以根据自身优势发展现代生态农业。一大批出口型企业在皖江城市带开发区内生根开花，例如，芜湖经济技术开发区形成了汽车零部件、合肥经济技术开发区形成了装备制造、合肥高新技术产业开发区形成了电子电器等上下游企业集聚的较为成熟的产业链和出口加工基地。政府必须把早期阶段战略性新兴产业作为“幼稚产业”加以支持和保护，将战略性新兴产业发展与承接产业转移联系起来，优先引进能嵌入到本地区产业链上的企业。同时，要对示范区内的各类各级开发区进行统筹考虑，结合各自优势，合理定位，通过多重政策创新，引导生产要素向园区集中，促进特色鲜明的战略性新兴产业开发区形成。

营造创新创业环境，大力推进人才支持计划。创新创业环境包括：促进企业建立与成长的融资环境，简化企业办事流程的服务环境，增强企业员工幸福感的生活文化环境等。前述皖江城市带与长三角核心地区的人才资源差异巨大，而且人才资源呈现出向长三角核心地区单向流动。为了扭转这种局面，皖江城市带必须营造良好的创新创业环境，大力推进人才支持计划，鼓励开发促进区域创新创业的新型的金融产品和服务，协同“信用长三角”建设，提高城镇化质量，创新社会治理，实现基本公共服务均等化，吸引更多的优秀人才。

加快“电子口岸”和大通关建设。以上海自由贸易实验区建设为契机，推进长三角“大通关”建设，率先在长三角地区开展报关、报检、核销、退税等标准服务格式。安徽省于2006年加入“长三角”区域通关改革试点，试点企业可以享受“属地报关、口岸验放”的优惠。目前，试点关区已扩展到包括合肥、安庆海关在内的长江沿线海关区，进出口企业在安徽省内海关就地报关，在上海、南京、宁波等口岸海关提取或者装运进出口货物，极大地便利了进出口企业的通关手续。同时，构建保税物流监管体系，加强海关特殊监管区域建设。支持芜湖保税港区和合肥出口加工区建设，适时设立马鞍山、安庆出口加工区，合理构建保税物流监管体系。大力推进皖江城市带承接产业转移示范区口岸与长三角等沿海省份区域通关改革，加快“电子口岸”和大通关建设。

第三节　以基础设施和人才资源的双向联动带动区域间产业联动

整合宁、合、杭三座副中心城市的基础设施。宁、合、杭三座城市之间交通便利，合宁、宁湖杭、杭合三条发展轴线将三座城市构成一个稳定的三角形，而且位居长三角中央，形成一个与上海极核完全不同的经济辐射圈，各自城市功能互补，产业各异且存在关联性，因此，整合三市的基础设施具有较强的现实意义。首先要把合肥建设成为长三角西翼中心城市，加大科技体制改革力度和人才培养模式创新。其次以合宁、合宣杭、杭黄、合芜、合安、宁蚌宿、合六、合淮阜为交通轴和产业发展轴，带动区域小城市的成长发育，把相邻省份两两地带连接起来，做到整个区域全方位连通，共生共长。最后把能级不同的增长核心，发展轴线互相交织起来，形成一个空间网络型发展态势。

建立多式联运的现代化交通体系。目前长三角各城市内部各交通方式之间，如机场、高铁客运站、长途客运站、轨道交通等缺乏有效衔接，集多种运输方式于一体的综合性客流集散中心，多式联运的现代化交通体系并未真正形成。长三角各城市之间也未达到“无缝衔接”，“同城化”交通系统发展缓慢。皖江城市带公路客运交通的主导联系方向是南京—上海方向。南京是皖江城市带区际联系最强的城市，也是皖江城市带区际联系的重点城市，这是由于皖江城市带地处南京都市圈和长三角城市群绵延区。上海尽管偏居东部，离安徽较远，但是长三角的极核城市，对整个长三角地区有很大的辐射和带动作用，对周边地区的人员交往产生较大影响，其强大的经济集聚能力，促进和带动皖江城市带人员向上海流动。长三角三省一市要对港口、机场、铁路、公路网络进行统一规划，注重公路水路相协调，同时综合考虑航空、铁路体系建设，形成大物流与大通关区域经济一体化快速通道。皖江城市带要大力构建与长三角地区一体化发展的综合交通运输体系，在重视沿江黄金水道建设的同时，注重沿江铁路、公路和空运体系建设，加快安徽段沿江高速公路、沿江铁路建设，建立东向快速通道，形成强大的沿江综合运输通道，在此基础上形成具有国际竞争力的沿江工业密集带。

实施人才开发一体化战略。长期以来，安徽面临着人才向长三角发达地区净流失。当前，可借皖江城市带承接产业转移之机，通过优惠政策、投资环境改善，吸引创业型人才，促进人才在皖江城市带与长三角发达地区双向流动。在皖高校与江浙沪企业开展产学合作，培养大量适用型人才，如熟悉国际市场、国际贸易规则以及跨文化沟通能力的管理人才，以及金融、贸易、物流、信息等现代服务业领域的专业人才。皖江城市带谋求通过项目合作引进人才，通过激励留住人才，对农民工进行有组织的技术培训，提升其适应市场经济的能力，不断提高产业工人的培养质量。

第四节　强化群体优势，促成产业结构的优化组合

构筑一体化的产业互动发展体系。皖江城市带参与长三角地区的分工不能局限于承接产业转移这一方式，而要利用各自的优势，在市场驱动和政府推动下，同时进行产业整合与价值链整合，构筑一体化的产业互动发展体系，并将整个长三角的产业纳入全球价值链分工框架之中，加速产业升级及其在世界分工中的地位。在全球化经济条件下，产业升级既包括产业内升级，也包括产业间升级，产业内升级包括工艺流程升级、产品升级以及功能升级；产业间升级主要是基于价值链的升级，可能是制造业劳动密集型上升到资本密集型、知识密集型，也可能是加工制造业从 OEM 到 ODM，再到 OBM，甚至从第一、第二产业中分离出来，进入第三产业行列。长三角地区杭甬、宁合、沪苏城市群的核心城市今后都将以第三产业为主并努力提高第三产业的绝对比重，加快形成以服务经济为主的产业结构发展方针，大力推进产业结构战略性优化和调整，构建以战略性新兴产业为引领、现代服务业为主导、先进制造业为支撑的新型产业体系。合肥高新技术密集型产业与长三角地区处于大致相同的发展起点，发展差距不大，但由于资源条件不同、需求对象有异，可以进行错位发展，以实现经济增长方式转变，产业结构升级以及在全球价值链中地位的攀升。

促进产业内分工格局形成。政府的制度创新和制度供给的重要方面就是出台

产业政策。例如，上海把电子信息、生物医药、汽车制造、机械制造、化工、钢铁工业、金融、航运、贸易等行业作为主导产业，浙江把电子、机械、化工、医药作为未来发展的重点产业。江浙沪三地工业发展重点将进一步向电子、机械、化工、医药、专用设备等行业集中，产业的规模效益将更加明显。随着长三角产业结构趋同不断发展，电子、机械、化工等行业的产业集群效应将更为突出，各城市之间产业内贸易和经济技术合作将进一步加强，这些将为长江三角洲经济一体化建设创造更为有利的条件。

增强长三角港口群综合实力。目前政府需协调发挥长三角各港口及其依托城市优势，增强长三角港口群综合实力。皖江城市带要继续优化港口结构，港口要向货源地延伸，建设以芜湖港朱家桥、铜陵港江北港区、安庆港五里庙、和县郑蒲港、合肥港综合码头、滁州港凤阳港区为中心的集装箱运输和综合物流基地，构建皖江城市带航道网，充分利用长江、合裕线、芜申运河，结合引江济淮、引江济巢工程，开展江淮运河前期工作，实现水运跨江发展。建议国家尽快着手开展南京长江大桥改造方案研究，使铜陵至南京段达 12.5 米水深，万吨级船舶可常年抵达皖江。同时，以上海建设国际航运中心为契机，加强与沿江各市在港口与航道建设方面的分工与协作，成为长江黄金水道上的一个重要战略据点，实现江海联运。

有选择性地承接产业转移。在地理位置上，安徽居中靠东，经济发展水平与长三角核心区域差距较大。但安徽资源类型和产业特点，赋予了它在产业发展方面是长三角核心区产业转移和产业拓展的首选地，也是国际资本由沿海向内陆转移的首选地。目前合肥应大力引进各类银行、非银行金融机构，突出科技创新在产业发展中的作用，承接发达地区的符合合肥产业发展规律的服务产业，政策支持各种文化创意产业、生态科技农业，从总体上提升第三产业的竞争力，逐步将产业结构调整为“三二一”的顺序。皖江城市带服务外包业发展应充分依托皖江城市带承接产业转移示范区、合芜蚌自主创新综合试验区、服务外包示范城市、国家级高新技术产业开发区、国家经济技术开发区作为良好的政策与载体支撑，挖掘长三角核心地区服务外包市场。随着我国长江中下游城市群的规划，合肥将成为重要的二线城市，因此，要进一步增强其在皖江城市带及整个中部地区辐射功能，为皖江其他各市服务外包业的发展带来良好机遇。

第五节　协调区域利益关系，建立区域利益协调机制

协同创新区域合作形式。创新区域合作形式是当前长三角一体化进程中的主

要课题，这需要政府间的行政协调，企业、行业协会之间的合作以及联席会议、论坛、项目合作、专题研究等多种形式协同推进。区域合作由单纯经济领域向社会、文化等领域全面展开，实行如社保、交通一卡通、教育、信用、就业、生态、大众传媒等一系列对接政策。

加强地方政府制度供给。地方政府之间相互合作，开展跨行政区规划，包括基础设施的联合建设、环境与生态统一规划和区域经济一体化规划。当前，长三角区域的企业间要素合作发展势头良好，但区域的深层次合作，需要地方政府间加强制度供给，运用行政、法律等手段消除市场一体化进程中的一些负面影响，促进区域协调发展。

成立系统的协调组织机构。目前，长三角区域合作所采用的协调机制主要是以行政协议为主，磋商沟通、中央国家机关直接协调为辅，三种机制共同作用于长三角区域合作。

在现有的三级协调机制基础上，成立系统的协调组织机构，包括：

决策委员会：举行定期的市长级会议，根据协商一致的原则，负责审核、确立长三角发展规划方案，包括大型基础设施规划、功能区规划、水资源利用保护规划、生态环境保护规划等内容；制定区域政策，包括区域组织结构、行为议事规程、区域经济政策等内容。

咨询委员会：举行不定期的专家咨询论证会。

协调委员会：为常设机构，负责日常的项目合作服务、利益协调，收集与发布信息，组织相关课题研究，安排各种会议等。

制定有关利益协调的法律法规。当前迫切需要国家出台针对区域合作利益协调方面的相关法律法规，对区域合作中的权利责任、利益分享原则，通过公平公正的法律条文加以规范，这将在很大程度上保障市场安全、稳定利益预期、减少交易成本，有利于皖江城市带与长三角一体化发展；同时，各利益主体在面对利益分歧时，可以依据法律规定合理表达自身利益诉求，并按照法律程序原则，通过公正的司法和仲裁机构裁决利益纠纷，维护合法权利。

下 篇

新常态下长江经济带绿色开发研究[①]

新常态下长江经济带的开发建设应当符合绿色发展理念，是绿色低碳环保约束下的开发。按照长江经济带国家战略，建设长江经济带主要是依托长江黄金水道，联动长三角城市群、长江中游城市群、成渝城市群下中上游三大城市群，带动东、中、西部区域协调发展。

通过深入研究长江经济带开发建设中存在的问题，我们探索了长江经济带绿色开发路径，归纳提炼若干可行的开发模式。从基础设施共建、旅游资源共享、产业转移合作、生态廊道建设、区域规划治理等方面设计并提出系统性、前瞻性、可行性的政策建议。

① 根据2015年上海市人民政府决策咨询重点课题“新常态下长江经济带开发模式与路径研究报告”修改。

第十五章　国外流域开发的模式、经验与启示

第一节　国外流域开发的典型模式

流域区属于典型的自然区域，是一条河流（或水系）的集水区域，以河流为中心，由分水线包围，是一个从源头到河口的完整、独立、自成系统的水文单元，在地域上有明确的边界范围。流域是区域的一种特殊类型，流域内各自然要素的相互关联极为密切，地区间相互影响显著，特别是上下游间的相互关系密不可分。从经济学角度，可以把流域看作是一个具有双重意义的范畴，即流域区既是由分水岭所包围的限定区域，又是组织和管理国民经济，进行以水资源开发为中心的综合开发的重要单元，构成经济管理体制的重要内容。流域经济涉及广大的地理面积，综合了多种经济与社会资源，对一个地区的经济发展有着决定性的影响。

国外流域开发的历史相对较为久远，取得的成果也相对较为丰硕，比较成功的流域开发地区主要有美国田纳西河流域、密西西比河流域以及五大湖流域、欧洲的莱茵河流域和多瑙河流域、澳大利亚墨累—达令河流域等。综观所有成功的流域开发模式，基本可以归纳为以美国田纳西河流域开发为代表的集权式开发模式和以澳大利亚墨累—达令河流域开发为代表的分权式开发模式。

一、集权式流域开发模式

集权式开发模式注重对流域内各行政主体的统一管理，以美国田纳西河流域的开发为典型。田纳西河位于美国东南部，是美国第一大河密西西比河的二级支流，全长 1600 千米，流域面积 10.5 千米×104 千米，地跨弗吉尼亚、北卡罗来纳、佐治亚、亚拉巴马、密西西比、田纳西和肯塔基等七个州，大部分位于田纳

西州境内。田纳西河流域的开发始于20世纪30年代的美国大萧条时期，当时的美国总统罗斯福为摆脱经济危机的困境，加大了对国内公共基础设施建设的投入，这在很大程度上推动了美国的流域开发。当时的田纳西河流域由于长期缺乏治理，森林遭到破坏，水土流失严重，经常暴雨成灾，洪水为患，是美国最贫穷落后的地区之一，年人均收入仅100多美元，约为全国平均值的45%。为了对田纳西河流域内的自然资源进行全面的综合开发和管理，1933年美国国会通过了《田纳西河流域管理局法》，成立了田纳西河流域管理局（TVA）。

TVA被授予规划、开发、利用田纳西河流域各种资源的广泛权力，对整个流域进行综合治理、统一规划、统一开发、统一管理。TVA的管理主要体现在以下几个方面：TVA对流域水资源和其他自然资源的开发和管理，除水资源综合开发带来的各方面的效益外，TVA电力系统为流域内800万名居民提供了廉价的电力；在农业方面，TVA建有全国最大的肥料研究中心，引导农民因地制宜合理利用土地，增施肥料，改良土壤，使农业单产比19世纪30年代提高两倍多；TVA设立经济开发贷款基金促进了地区经济发展，1995年以来，共提供金额约1.1亿美元，创造新的投资额达30亿美元。TVA在水利、电力、农业、林业、化肥等方面的综合开发和经营，以及对自然资源的保护，在促进经济发展的同时，为田纳西流域提供了大量的就业机会，极大地促进了田纳西流域整体的经济发展和社会稳定，改变了该地区贫穷落后的面貌，使其成为美国比较富裕、经济充满活力的地区（见图15-1）。

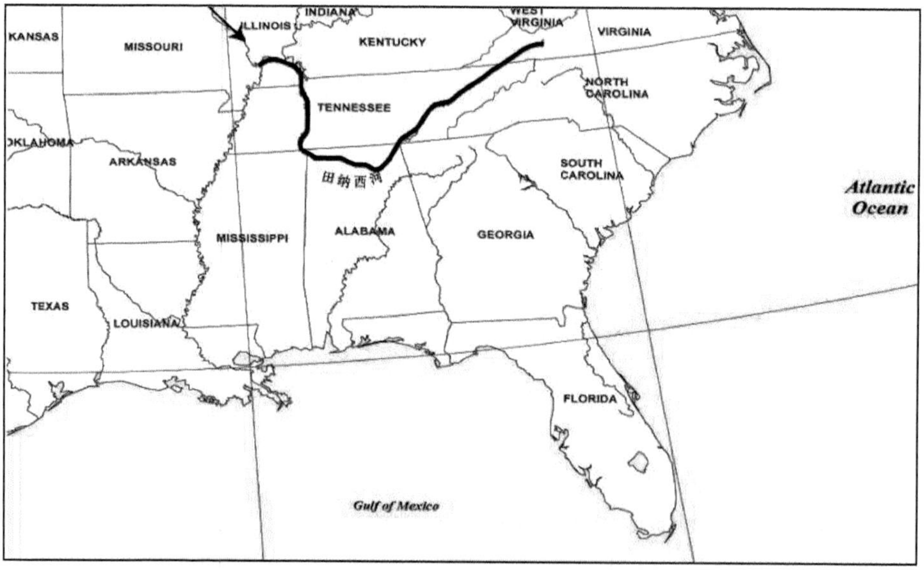

图15-1 美国田纳西河流域示意图

TVA 实行的是一种集权式的流域开发模式，TVA 是美联邦一级机构，被授权依法对田纳西流域自然资源进行统一开发和管理，其工作直接对总统负责。除所设三人理事会由总统任命理事外，在内部事务方面，TVA 有广泛的自决权，可以高效率地自行处理和解决有关问题。对田纳西河流域规划的实施及其所属业务部门，TVA 都进行强有力的领导，包括在计划制订、工程建设、企业管理等方面下达指令和进行指导。成立之初，TVA 用 3 年时间对田纳西河全流域进行统一规划，制订了流域开发建设的一系列具体方案，为流域的长期发展打下了良好的基础。而在之后的具体建设和执行中，由于本身具有的权力优势，TVA 能够最大限度地调度多方力量，各部门之间也最大限度地加强配合。以水利和电力的配合为例，TVA 的大电厂在建设中充分考虑了利用水库水源进行直接冷却。当水库综合利用、防洪灌溉和大电厂之间出现矛盾时，TVA 都能逐一对其进行妥善的处理。然而 TVA 对田纳西河流域集权式的开发管理，在提高机构效率的同时也因忽视对流域内各州利益的充分考虑，而受到各方的批评，尤其是后期随着 TVA 与流域内各州利益冲突的不断激化，使得这一模式并未在美国得到推广。

二、分权式流域开发模式

分权式流域开发模式注重流域内各行政主体的平等合作，以澳大利亚墨累—达令河流域的开发为典型。墨累—达令河全长 2560 千米，是澳大利亚最长的河流，流域面积 100 万平方千米，大约占整个澳洲大陆陆地面积的 1/7，自然区域和行政区域跨度大，河流流经新南威尔士、维多利亚、昆士兰和南澳大利亚四个州。墨累—达令流域分布有澳大利亚最好的农场和牧场，其拥有该国一半的耕地、一半的绵羊以及 1/4 的牛肉和奶制品，3/4 的灌溉农地，大约 90% 灌溉耕地作物产量，70% 的水果和 25% 的蔬菜，是该国重要的经济区。流域内包括在区域的河流水文、生物和化学上起重要作用的多个湿地（其中 8 个被列为“国际性重要的”湿地），因此，该区域生物多样性是澳大利亚最重要的一部分。该流域面临的生态环境问题主要有自然遗址的破坏、土壤酸化、盐渍化或富营养化、物种减少与消失、地下水减少等（见图 15 -2）。

依照澳大利亚联邦宪法，各州、直辖区均对辖区内的土地、水资源享有自治权，因此澳大利亚墨累—达令河流域内的 4 个州政府均对其所辖流域范围享有不同程度的管理权。19 世纪末，流域内连续 7 年发生了严重干旱，导致用水冲突，迫使维多利亚州、新南威尔士州、南澳州政府共商对策。1911 年，澳大利亚成立联邦政府，宪法规定，土地、水资源管理由各州和直辖地区政府负责，因此，州际间的协定是跨州事务管理的主要手段。1914 年，联邦政府和三个州政府共同签署了《墨累河水协议》，关注重点是墨累河干流水资源分配和调控，保证

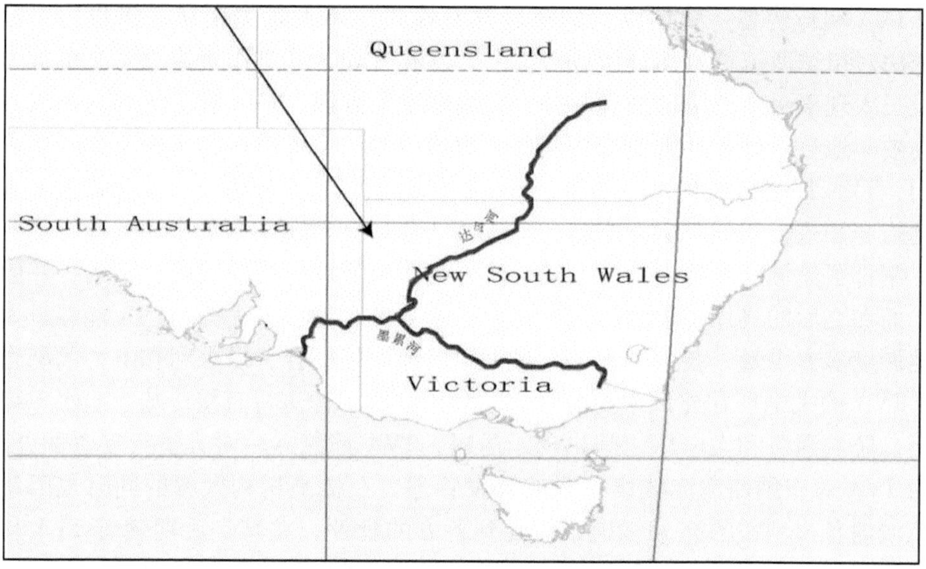

图 15－2　澳大利亚墨累—达令河流域示意图

下游南澳洲有最低限度的水流。1917 年，依据该协议成立了墨累河委员会，由联邦政府以及上述三个州政府代表组成，主要是负责水资源的政府官员参加。决策原则是：充分尊重各州主权，委员会每个成员都有否决权，决策必须由各成员协商一致才可以通过。可见，墨累河委员会主要是协调机构，规模很小，很多职能是由各州政府机构实际执行，各州政府拥有决策权，且起主导作用。1987 年，联邦政府和三个州政府正式签署了《墨雷—达令流域协议》，代替前面《墨累河水协议》。新协议的宗旨是“促进和协调行之有效的计划和管理活动，以实现对墨累—达令流域的水、土地以及环境资源的公平、富有效率并且可持续发展的利用”。1996 年，流域上游昆士兰州政府成为签约方，1998 年首都直辖区政府也正式成为签约方。根据协议，以上各方成立了部长理事会、流域委员会和社区咨询委员会，以实现对墨累—达令河流域的管理，其性质均非科层体系的官僚机构，其议事过程则都采取了平等、真诚协商的方式。部级理事会是最高权力机构，由联邦政府和流域四州负责土地、水及环境的部长组成，主要负责制定政策。流域管理委员会是部级理事会的执行机构，由州政府中负责土地、水利及环境的司局长或高级官员担任，其主席由部级理事会指派。可见虽然墨累—达令河流域也成立了墨累—达令流域部长理事会、墨累—达令流域委员会、社区咨询委员会这样的综合性管理组织，但是这些组织并不像 TVA 那样拥有高度的自主权，不具有实际的权力，整个流域的管理权仍集中掌握在各州手中，这样虽然一定程度上能够调动各州建设整个流域的积极性，却也降低了机构效率。

第二节 国外流域开发的主要经验

一、出台相关法律法规，为流域统一开发提供保障

国家以法律的形式赋予流域管理机构充分的管理权力，以便使其能够对流域进行统一综合管理。美国是联邦制国家，各州的权力相对较大。田纳西河流域地跨7个州，TVA要想实现对田纳西河流域的统一开发管理，没有立法保证显然是不切实际的。因此，美国国会于1933年通过《田纳西河流域管理局法》，赋予了TVA充分的权力，为对田纳西河流域包括水资源在内的自然资源的有效开发和统一管理提供了保证。如TVA有权为了开发流域的自然资源而征用流域内土地，并以联邦政府机构的名义管理；有权在田纳西河干支流上建设水库、大坝、水电站、航运设施等水利工程，以改善航运、供水、发电和控制洪水；有权将各类发电设施联网运行；有权销售电力；有权生产农用肥料，促进农业发展等。《田纳西河流域管理局法》自1933年颁布后，根据流域开发和管理的变化需要，不断进行修改和补充，使凡涉及流域开发和管理的重大举措都能得到相应的法律支撑。除《田纳西河流域管理局法》外，《流域保护与洪水防预法》、《国家环境政策法》、《森林和草原再生资源规划法》和《国家森林管理法》等法律法规的颁布也对流域统一开发起到了重要作用。虽然墨累—达令河流域并未专门出台相关的法律，但各州之间通过协议使流域管理权责分明，具体工作有章可循，从开始的单纯墨累河水域协定到联邦和有关州政府谈判达成的《墨累—达令河水协议》，管理范围和尺度不断扩大，强化了区域间的协商机制，为流域管理提供了坚实的保障。

二、注重环境保护，加强生态建设

在开发中重视环境保护和治理，是田纳西河流域管理局的成功经验。随着流域开发的逐步推进，田纳西河流域管理局在整个流域的不同生态环境地区建立了水文、水质监测站，并采取相应的措施进行治理。他们与民间自然资源保护队合作，在荒山荒地造林，森林覆盖率大幅度提高；加强对水利工程、库区沿岸河渠道周围的绿化美化；加强对火电站的灰尘、二氧化硫污染的治理和水中缺氧问题的解决；禁止砍伐森林和毁林垦荒，改过去用木材作燃料为用电代替。墨累—达

令河流域管理委员会在20世纪90年代开始开展实施生态调度的研究，经过近10年准备，2002年由澳大利亚政府和流域内4个州共同启动了墨累河生命行动计划，开展生态调度，以此降低对流域生态系统的负面影响，同时墨累—达令河流域社区咨询委员会的宗旨是“确保社区有效参与以解决流域内的水土资源和环境问题”，这在一定程度上对流域内的生态环境保护产生了积极的作用。

三、调动公民参与流域管理的积极性

美国田纳西河流域管理局中的“地区资源理事会”包括7个州的州长代表、配电商代表、社区代表和受益方代表，为TVA与流域内各地区提供了交流协商渠道，促进流域内地区的公众积极参与流域管理，并对TVA的行政决策起到了重要的参考和补充作用，有利于改进管理，也符合现代流域管理中公众参与和协商的发展趋势。澳大利亚为调动公民参与流域开发保护的积极性，联邦政府和州政府不仅在机构设置上成立社区咨询委员会以协调政府、流域机构与社区的关系，保障多方之间充分的信息交流和意见探讨，还与流域管理机构一起制订诸如“土地关爱计划”、“墨累—达令流域行动”等具体的政策措施，发动公民参与流域管理的积极性。其中，墨累—达令河流域管理机构1987年开展的“土地关爱计划”是公民参与流域管理的典范。该计划以社区为基础，直接面向农民成立土地关爱小组。据统计，全澳大利亚有4000个以上的土地关爱小组从事生态修复计划，其资金的50%由联邦政府提供，另外50%的资金由农户自筹（多以农户的劳动投入折算）。澳大利亚土地关爱理事会、澳大利亚土地关爱有限公司、澳大利亚农林渔业部国际农垦局、学校与研究机构和一些慈善机构也积极参与“土地关爱计划”。

第三节　国外流域开发对我国的启示

一、制定相关法律法规，依法对长江流域进行开发管理

借鉴美国田纳西河流域的开发管理经验，一方面，只有以法律的形式赋予长江流域管理机构充分的管理权力，才能使其对整个流域进行统一的综合管理，然而这种权力需要适度，过度的权力只会导致长江流域管理机构与流域内各行政主体的矛盾激化，TVA过度集权的不足是需要我们引以为鉴的；另一方面，任何管理措施只有上升到法律层面，才能保证其得以有效的贯彻与执行，以往针对流域

内各行政主体争相建坝，各自为政，片面追求经济效益最大化行为的相关管理措施与建议，因缺乏法律层面的落实保障，并未对各行政主体产生实质性的约束，长江流域的环境、生态和防洪等社会效益仍被束之高阁。

二、加强长江流域的生态环境保护

目前，长江流域的生态环境保护形式仍十分严峻，从 2011 年的《长江保护与发展报告》看，目前长江流域仍面临水旱灾害频繁发生、水污染加重和生态不断退化等生态环境问题，因此需要借鉴田纳西河流域与墨累—达令河流域的成功经验，在开发中重视环境保护和治理，应加强水质监测，坚持退耕还林还草，加强对长江流域沿岸工业“三废”的治理，开展生态调度，降低对流域生态系统的负面影响。运用联系与发展的观点，将整个长江流域作为一个统一的整体，处理好长江流域上、中、下游之间的关系，协调好人与自然的关系，保护好、优化好与开发好长江流域的生态环境，实现长江流域生态效益、经济效益与社会效益的有机统一。

二、确立适合流域特点的产业结构和空间布局

田纳西河流域由于水能的充分开发，为工业提供了廉价的电力，20 世纪三四十年代的工业发展主要以化学工业、原子能工业和电解铝工业等高耗能工业为主。从 50 年代中期开始，流域内橡胶、纺织、金属加工、机械和运输设备等工业的发展居于突出地位。70 年代以来，流域地区工业发展仍集中于运输设备、金属加工、机械、电器、橡胶、造纸、服装、纺织、食品等制造业行业。这些工业主要集聚在沿田纳西河的河港城镇，形成沿田纳西河工业走廊。长江流域的开发也要充分体现本区优势，如发展需要依托充足的电力和丰富的水源供应的冶金、化工工业，进而发展机械制造等行业。同时，长江流域的开发也要依托其水库体系和优美的自然环境大力发展旅游业。

四、健全公众参与机制

长江流域的开发与管理，离不开公众的积极参与，需要政府和公众的互补和合作，这在田纳西河流域与墨累—达令河流域的开发与管理中均得到了充分的体现。目前，长江流域的开发管理主要还是政府部门在搭台唱戏，因此需要拓宽公众参与渠道，提高公众参与力度，一方面在决策过程中应该广泛听取民众意见，另一方面在政策执行过程中要接受民众的监督。可以成立咨询委员会，使其成为沟通政府与公众的纽带，让公众从袖手旁观者变为积极参与者，发动民众参与流域管理的积极性。

第十六章　长江经济带开发轨迹与现状分析

第一节　长江经济带生态廊道建设轨迹与现状

一、长江经济带生态廊道建设基础

长江是中国第一大河，世界第三大河，占全国淡水资源的2/5、水能资源储备的3/5；长江水量丰沛、优越的光热水土配比条件孕育了丰富的承南启北动植物区系和多样化的水生生物资源，成为中国最重要的水源涵养区域和生态屏障。长江流域内共有通航河流3600多条，占全国内河通航里程的70%，各项运网密度指标均高于全国平均水平，综合密度和经济相关密度也是全国平均水平的两倍。[①] 巨大的航运能力和潜力使得长江流域成为全球内河货运量第一的黄金河道，也使长江经济带成为支撑中国发展的重要战略区域。

长江经济带上11个省（市）既有经济发达的长三角，也有经济较落后的中西部地区；既有重大开发区域，也有亟待保护的生态功能区；以长江为媒介，形成了保护和开发发展相互关联、相互作用的复合经济带。长江流域发展历史古老悠久。传统文明的积淀与“创新、协调、绿色、开放、共享”五大发展理念在重要历史时刻的交融，使得长江流域有望成为全球开发规模最大、影响力最大、绿色生态系统最完备的内河经济带。

二、长江经济带生态廊道建设进程

长江经济带生态廊道建设经历了两个阶段：局部建设阶段和协同建设阶段。

---

① 李志萌．共建长江经济带生态文明［N］．江西日报，2014－09－15（3）．

第一，局部建设阶段。长江经济带上各个省市依据自身经济发展水平和环境问题的难度开始积极探索水污染治理、环境保护、生态修复的路径。在这个阶段，发达的东部省市走在建设的前面。浙江持续开展了“森林浙江”建设，结合“平原森林”、“四边三化”、“森林城市”等工程实施，提高森林覆盖率、活木蓄积量、森林生态系统完整性；通过“五水共治”大行动，治理区域内水污染现状，保护水资源的可持续发展。上海重视生态环境“系统化、精细化、功能化”建设，促进“绿地、林地、湿地”三地融合发展，编制基本生态网络规划，连续四轮实施林业发展三年计划，加快生态建设项目落地。截至 2015 年底，上海市绿地面积 3.8 万余公顷，林地面积约 160 万亩，湿地面积 37.7 万公顷，森林覆盖率达到 15%，生态环境不断优化。① 江苏做好环保加减法，激励与约束并重，以产业结构转型来促进绿色可持续发展。以“环保领跑者计划”为依托，对减排先进企业给予更多政策和荣誉上的支持；2015 年出台的《江苏省大气污染防治条例》，以高标准要求，严格执法，淘汰落后产能，对环境治理无望的企业或项目进行限期治理或者淘汰；鼓励企业进行技术改造，推广环保技术应用，培育节能环保产业。在此阶段，各个省市加强地方立法，积极探索通过法律条例为经济带建设提供制度保障。在流域（湖泊）管理方面，有《太湖流域管理条例》、《鄱阳湖生态经济区环境保护条例》等；在港口岸线方面，有《安徽省长江岸线资源开发利用管理办法》、《四川省港口管理条例》、《上海港口岸线管理办法（修改）》等；在环境保护方面，有《重庆市环境保护条例》、《重庆市长江三峡水库库区及流域水污染防治条例》等。

第二，协同建设阶段。由于长江流域水资源的流动性，局部分割治理保护是不可能的，长江流域各个省市开始尝试协同建设，这种协同多是自发的。以浙江为主要倡导者长江经济带各省市携手，在水土流失综合治理、五水共治、两气共治、森林体系建设、河湖湿地生态保护修复、跨区生态补偿与转移支付、绿色经济培育发展等领域，取长补短，共享资源，协同建设。在自发性协同建设不断推进的同时，国家从整体角度多次将长江流域生态廊道建设提升到国家战略层面，从中央层面推动长江生态廊道建设，主要任务放在长江水污染治理方面。2011 年，环保部、国家发展改革委、财政部、住建部、水利部五部委联合印发《长江中下游领域水污染规划（2011～2015）》，长江流域将共同研究污染防控，在大气污染防治、地表水污染防治、地下水和土壤生态修复等领域加强合作；2013 年，长江流域水资源保护监控中心正式投入运行，并与三峡、丹江口库区和省界的 14 个地表水自动监测站及部分直管排污口监控设施联网，初步实现对重点区

① 打造两道两网两园　建设绿色基础设施［N］. 解放日报，2016－02－03.

水质和部分主要排污口的实时监控。2015 年，国家发改委等六部委联合印发《关于开展生态文明先行示范区建设（第一批）的通知》，明确将江西等地区纳入第一批生态文明先行示范区。本次全境纳入第一批生态文明先行示范区的四个省份——江西、青海、云南、贵州均处于长江流域，这些地区的生态文明先行示范建设将有力地支持长江经济带的生态廊道。2016 年，国家发改委与环保部联合印发《关于加强长江黄金水道环境污染防控治理的指导意见》，明确要求到 2020 年，长江经济带水质优良，达到或优于Ⅲ类水质。国务院印发《关于依托黄金水道推动长江经济带发展的指导意见》，将“建设绿色生态廊道”作为重点任务之一。至此，长江经济带生态廊道建设正式成为国家战略工程，成为长江经济带保护的重要载体。

三、长江经济带生态廊道建设存在的问题

（一）生态系统破坏严重

长江流域复杂多样的自然环境系统在经过人类长期的干扰和开发后，生态系统遭到极大破坏，生态环境日益恶化。

第一，灾害威胁逐渐增大。滑坡泥石流和暴雨洪涝是长江经济带面临的两种最大自然灾害。长江流域地处中国第一、第二级阶梯交界处、地质条件复杂、新构造运动活跃，活动断裂发育，是地震、泥石流、滑坡等灾害的多发区；近年来，毁林开荒、陡坡耕作等粗放式、不合理的开发加重了该地区滑坡、泥石流等自然灾害现象；长江东西流经三级阶梯，雨带停留时间长，上游地势落差大汇流快、中下游地势低洪水蓄泄不畅，导致长江尤其是中下游洪水灾害频发；沿江城市的快速开发造成不透水层面积猛增、大量自然河流和洼地系统遭到破坏，城市发生内涝的可能性增大。

第二，环境污染加重。2014 年，长江流域废污水排放总量为 338.8 亿吨（不含火电厂直流式冷却水和矿坑排水 347.5 亿吨，不含西藏废污水量），与 2013 年相比增加 2.1 亿吨，增幅 0.62%。① 从废污水量变化趋势看，长江流域废污水排放量呈逐年增加趋势，从 2005 年的 296.4 亿吨增加到 2014 年的 338.8 亿吨，共增加 42.4 亿吨，总增幅 14.3%，从废污水量增幅变化趋势看，2008 年以后增幅逐渐趋缓。2014 年左右，长江已形成近 600 千米的岸边污染带，其中包括 300 余种有毒污染物，② 长江干流共有取水口近 500 个，都不同程度地受到岸边污染带的影响。长江流域局部江段水体污染严重，69% 的湖泊处于富营养化状态。2014 年全年期评价河长 64253.1 千米，按《地表水环境质量标准》评价，

① 长江流域废污水排放量逐年增加 总体水质持续趋好［EB/OL］. 中国新闻网，2015-12-07.

② 长江污染近 600 千米含 300 余种有毒物［N］. 21 世纪经济报道，2014-03-18.

流域全年期水质符合和优于Ⅲ类水的河长比例从 2006 年的 66.7% 逐步增加到 2014 年的 77.4%。其中，水质为Ⅰ类、Ⅱ类水的河长为 33674.5 千米，占 52.4%；Ⅲ类水的河长 16029.3 千米，占 25.0%。① 长江城市带上上 11 个省（市）空气污染日益加重，长三角、成都平原是其中霾日数最多的地区，多数地区的霾日超过 50 天/年。

第三，生态加速退化。近年来，长江流域沿江城市化、工业化以及土地加速利用，流域环境的巨大变化和系列重大水利工程的实施和运行，使长江口物质通量及组成发生了重大变化，导致河口三角洲海岸蚀退，河口湿地萎缩，生态服务功能退化，河口及其邻近海域水质不断恶化，赤潮频发，生态系统衰退，生物资源再生能力和水产品安全受到严重影响；长江流域中游地区湿地退化，导致湖区水安全保障能力降低，水生态环境和生物多样性面临威胁；长江渔业资源严重枯竭；长江流域水鸟栖息地的减少和破坏直接威胁着众多稀有鸟类的生存，珍稀物种生存面临严峻挑战；长江流域上游源区面临更加严重的生态胁迫，高寒草甸初级生产力下降，源区草地面积整体减少，生态系统呈现明显的草甸草原化、草原沙漠化、湿地草原化等生态退化趋势。

（二）生态廊道建设矛盾突出

长江经济带不同地区的多维差异性加重了生态廊道建设的复杂性和困难度。建设过程中的矛盾和问题主要体现在局部性和整体性的冲突。

第一，局部经济利益与流域生态保护。长江经济带涉及较为发达的东部省市，发展快速的中部省市和发展相对落后的西部省市，经济发展的不平衡和多元化造成长江流域生态廊道建设中责任和权利的不均衡。尤其是落后地区，在经济发展相对缓慢，经济潜力还没有发挥的前提下就要承担巨大的生态建设任务。如何让发展相对落后的西部省市和发展快速的中部省市在生态廊道建设中经济发展和生态保护两不误，是局部经济利益与流域生态保护的主要问题。

第二，局部治理和流域协同保护的矛盾。目前，长江流域水污染治理、生态修复和环境保护都处于各个省市局部开展阶段，一些治理改革试点也分散在长江流域各个省市，流域整体上的协同机制还是空白。长江经济带以水为线，是流动的。行政分割造成的局部治理成效大打折扣。因此，生态廊道建设中首先要解决的问题就是如何流域治理、流域保护和流域建设。

第三，局部发展阶段与流域建设协同性的矛盾。长江生态廊道建设要分步走，依据自然规律分阶段进行。由于长江经济带上各个省市经济发展水平、污染治理和保护能力、面临的建设困境等问题都存在差异，因此允许各个省市根据自

① 长江流域水质逐年好转［N］. 中国环境报，2015－12－22.

身不同情况，采取差异性对策、分阶段承担生态廊道建设的任务。而国家则需要从长江生态廊道建设宏观角度协同各个省市的经济、生态、民生利益。

第二节 基于综合交通运输体系的基础设施发展轨迹与问题

纵观历史长河，从“长江流域开发与治理”到“长江经济带黄金水道”，长江流域的发展早已成为中国经济发展的重要支柱。在新常态下，长江经济带进入串联式发展状态，不仅是中国经济稳增长、区域协调发展和转型升级的必然要求，而且是增进人民福祉、实现五大发展理念、引领中国梦的重要依托。这就要求引领经济发展的方式具有典型的公共物品和公共服务属性。随着中国新型城镇化的不断发展，基础设施凭借其特有的外部性成为区域发展的“硬环境”，既是国家经济可以长期持续稳定发展的重要基础、社会经济现代化的重要标志，又是经济布局合理化的前提和拉动经济增长的有效途径。回顾长江经济带近 30 年的发展历程，基于综合交通运输体系基础设施建设的从无到有，从有到优，大致形成了以下三个发展阶段。

一、改革开放到 20 世纪 90 年代初——启动与加速发展阶段

改革开放以来，我国经济学家马洪提出了基于“东部沿海一线和长江”的“一线一轴”战略构想。此后，著名经济地理学家陆大道提出了以“海岸地带和长江沿岸”作为今后几十年我国国土开发和经济布局一级轴线的“T”字形的发展战略，此时，基于交通基础设施建设的长江经济带开发战略设想展现雏形。进入 20 世纪 90 年代后，国家提出“开发开放长江三角洲和长江沿江地区”的战略构想。特别是党的十四届五中全会进一步明确提出“建设以上海为龙头的长江三角洲及沿江地区经济带”。由此，基于交通基础设施建设的长江经济带开发进入实质性启动和加速发展的新阶段，因而 1992 年成为长江经济带新时期基础设施建设的始点。在这一阶段，长江经济带交通基础设施建设初见成效，路网规模扩大，结构布局不断改善，技术水平明显提升，运输能力大幅增强，初步形成了以长江黄金水道为依托，水路、铁路、公路、民航、管道等多种运输方式协同发展的综合交通网络（见表 16－1）。但中游航道不畅且运输能力有限，上游大部分地区航道等级低甚至还不能通航等问题都亟待解决。

表 16－1　从改革开放到 2013 年长江经济带综合交通网建设情况①

指　标	1978 年	2013 年	增长(倍)
内河航道里程（万千米）	8.9	8.9	—
高等级航道里程（万千米）	0.23	0.67	1.9
铁路营业里程（万千米）	1.4	2.96	1.1
高速铁路里程（万千米）	0	0.4	—
复线率（%）	11.9	49.8	—
电化率（%）	2.7	69.7	—
公路通车里程（万千米）	35	188.8	4.4
国家高速公路里程（万千米）	0	3.2	—
输油（气）管道里程（万千米）	0.06	4.4	72.3
城市轨道交通营业里程（千米）	0	1089	—
民用运输机场数（个）	20	74	2.7

二、20 世纪 90 年代初到 2013 年——改善与优化阶段

1993 年，长江经济带 10 省市进出口贸易总额在全国的占比为 20.21%，2012 年该比重上升到 41.25%。可见长江经济带在我国经济社会发展中的地位和作用日益突出。2005 年长江沿线 7 省 2 市在交通运输部牵头下签订了《长江经济带合作协议》以及 2010 年 8 月湖北省出台的《湖北长江经济带开放开发总体规划（2009～2020）》，两者的结合发挥了长江的综合运输效益。2012 年 12 月，国务院批复了《长江流域综合规划（2012～2030 年）》，该规划涉及了长江流域 9 个省市区，对长江流域重点城市水能资源开发利用程度的稳步提高和航运体系的完善发挥了巨大的推动作用。2013 年 7 月 21 日，习近平总书记在考察湖北时指出，长江流域 11 个省市要发挥内河航运作用，将全流域打造成黄金水道。因此，2013 年长江经济带迎来了崭新的发展机遇。

与上一阶段相比，长江经济带交通网络建设得到大幅度政策倾斜，因此基础设施条件得到极大改善。这一阶段，长江经济带实现了开发与治理并行。除内河航道、铁路营业、公路通车、输油（气）管道、城市轨道交通、民用运输机场建设得到了极大提升外，生态保护和区域间利益平衡机制的构建得到了极大的重视。长江经济带依托下游的长三角城市群、中游的长江中游城市群、上游的成渝城市群逐步实现了一体化发展，依托长江经济带黄金水道的天然优势，逐步实现

① 转引自《长江经济带综合立体交通走廊规划》。

了联动发展。但这一阶段，长江经济带受制于流域大量的大桥、大坝的存在，实际航运效果并不理想。

三、2014 年至今——转型与升级阶段

2014 年伊始，长江经济带交通基础设施建设成效显著，干流航道等级提升，水运、公路、铁路、航空、轨道交通、管道等建设成效显著。特别是以长江黄金水道为依托，多种运输方式逐步联动发展，发挥联运优势，协同发展的综合交通网络有向综合立体交通体系发展的趋势，如图 16－1 所示。

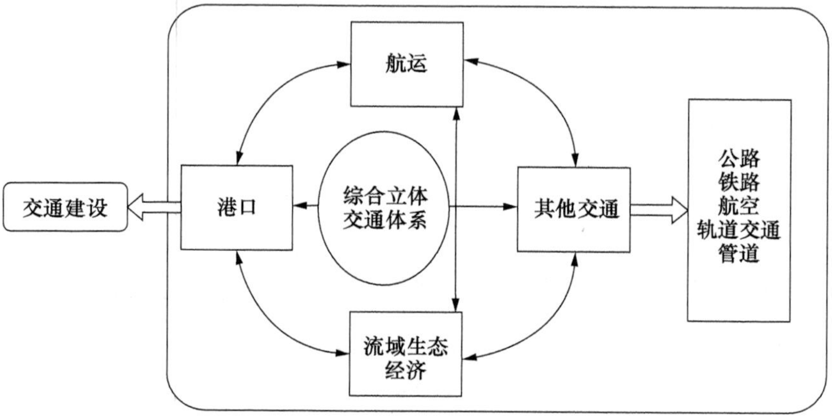

图 16－1　长江经济带综合交通网络

如今，长江货运量居世界内河首位，每年仍在以两位数的速度增长。未来，长江经济带基于交通体系的基础设施建设必将是一个立体的、综合的、高效密集的交通网。但就目前情况看，长江经济带交通体系并未呈现出“交通流大而集中”的局面，仍面临交通能力不足、网络结构不完善、综合交通枢纽落后等交通效率低下的问题。主要表现在六个方面：一是长江航运潜能尚未充分发挥，高等级航道比重不高，中上游航道梗阻问题突出，高效集疏运体系尚未形成。二是东西向铁路、公路运输能力不足，南北向通道能力紧张，向西开放的国际通道能力薄弱。三是网络结构不完善，覆盖广度不够，通达深度不足，技术等级偏低。四是各种运输方式衔接不畅，铁水、公水、空铁等缺乏有机联系，尚未实现有效衔接。综合交通枢纽建设亟待加强。五是长江经济带交通多式联运管理水平和科技水平亟待提升。六是城际铁路建设滞后，城际交通网络功能不完善，不适应城镇化格局和城市群空间布局。除了“硬环境”基础设施建设，这一阶段更值得注意的是，综合交通体系建设与物流和实体经济融合发展的问题。例如：物流、人流的集聚效应并未出现明显优势，物流、人流成本仍然居高不下。实施长江经济

带发展战略，应总结30年间对区域合作局限于倡导以及未能充分转变政府职能、缺乏市场动力和物流推力的经验教训。

第三节　长江经济带产业分工合作

一、长江经济带产业分工与合作的历史回顾

长江经济带横跨我国东、中、西部，与沿海经济带共同构成我国国土开发和经济建设的“T”字形宏观格局，在我国经济发展中具有极其重要的战略地位，而产业分工合作与长江经济带建设之间具有很强的相关关系，产业分工与合作会影响长江经济带地区经济优势的发挥和经济发展速度、经济结构、区域经济的竞争力、可持续发展能力。梳理长江经济带的开发历程，从而整理出各阶段产业分工合作和产业布局的特点，大致可以分为以下四个阶段：

20世纪90年代以前，长江经济带的发展主要处于自我发展建设时期，这一时期，长江经济带的产业布局以自身的优势为基点逐步构建，例如上海、苏南等地大力发展乡镇工业与外向型经济，对原有部分工业企业进行大规模的设备更新和技术改造，电子、家用电器、机械、纺织、食品等工业有了很大的发展。另外加强了能源和原材料工业项目建设，宝钢和仪征化纤等一批大型企业投产，中上游原有的工业基地，包括攀钢、武钢、湖北汽车制造、四川重型机械和电子工业等也进行了一定程度上的提高和扩建。

20世纪90年代，长江经济带进入以浦东开发开放为带动的重点建设时期，这一时期长江经济带的产业布局以港口发展和产业园区为特色，从以沿岸主要中心城市为主的重点开发，转向沿江区域整体开发，1992年10月，中共十四大决定“以上海浦东开发开放为龙头，进一步开放长江沿岸城市，尽快把上海建成国际经济、金融、贸易中心之一，带动长江三角洲和长江流域地区经济的新飞跃”，随着浦东的开发开放，长江沿岸各省市产生了强烈的开发开放意识，开放型经济特征明显。

21世纪前10年，长江经济带开发主体开始由点到面拓展，这一时期长江经济带的产业布局呈现出向沿江区域集中的特征。长江沿江省市开始重视沿江区域开发，纷纷将各自的经济发展重点转向本省临江城市或地区。例如，上海积极推进产业结构优化和升级，转变经济发展方式，加快发展现代服务业和先进制造业，建设国际金融中心和国际航运中心；江苏省从2003年开始正式实施沿江大开发战略，2007年编制《江苏省沿江发展总体规划（2011～2030年）》，指出江

苏未来沿江地区将努力建成沿江经济带、沿江城市带、现代化港口群、基础设施网和生态环境宜居地；安徽则提出以加速融入长三角为核心的“东向开发战略”，提出要把沿江城市群建设成为全省跨越式发展的龙头、对外开放的门户、长江流域重要的新型工业化基地，2011 年颁布了《皖江城市带承接产业转移示范区开发园区发展规划纲要》。另外，江西、湖北、湖南、重庆等省市也相继提出本省（市）的沿江开发战略。

“十二五”时期，长江经济带上升为国家战略，进入整体推动时期，这一时期长江经济带的产业布局呈现出产业分工合作加强、产业转型升级加快、城市间互动合作加强的特点。上游地区提出了宜昌、重庆、成绵和攀枝花 4 个产业协作区；中游地区提出了发展化工、钢铁、矿产等原材料工业；发展机械、汽车工业，形成汽车工业带（十堰—襄樊—武汉、南昌—景德镇—九江）等。而石化工业应重点发展上海—杭州—宁波、南京—仪征—扬州、铜陵—安庆—九江、武汉—岳阳—宜昌、重庆—泸州—宜宾五大集中地区。

二、长江经济带产业分工与合作的现状分析

（一）长江经济带产业分工与合作的基础

（1）区际间产业互补性。下游地区以江苏省为例已整体迈入工业化高级阶段，2014 年江苏省人均 GDP 为 81874 元，同时也面临着产业结构调整与转变经济发展方式的巨大压力；而下游的安徽、中游的江西、湖北、湖南 3 省与上游的重庆、四川、云南、贵州 4 省市尚处于工业化中期阶段。以中游地区的湖北省和上游地区的四川省为例，2014 年人均 GDP 分别为 47124 元、35128 元，发展潜力和动力十足。上中游地区通过自身大发展和承接世界产业梯度转移的迫切需求恰好弥补了下游地区产业结构优化调整、率先转型升级的压力；在高技术产业和服务业发展上，下游地区具有较明显优势，高技术产值占了长江经济带的 70.6%。沿江上中下游之间不同的经济发展水平和不同的产业发展特征，构成了长江经济带产业分工合作的现实基础。

（2）区际间要素禀赋互补性。长江经济带上中游地区拥有丰富自然资源优势如丰富的矿产资源、水能、森林、土地资源；劳动力优势，以湖北为例，在第四次人口普查中，湖北的劳动年龄人口达到了 3618.26 万；及尚待开发的内陆市场等。下游地区拥有创新、技术、资本、人才等高端要素优势以及海外市场。以上海市为例，2014 年上海市专利申请量达到了 55298 项，2011 年高新技术产业总产值为 1160.3 亿元，2013 年普通高校市辖区高等学校专任教师数达到了 36694 人，2014 年进出口总额达到了 9545006.8 万美元，为生产要素在上中下游流动创造了先决条件，下游地区的技术、资金、管理等高端要素将加速向中上游

地区流动，而中上游地区也将利用自身的原材料、劳动力等中低端要素实现就地发展和“跳跃式”发展。

（3）区际间优势产品互补性。上中下游地区在农产品、工业制成品、能源等方面均存在较大互补性，以棉纺工业为例，下游地区在丝、化学纤维、布等工业产品的生产上占据较大优势，但棉花原料不足，而中上游地区则恰好相反，棉花原料的供给能力大于棉纺工业的生产能力；高技术产品的供给和需求方面，下游生产的微型计算机、电冰箱等工业制成品，除满足本地供给外，将有大部分的产品向上中游地区供应；在能源供应上，中上游地区的水电发电量及各类矿产资源丰富，而这正是下游地区工业发展的短板，这种上中下游地区间的产业分工合作促进了长江经济带的经济发展。

（4）依托共同的长江黄金水道支撑。长江通道是我国国土空间开发最重要的东西轴线，横跨我国东、中、西部三大区域，在区域发展总体格局中具有重要的战略地位。通过这条水道能有效将西部开发、中部崛起和东部可持续发展贯通，无论是对于生产要素流通，还是资源优化配置都将起到积极作用。同时，通过这条水道推动长江经济带发展，实现长江经济带上中下游城市群的联动发展，推动产业分工与合作，打造中国经济新支撑带都将有得天独厚的优势。长江经济带实际上是通过一条水路串联各个点，依托共同的长江黄金水道支撑，水路运输的低廉成本优势显现，同时物流上的优势也凸显，这些优势也是长江经济带实现产业分工合作的现实基础。

（二）长江经济带产业分工与合作的现状

以黄金水道为依托的沿江地区是我国综合实力最强、战略支撑作用最大的区域之一，具有得天独厚的综合优势，便捷的交通、发达的水运、丰沛的淡水、丰富的矿产和闻名遐迩的旅游资源，使长江经济带中不同区域采取不同的产业发展模式促进自身的经济发展。

从长江经济带产业分工与合作的现状来看，基本呈现出以下几个特点：

长江经济带是我国经济发展的增长极。城市集中、经济发达、人口众多、资源丰富，是我国国土开发和经济布局T字形空间结构战略的发展轴。并且长江中上下游城市群由于资源禀赋以及区位差异，因而其主导产业也各不相同，其中下游城市群主导产业以计算机通信设备制造业、电气机械制造业、化学原料制造业为主；中游城市群以金属冶炼、农副食品加工业为主；上游城市群以计算机通信设备制造业、汽车制造业为主。

上中下游地区产业结构相互融合。从长江经济带整个轻重工业的比重来分析，重工业比重更大；国有企业的比重在上游中最大，在下游中最小；私营企业占比则为中游最高，下游次之，上游最低；下游地区在外商投资企业和私营企业占比上具有明显优势。

上中下游地区受资源要素禀赋差异的影响，各地区优势产业差异明显，互补的可能性强。其中，下游主要集中于电子、化工、电气机械、钢铁、通用设备、汽车等高科技产业、重化工业和装备工业等领域；上游主要集中于矿物采选和加特色农副产品等采掘工业、轻纺工业领域，以及化工、汽车、电子、电气机械等部分装备工业领域；中游则介于下游与上游之间，形成了各自独特的优势产业类型，为上中下游之间的产业分工与合作奠定了坚实的基础。

（三）长江经济带产业分工与合作的问题

区域市场化发展水平低，区域统一的现代市场体系尚未形成。首先，在经济体制的转轨时期，一方面新的体制机制尚没有完全形成，另一方面受到旧的体制机制即计划经济的影响，政府出于本地利益的考量，经常运用行政手段干预市场，比如保护本地、歧视外地非市场化行为，默认垄断经营和垄断市场，使得市场作用的发挥受到限制。其次，长江上中下游地区处于不同的经济发展阶段，使得各地区之间发展方向不同，各地区缺乏共同的目标导向，产业经济要素的过度分散使得其在更大的地域空间中流动的可能性较小，既不利于企业扩大经营规模和跨地区分工合作，也不利于区域统一的现代市场体系建设。

区域产业分工合作政府干预过多问题。随着沿海地区用地、用工、资源成本不断上涨，劳动密集型、资源消耗型、产品内销型企业成为沿江转移的先行军，同时也促成了长江经济带的产业分工合作。在这个过程中，受错误的政绩观影响，一些地方政府仍然存在追求短期效益的行为。尤其是政府干预的手伸得过长，利用土地、税收、补贴优惠等吸引企业。而企业一是由于没有真正做过当地调研，对中西部地区管理与配套环境相对落后的惯性认识导致有转移意愿的企业较少；二是当地政府没有分析企业的所需所想，以及当地的地区、资源、市场优势，双方没有形成有效对接，最后导致企业和政府想的不一致，形成了政府主导的“拉郎配现象”。

区域创新驱动较弱问题。首先，从总体来说，长江经济带的科技创新投入偏低，大多数企业只是简单的扩大生产规模，并没有意识到科技创新不仅是一种研发活动，它更是占据产业链高端位置、获得高附加值的经济活动，许多企业都未考虑到科技创新投入所带来的长远效益；其次，长江经济带区域创新体系不完善，产业技术创新平台建设有待进一步推动，其他一系列存在的问题也制约了长江经济带产业分工合作；最后，长江经济带区域间科技创新资源配置浪费与严重缺乏并存。科研管理问题较突出，科技资源配置存在过度行政化倾向，出现分散、重复、封闭、低效等问题，科研成果难以转化为现实生产力的现象较为普遍。

中心城市主导产业有待优化问题。中心城市的主导产业往往会对区域其他产业起到带动作用，长江经济带区域中心城市高端产业尤其是高端服务业的发育程度不高，只能过分依赖制造业的发展，既严重阻碍了中心城市主导产业的带动作用，不利于区域整体经济的发展，又阻碍了与其他城市的产业互补和产业对接，不利于区域完善经济体系的形成。

区域发展协调体制机制问题。首先，由于长江经济带地域广阔，发展水平差异巨大，给协调管控增加了难度；其次，区域管理的主体多元且复杂、协调难度大；最后，缺乏统一高效、权威的规划与协调的长效机制等问题的存在，使得长江经济带区域协调发展体制机制协调机制过于松散，长江经济带一体化大格局仍没有形成，碎片化、非均衡化发展痕迹十分明显。

第四节 长江流域水利水电发展的成就与不足

一、水利水电发展成就

长江是我国的第一大河，全长 6393 千米，流域面积大概 180 万平方千米，涉及 19 个省（区、市），拥有全国 35% 的水资源、40% 的水能资源，是我国水资源配置的战略水源地、横贯东西的“黄金水道”、电力来源的主要基地，在我国经济社会发展和生态环境保护中占有十分重要的地位。长江流域的水利水电的发展一直备受关注，从新中国成立到今天，长江流域水利水电的发展取得了举世瞩目的成就。

（一）新中国成立到 20 世纪 70 年代——水利水电发展的启动期

新中国成立之初，就确定了“防止水患，兴修水利，以达到大量发展生产的目的”水利建设的基本方针，对于长江流域的开发与治理也由过去的偏重防洪逐渐向综合开发利用的目标发展，为此开掘了许多新河道，修建了大量的水利枢纽工程，治水规模和投入进一步扩大，消除了大的洪涝灾害，而且达到了灌溉、发电等综合利用的显著效果。在这段时期，长江流域水利建设分别兴建了以荆江分洪工程、丹江口水利枢纽工程和葛洲坝水利枢纽工程为重点的大型水利项目。这些工程在一定程度上改善了长江流域的水利水电的发展，但综合看，水利水电的发展较为缓慢，主要还是以防洪为主，工程形式单一，水资源利用率不够，修建的大型水利水电项目不多，技术不够先进，民生水利关注不够，全国大部分地区还是处于电力紧缺的局面。

专栏一　主要水利水电项目

荆江分洪工程

1952 年 3 月，政务院公布了《关于荆江分洪工程的决定》，4 月 5 日荆江分洪工程全面动工。中央人民政府在财政十分困难的情况下投入资金 7150 亿元（旧币），解放军抽调 4 个工程师共 6 万余人参加工程建设，全国各地大力支援，百万军民日夜奋战，以 75 天的惊人速度建成荆江分洪第一期主体工程，包括右岸沙市对面上游 15 千米处的虎渡河太平口进洪闸、黄山头东麓节制闸和分洪区南线大堤等主体工程。荆江河道安全泄洪能力由此得到显著提高，缓解了与上游巨大而频繁的洪水流量不相适应的矛盾。

丹江口水利枢纽工程

该工程是由我国自行勘测、自行设计、自行施工建造的一座具有防洪、发电、灌溉、航运、养殖等综合效益的大型水利工程。它由拦河大坝、水力发电厂、升船机及湖北、河南两座灌溉引水渠四个部分组成。拦河大坝长近 2500 米，坝高 162 米，最大蓄水量 209 亿立方米。发电厂装机总容量 90 万千瓦，年均发电量 40 万千瓦时。升船机可提升裁重 150 吨的驳船。鄂豫两条引丹灌渠，年均引水量 9 亿立方米，常年灌溉耕地 360 多万亩，灌溉效益共 5 亿余元，使鄂西北、豫西南成为商品粮基地。

葛洲坝水利枢纽工程

葛洲坝水利枢纽工程，是三峡水利枢纽工程完工前我国最大的一座水电工程。该工程横跨大江、葛洲坝、二江、西坝和三江，主要由电站、船闸、泄水闸、冲沙闸等组成。大坝全长 2595 米，坝顶高 70 米，宽 30 米；总库容量 15.8 亿立方米；建船闸 3 座，可通过万吨级大型船队；27 孔泄水闸和 15 孔冲沙闸全部开启后的最大泄洪量为每秒 11 万立方米。葛洲坝工程具有发电、改善航道等综合功能，发电厂分为二江电厂和大江电厂，采用低水头径流发电，共装发电机 21 台，总装机容量达 271.5 万千瓦，年发电量 157 亿千瓦时。葛洲坝水利枢纽工程的兴建在科学技术上取得了一系列重大突破，成为兴建三峡工程的实战准备，而且葛洲坝水电站的完工，成功缓解了华中地区电力紧缺的局面。

（二）20 世纪 70 年代末到 21 世纪前十年——水利水电飞速发展期

这段时期，中国迈向改革开放，社会主义市场经济体制初步建立，开放型经济已经形成，经济发展处于高速发展时期，社会生产力和综合国力不断增强，各项社会事业全面发展。开发长江流域也进入了改革开放的新轨道，奠定了长江流域在综合治理基础上开发开放的新格局。兴建了一大批长江支流水利水电工程，仅70年代到80年代，建成了各类水库48000多座，总库容达到1222亿立方米；修建万亩以上灌区工程1853处，有效灌溉面积达8580万亩；固定机电排灌站20万处，装机容量800万千瓦，排灌面积9058万亩；建成配套机井52500眼，井灌面积达88万亩；建成大中型水电站装机总容量115万千瓦，加上小型水电站装机容量1860万千瓦，每年的发电量大概在788亿千瓦时。20世纪80年代到21世纪前10年，长江流域的水利水电事业达到高峰，不仅建成了三峡工程，还建立了二滩电站。在这段时期，我国的水利水电有了较大的发展，防洪水平有了很大的提高，水利水电工程形式多样化、投资大、规模大，所采用的水利项目技术先进，民生水利发展快速，使我国成为世界上水电建设规模最大、发展速度最快的国家，走在了世界水电建设的前列。

专栏二　主要水利水电项目

二滩电站

该电站于1991年9月开工，1998年7月第一台机组发电，1998年有两台机组先后投产发电，1999年全部投入运转，2000年完工，是中国在20世纪建成投产最大的电站。二滩电站总装机容量为330万千瓦，6台55万千瓦水能发电机组，每年发电量大概170亿度。水电站最大坝高240米，水库正常蓄水位1200米，总库容58亿立方米，调节库容33.7亿立方米。该工程以发电为主，兼有其他等综合利用效益。

三峡工程

三峡工程是中国也是世界上最大的水利枢纽工程，是治理和开发长江的关键性骨干工程。三峡工程水库正常蓄水位175米，总库容393亿立方米；水库全长600余千米，平均宽度1.1千米；水库面积1084平方千米，三峡电站安装32台70万千瓦水轮发电机组和两台5万千瓦水轮发电机组，总装机容量2250万千瓦，年发电量超过1000亿千瓦时，是世界上装机容量最大的水电站。三峡工程的完工，使得三峡地区首先形成我国最大的能源基地，并以此为核心，在附近形成了冶金、化工等耗电大的工业基地，带动长江流域经济的全方位启动。三峡工程具有防洪、发电、航运等巨大的综合效益，以其巨大的建设规模、巨大的资金投入，以及所采用的当今世界上的最新技术，给长江经济带的农业、建筑业、材料工业、机械电气制造业、电子信息业、化工业、旅游业等提供一个广阔的市场机会，促进了长江经济带的发展。

（三）2010～2015年——水利水电发展转型期

这一时期，党中央出台了《中共中央国务院关于加快水利改革发展的决定》，习近平总书记对国家水安全提出了“节水优先、空间均衡、系统治理、两手发力”的新时期治水方针，全社会对水安全的认识达到新的高度、对水利发展的投入达到新的规模，水利水电的发展进入了一个新的历史阶段。近年来，长江流域在防洪减灾、水资源的开发利用、节水增发电量三个方面都取得了相当大的进展。在防洪减灾方面，全面加强了干支流堤防、蓄滞洪区、防洪水库的建设，推进了干支流河道、重要湖泊、山洪灾害的综合治理，不断强化了重点地区排涝和防洪排涝非工程设施建设。在水资源开发利用方面，实施了重点水源工程和水资源调配工程建设，基本形成了以大中型骨干水库、引水、提水、调水工程为主体的水资源配置体系，水资源调配能力显著增加，供水安全保障程度全面提高，使得长江流域的重点地区和重要城市水资源供需矛盾得到了有效缓解。节水增发电方面，通过采取科学调度、精细管理等措施将本来要从泄洪渠道下泄从而被浪费掉的水用于发电，尤其是三峡集团深入开展梯级电站联合优化调度和中小洪水资源化利用，统筹安排机组检修和水库蓄水，葛洲坝、三峡、溪洛渡、向家坝四大水电站82台机组全部安全稳定运行，2015年累计节水增发电量115.4亿千瓦时，避免了无益的弃水，充分利用水资源、降低发电耗水率，从而提高了水能利用率。

二、长江流域水利水电发展的不足

经过七八十年的开发与治理，长江流域洪、涝、旱灾害基本得到了控制，抗御一般灾害的能力也有所提高，在水利、水电、航运和水产等方面都取得了较大发展。但是，长江经济带洪涝灾害仍然频繁发生，水资源供需矛盾依旧在加剧，水利设施薄弱仍然是长江经济带发展的短板。随着“依托黄金水道，建设长江经济带”国家发展战略的深入实施，长江流域水利方面仍然还存在很多不足之处。

（一）水利基础设施不完善，防洪体系不够健全

虽然长江流域已基本形成了以堤防为基础、三峡水库为骨干，其他干支流水库、蓄滞洪区、河道整治工程及防洪非工程措施相配套的综合防洪体系，但是，长江防洪体系仍存在诸多薄弱环节，主要表现在：长江中下游河道安全泄洪量与长江洪水峰高量大的矛盾仍然突出、长江中下游干流河道局部河势调整加剧、支流湖泊堤防没有建设达标、山洪灾害威胁严重、城市和重点区域排涝能力较低等。水资源综合利用体系仍然需要健全，部分区域的水资源供需矛盾比较突出、水资源利用率普遍不高、有效灌溉面积不足、跨流域调水任务繁重、水能资源开发与生态环境保护矛盾凸显。

（二）水利发展不平衡、不协调

不同地方的水利发展处于不同的发展阶段，比如长江经济带东部大部分地区已经处于水利现代化阶段而中西部地区却还处于水利发展阶段。城乡之间水利发展不平衡、不协调的问题也十分突出，尤其是在防洪减灾、饮水安全、水环境等方面。总体来看，长江水量总体充沛、产水与补水能力强，水质状况、水生态环境总体良好，但流域局部地区却存在水质性缺水、工程性缺水，部分湖泊、干流沿岸城市水域以及部分支流水质污染严重、上中游地区水土流失面积巨大、珍稀水生生物濒危程度加剧。而且随着废污水排放量的增加，部分水域污染物入河量已超过水功能区纳污能力。水利发展区域之间的不平衡、不协调，严重阻碍了长江经济带的发展。

（三）水利管理体系不健全

水利法律体系在结构上存在一定的缺失，依法治江并不到位，水行政审批改革、监督执法、水利综合执法仍然有待加强。水利规划体系不完善，水利规划有序编制和定期修订机制到目前仍未建立。水利管理能力不够强，在管理设施、信息化建设、科技支撑、人才队伍建设方面仍有待改善。管理体制机制也不健全，缺少跨部门跨区域协调机制，而投入机制、公众参与机制、信息共享机制与补偿机制也有待改进。水管理制度不完备，控制性水利水电工程联合调度管理制度、控制断面监督管理制度、规划水资源论证制度仍有待建立。

（四）水资源总体开发利用率低

水资源开发利用率是维护河流健康的重要指标，应控制在合理范围内，既要满足经济社会发展需要，维持健全的供水、灌溉等诸多为人类服务的功能，同时又应在水资源承载能力范围内。从长江水利发展现实看，目前长江流域水资源及水能资源开发率，无论与国内其他流域相比，还是与世界发达国家相比都很低。长江水资源总体开发利用率不高，同时又存在部分地区无序开发、过度开发、低水平开发的现象，导致一系列生态环境、水库移民问题和已建工程对河流生态系统叠加累积影响凸显。

第五节　长江经济带旅游资源及其发展轨迹

一、长江经济带旅游资源概述

长江经济带地处30°N附近，横跨我国东、中、西部三大地理阶梯，完整地经历了从沿海到内陆的演变过程，旅游景观富于变化，拥有全球同纬度地区最为丰富的地貌景观；同时，区域内是中华文明的发源地之一，拥有多元的历史文化，是我国乃至世界重要的山水人文景观和自然文化遗产分布区（见表 16－2）。

表 16－2 长江经济带各类自然和文化保护地概况（截至 2015 年底）

类型	数量	占全国比例（%）
世界遗产地	22 处（世界文化遗产 12 处，自然遗产 8 处，双重遗产 2 处）	45
国家自然保护区	114 处	44
国家风景名胜区	125 处	44
国家森林公园	315 处	42
国家湿地公园	137 处	48
国家历史文化名城	52 处	41
国家重点文物保护单位	1556 处	36

区域内有黄山、九华山、天柱山、庐山、井冈山、衡山、武当山、峨眉山、青城山、张家界、神农架等奇特山地景观资源；有鄱阳湖、洞庭湖、太湖、巢湖、洪泽湖等多样的湖泊景观。并且长江上、中、下游景色各异，上游水急滩多，峡谷成串；中游曲流发达，湖泊星布；下游江阔水深，一马平川，精彩纷呈的自然景观对游客具有很强的吸引力。

良好的自然环境还给长江经济带带来了丰富的生物景观，区域内拥有大熊猫、中华鲟、白鳍豚等珍稀保护动物。每年仅在洞庭湖栖息的鸟类就达到 158 种，其中被列入国家一级重点保护的鸟类有 6 种，二级重点保护的有 26 种，世界级濒危物种的有 6 种。这些丰富的生物景观也为长江经济带旅游增添了吸引力。20 世纪 90 年代初，亚运会在我国召开，吉祥物盼盼掀起了一股熊猫热，当时，去四川看熊猫成为一股新的旅游热潮，助推了旅游业的发展。

长江经济带还有众多的文物古迹。历史文化名城方面，区域内拥有六大古都中的南京、杭州；古建筑方面拥有黄鹤楼、滕王阁、岳阳楼三大名楼和苏州园林；从古遗址看，有湖北、四川一带的战国楚文化遗址，湖北的三国古战场遗址，四川的自贡恐龙遗址、广汉青铜文化遗址；从文化方面看，区域内有巴蜀文化、荆楚文化、徽文化、吴越文化，涵盖多元的历史文化，在民族习俗上，黔东南、滇西北的少数民族地区，古徽州地区对民族习俗保存的较为完整。这些源远流长的历史文化古迹反映了我国灿烂的文化，对中外游客有很强的吸引力。

长江经济带还是我国最大的城市景观集聚地，区域内拥有被誉为世界第六大城市群的长江三角洲城市群以及长江中游城市群、成渝城市群，有上海、杭州、南京、合肥、武汉、重庆、成都等 27 个各级中心城市。这些城市是中国发展的窗口，体现了中国经济发展的历程，见证了我国改革开放以来所取得的重大成就，城市景观发生了重大改变，基础设施不断完善，服务水平不断提高，建立起现代化的大都市，成为了都市旅游的目的地。而且城市居民收入普遍较高，旅游的需求比较旺盛。这既增加了长江经济带的旅游资源，又为长江经济带旅游的发展提供了客源。

长江经济带旅游资源不仅丰富，还具有旅游资源集中的优势。以杭州市为例，围绕西湖，方圆 6 平方千米分布了 40 余处的风景名胜和 30 多处的文物古迹。同样在太湖风景区，沿湖分布有无锡山水、苏州园林，古吴遗迹、宜兴溶洞等独具特色的景观。比起旅游资源的单独分布。这种集中的旅游资源可以让游客有更多的选择和体验，对游客的吸引力无疑更强。

此外，长江经济带的旅游资源还有很强的互补性。从上游到下游，旅游资源实现了从山水景观为主向人文景观为主的转变。在上游和中游主要分布了以峨眉山、神农架、长江三峡等为代表的山水景观以及与这些山水相结合的人文景观；下游地区旅游资源主要集中在都市景观和江南水乡园林景观上，这样就避免了景观的雷同。这种互补性的资源分布，使得同一客源在不同的地区能感受到不同的景观特征，从而为长江经济带旅游资源整体开发奠定基础。

二、长江经济带旅游业发展轨迹

旅游业与其他产业高度融合，具有综合带动的功能。旅游业的发展通常可以提升传统产业，带动新兴产业。所以从早期的长江流域开发到现在建设长江经济带，旅游业都是长江沿线各省市开发的重点。2014 年，国务院在《关于依托黄金水道推动长江经济带发展的意见》中强调充分发挥长江沿线各地独具特色的历史文化、自然山水和民俗风情等优势，打造旅游城市、精品线路、旅游景区、旅游度假休闲区和生态旅游目的地，大力发展特色旅游业，把长江沿线培育成为“国际黄金旅游带”，将旅游业视为推动长江经济带区域一体化发展的主导产业之一。从区域内各省重点开发产业到现在区域一体化发展的主导产业，长江经济带旅游业的发展大致经历了以下的发展历程：

（一）改革开放初到 20 世纪 90 年代初期：以资源为导向，发展观光旅游

改革开放到 90 年代初期，我国旅游业发展逐步突破了新中国成立以来的外事接待模式，在国民经济中的地位逐渐得到重视。这一时期，长江经济带各省市都开始充分发挥自身旅游资源丰富的优势，发展旅游业。观光旅游是这一时期区域内各省市旅游发展的主要形式，各省市通过自己独特的风景名胜、人文古迹、

城市美景以及风土人情来吸引游客前来观光游览。此时旅游产品大多是浅层次开发，比较单一，主要就是观光接待，游客在各个景点之间走马观花成为一种常态，旅游业带来的经济收入相对较低。

这一阶段长江经济带旅游业发展还有一个显著的特征是以入境旅游业务为主，国内旅游几乎停滞不前。当时发展旅游业发展主要就是为了赚取外汇，所以相关涉外饭店、旅游商店、餐馆得到了较大的发展，旅游外汇收入也得到较大的提高。

长江经济带旅游业经过这一阶段的发展，旅游基础设施不断完善，吃、住、行、游、购、娱六大要素基本形成，一批旅游景点、景区不断成熟，接待能力不断加强。在景区的管理上，新设立的黄山市统管黄山风景区，为区域内其他管理体制不顺的景区提供了统一管理的典范。随后峨眉山风景区效仿，进一步为旅游风景区的管理提供了新的思路。

（二）20 世纪 90 年代初到 21 世纪初：以市场为导向，注重产品开发

随着改革开放的不断深入，1992 年我国提出发展市场经济，长江经济带旅游业的发展也迎来了蓬勃发展的新局面。国内旅游进入上升期，1995 年长江经济带国内旅游收入仅为 1100 亿元，2005 年达到了 6100 亿元，10 年涨了 5.5 倍，打破了长期以来以入境旅游业务为主的局面，使得长江经济带旅游业的发展真正摆脱了外事接待的模式（见图 16－2）。

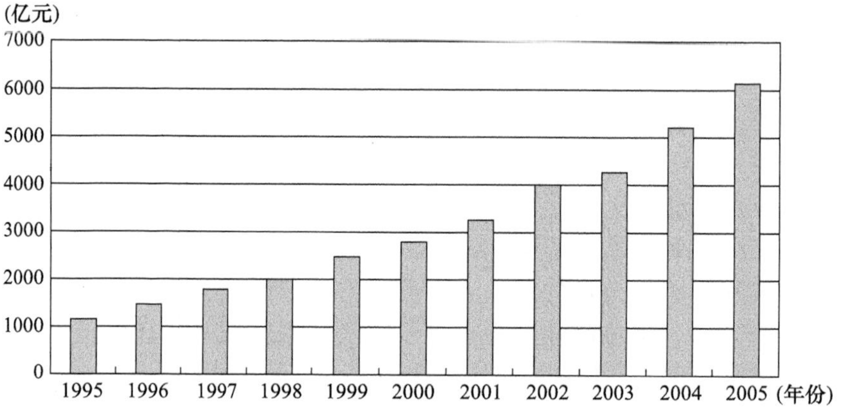

图 16－2　长江经济带国内旅游收入

资料来源：长江经济带十一省市 1996～2006 年统计年鉴。

由于市场经济的发展，旅游业的竞争越来越大，传统的观光旅游产品已经难以满足游客的需要。这一时期，区域内各省市为了提升自身旅游业的竞争力，根

据市场的需求变化，注重对资源的深度开发，不断推出新的产品类型。以山水风光、文物古迹、民俗风情观光为主的传统旅游产品更加注重深度开发。度假、商务、会议、修学等新的旅游产品不断涌现，特别是根据消费者对度假旅游产品的需求，区域内各省市依托境内国家级和省级度假区，开发了一批度假旅游新产品，形成一批环城市旅游度假带。

这一阶段长江经济带的旅游业得到了较大规模的发展，产业地位得到提升，区域内省市大多将旅游业确定为重点产业，视为国民经济新的增长点。同时，区域内旅游市场初步形成，旅游产品结构与市场结构呈现多元化的特征，外资、民间资本等多种形式资本进入。面对市场化程度较高的旅游业，区域内各政府开始探索市场经济下对旅游业的规范管理。安徽颁布了地方性《旅游管理条例》，重庆市对重点景区、景点实行统一规划。这些措施规范了旅游市场秩序，保证旅游业健康有序发展。

（三）21 世纪初至今：以形象为导向，突出旅游地特色

21 世纪初，长江经济带旅游业的发展在经历了以资源为导向和以市场为导向两个阶段后，受旅游地形象为导向的新规划思想的影响，走向以旅游地形象为导向的新的发展阶段。区域内各省市根据各自旅游资源的特色，设计旅游地的形象，并通过电视、网络等媒介加强宣传。

表 16－3　长江经济带 11 省市旅游形象宣传口号

上海	发现更多，体验更多
江苏	山秀水灵，古韵今辉
浙江	诗画江南，山水浙江
安徽	美好安徽，迎客天下
江西	风景这边独好
湖北	灵秀湖北欢迎你
湖南	锦绣潇湘，快乐湖南
重庆	大山大水不夜城，重情重义重庆人
四川	天府四川，熊猫故乡
贵州	奇山秀水，多彩贵州
云南	多彩云南，旅游天堂

资料来源：根据各省市旅游局网站整理。

由表 16－3 可以看出，长江经济带各省市旅游形象上存在着明显的区域差异，各省市通过发掘自身旅游资源的特色，塑造独特的旅游地形象，吸引潜在的

客源群体，促进区域旅游和谐与可持续发展。这一时期，不仅区域内各省市注重旅游形象塑造，各景区景点也开始挖掘自身特色，打造自身良好的形象。比如：周庄的“中国第一水乡”；武当山风景区的“问道武当山”，“养生太极湖”；黄山的“感受黄山，天下无山”等。这些口号都凸显了景区的特色，取得了较好的效果。

三、近年来长江经济带旅游资源区域整合发展的探索

长江经济带从改革开放以来旅游资源的整合发展主要是在各省市内部进行，省际之间合作相对比较少。近年来在国家的推动下，以及长江经济带自身提升旅游业竞争力的要求，区域内各省市就旅游业整合发展做出了一些有益的探索。2009 年，《国务院关于推进重庆市统筹城乡改革和发展的若干意见》指出依托三峡工程、三峡文化和三峡生态长廊，构建长江三峡国际黄金旅游带，涉及的重庆和湖北两省市以此为框架，在旅游产品、旅游景点等方面展开合作。

2012 年，鄂湘赣三省签署了旅游合作协议，在合作机制、旅游规划、市场促销等八个方面取得了初步成果。此后连续 3 年，三省每年都有新的主题推动旅游跨省协同发展。

2014 年 5 月，长沙、合肥、南昌、武汉签署旅游合作协议，在旅游合作机制、产品开发、旅游营销、区域旅游公共服务体系、区域旅游人才交流等方面展开合作。

2014 年 9 月，国务院在《关于依托黄金水道推动长江经济带发展的意见》中强调把长江沿线培育成为“国际黄金旅游带”，促进区域内资源整合，实现旅游业的整体发展。

2016 年 3 月，在长江中游城市群省会城市第四届会商会上，武汉、长沙、合肥、南昌 4 市签订旅游合作协议，确定推进 4 市旅游年卡“融合”，实现“一卡在手、玩转四城”。同时，围绕 2.5 天旅游方式，共同打造旅游精品线路。这些对区域内旅游资源整合发展的有益探索，对未来长江经济带旅游业发展将是有益的启示。

第六节　合作机制沿革

有效推进长江经济带开发和发展，关键在于构建规范有序的区域经济合作机制并制度化其合作机制。长江经济带覆盖 11 个省市，横跨我国东、中、西部三

大流域性城市群，即长三角城市群、长江中游城市群和成渝城市群，而这三大城市群区域的合作发展由来已久，其合作机制也各有特色。下面笔者将分别梳理长江经济带三大流域性城市群的区域合作机制演变历程。

一、长江三角洲城市群的区域合作机制沿革

长三角城市群的区域合作机制伴生于各个阶段颁布的政策和法律法规，而这些政策工具和法律法规的形成必然涉及一个历史的发展过程。下面，我们将从长三角经济发展历程的角度来梳理其区域合作机制沿革。

（一）改革开放至20世纪80年代末，上海经济区成立

1982年，国务院发出《关于成立上海经济区和山西能源基地规划办公室的通知》，决定成立"上海经济区"。并于1983年初成立"国务院上海经济区规划办公室"，标志着带有探索实验性质的长三角城市群区域合作第一次真正启动。1986年通过《上海经济区章程》，构建起相对完整的合作框架。但由于经济区发展规划难以正常启动，上海经济区于1988年撤销，长三角经济圈合作的第一次实验，最终以失败告终。[①] 该次实验虽然不成功，但对长三角地区的区域经济合作的积极作用不可磨灭。上海经济区的成立促进了江浙地区的经济发展，江苏、浙江的乡镇企业与上海的国有企业开展了多种形式的横向经济联合。此外，上海经济区也为浙江、江苏和上海不同所有制企业之间的非正式制度的经济技术联系提供了制度屏蔽和合法依据，在这一框架下，利用各种民间的正式和非正式渠道，对长三角区域内部的技术转移和产业区域转移做出了突出的贡献。因此，该次实验为长三角城市群区域内的产业联合拉开了序幕。

（二）20世纪90年代初至21世纪初，成立长三角城市经济协调会

随着改革开放的深入，上海产业链向周边地区延伸，产业不断向周边城市转移，市场开放度也增大，长三角各城市要求进一步合作的呼声越来越高，加强经济交流的愿望也越来越强烈，经过各城市政府的相互协调，于1992年成立长三角14个城市协作办主任联席会。1997年，长三角15个城市通过平等、自愿的原则成立了长江三角洲城市经济协调会。在2003年形成了"15+1"新格局，真正意义上的经济圈概念以及城市群概念开始形成。在这个阶段，长三角城市群间的区域合作主要集中于各种专项领域的合作，如交通、生态环境治理、港口规划等，而交通领域的合作更为深入。

（三）21世纪初至今，国家战略层面的合作

2007年5月15日，长三角地区协调发展座谈会在上海召开。国务院总理温

---

① 于宁等．长三角报告（2004）［M］．北京：中国社会科学出版社，2004.

家宝亲自参加，十几个中央部委领导和江浙沪的领导悉数出席。随后，被称为长三角“八大”的峰会召开，这是长三角区域两省一市的首次协调会。2008 年 8 月 6 日，国务院常务会议审议通过了《关于进一步推进长江三角洲地区改革开放和经济社会发展的指导意见》（以下简称《意见》），9 月 16 日国务院颁布全文。《意见》要求两省一市和国务院各部门加强合作，积极探索新形势下管理区域经济的新模式，坚持政府引导、多方参与，以市场为基础、以企业为主体，进一步完善合作机制，着力加强基础设施建设、产业分工与布局、生态建设和环境保护等方面的联合和协作。① 2010 年 5 月 24 日国务院批准实施了《长江三角洲地区区域规划》，这是我国首个跨省区的区域规划，对长三角地区合作机制的构建及重大合作问题的解决起到了纲领性的指导作用。2014 年，出台了《国务院关于依托黄金水道推动长江经济带发展的指导意见》，首次明确了安徽作为长江三角洲城市群的一部分，做出了长三角地区一体化发展的指示。2015 年 12 月 3 日，长江三角洲地区三省一市主要领导座谈会在合肥举行。2016 年 5 月 11 日，国务院常务会议通过《长江三角洲城市群发展规划》。

（四）长三角区域合作机制评判

目前，长三角城市群的区域合作机制主要有三个层次：第一是长三角区域省市主要领导的不定期会晤，已确定了能源、环保、交通、科技等合作专题；第二是每年召开一次经济合作与发展座谈会，由常务副省（市）长牵头，以项目推进的形式分专题开展具体工作；第三是定期召开长三角城市的市长联席会议制度。这些机制取得了一定成效，推动了长三角地区在信用体系建设、跨区域金融合作、金融市场开放、外汇资金流动便利化等方面取得实质性突破。

长三角区域合作机制的不足之处：一是缺乏实施机制和政策。作为跨省级行政区之间的规划，缺乏实施机制；而作为长三角地区的各部门，缺乏经常性业务沟通。二是区域合作规划程序机制有待健全。区域合作规划编制与实施的程序机制尚不成熟、不完备，在规划衔接制度、审批制度、公布制度、备案制度、实施反馈机制、评估论证机制、规划修编机制、实施监督机制、实施责任机制、利益补偿机制等方面都存在亟待完善之处。三是区域规划的法律基础存在缺位。现行法律对省际之间规划的编制主体、内容、编制实施程序等没有明确统一的要求，缺乏明确而直接的法律基础，使规划内容、规划的地位、规划的编制主体、规划的编制程序、规划的实施机制等关键要素都缺乏法律上的依据。

① 国发〔2008〕30 号：《国务院关于进一步推进长江三角洲地区改革开放和经济社会发展的指导意见》。

二、长江中游城市群区域的合作机制

“长江中游城市群”最初是湘鄂赣三省联手谋求全国区域发展新增长极，以武汉城市圈、环长株潭城市群、环鄱阳湖城市群等合作打造的国家规划重点地区，又称“中三角”。之后，安徽进入长江中游城市群阵营，长江中游城市群又称为“中四角”。长江中游城市群的区域合作机制，笔者将从三大合作主体角度进行梳理，即政府、企业和非政府组织角度。

（一）政府间建立了多层次的联席会议制度

省际联席会议制度。2012 年 2 月，湘鄂赣 3 省在武汉签订《加快构建长江中游城市集群战略合作框架协议》，建立了 3 省高层间的省际联席会议制度，3 省党政主要领导轮流作为召集人，每年定期召开一次省际联席会议。2015 年 4 月和 5 月，湖北省分别与湖南省、江西省签署《长江中游城市群战略合作协议》，决定建立会商决策机制、协调推动机制和执行落实机制。

市际联席会议制度。2013 年 2 月，长江中游城市群省会城市首届会商会议在武汉举行，4 省会城市负责人共同签署了《武汉共识》，确立了市际联席会议制度，商定每年以解决一两件大事为主题召开一次联席会议。第二届会商会签署并发布了《长沙宣言》，约定完善联席会议制度，建立重大项目调度机制。第三届会商会发布了《合肥纲要》，提出建立“长江中游城市群四省会城市合作协调会”，下设秘书处。

部门联席会议制度。在省际部门间，2012 年 2 月以来，先后有交通、旅游、商务、经协等 10 多个部门签署了省际间合作协议，建立了省级部门间联席会议制度。在市际部门间，在省会城市首届会商会中，长沙、南昌、合肥、武汉 4 市的宣传、经信、教育、科技等 11 个部门分别签署了合作协议，建立了部门联席会议制度及信息交流、规划对接等工作机制。2014 年 12 月，4 省会城市签署了《长江中游城市群暨长沙、合肥、南昌、武汉住房公积金异地使用合作协议》。2015 年 4 月，4 省会城市就 4 市人力资源合作、城镇职工基本医疗保险异地就医即时结算等内容达成共识并签署合作协议。

（二）企业间开展了多样化的互助合作

2012 年 2 月，“中三角商务网”精彩上线。2012 年 4 月，中国中部“中三角”演艺联盟暨武汉地区演出院线联盟在武汉成立。2012 年 9 月，湘鄂赣 3 省商务厅和中企万盟国际集团在武汉联合主办“中三角”中美企业投资并购对接会。2013 年 1 月，中部传媒合作与发展论坛暨中部传媒战略合作协议签字仪式在武汉举行，共同签署了《中部传媒战略合作协议》。2013 年 4 月，湘鄂赣皖 4 省 10 家城市商业银行在武汉签署了《战略发展业务合作协议》。2014 年 11 月，首届长江中游城市群4省会城市联合招聘专场活动在武汉科技会展中心举行。2015年2月，长江中游城市群省会城市第三届会商会增设企业家交流会，在4市企业间搭建起沟通的桥梁。

（三）非政府间组织开展广泛合作

商会方面：湘鄂赣皖4省间相互设有异地商会，如湖北省湖南商会、湖南省江西商会、江西省湖南商会等，对于推进各省的交流与合作发挥了积极作用。2014年3月，长江中游城市群商会合作交流会开幕式在长沙举行，共同签署《长江中游城市群四省会城市商会合作协定》。

行业协会方面：2013年4月，长沙、合肥、南昌、武汉4市餐饮协会在武汉签署《长江中游城市群暨长沙、合肥、南昌、武汉餐饮行业协会合作协议》。2014年5月，湘鄂赣皖4省的308家旅行社集结成中三角旅行社联合体大联盟，共同推出了涵盖4省主要旅游景区的35条优惠旅游线路。

学术性组织方面：2012年5月“长江中游城市集群发展论坛”在湖北经济学院开幕。2012年7月，中国企业家论坛2012年夏季高峰会在湖北武汉召开，峰会发布了“关于‘中三角’成为国家战略的倡议”。2013年10月，长江中游城市群首届法治论坛在武汉成功召开。2014年10月，2014年中国区域科学协会年会暨“推动长江经济带建设为核心——创新、集聚与区域发展”主题研讨会在武汉举办，并举行了首届中国长江经济带发展论坛。2015年4月，由中国社会科学院与湖北省政府共同举办的长江论坛在武汉东湖宾馆举行。

（四）长江中游城市群合作机制存在的主要问题

国家层面协调支持力度不够。跨省市的合作离不开国家层面的协调和支持。由国家发改委牵头编制的《长江中游城市群发展规划》虽已颁布，但在国家层面仍存在两个问题：一是缺乏国家层面的协调机制；二是缺乏配套资金和政策支持。

非政府组织作用未充分发挥。湘鄂赣皖4省政府没有给非政府组织参与城市群合作提供足够的支持，对其作用缺乏足够的认识。非政府组织自身也存在缺乏纪律规范，功能定位不够清晰的问题，一些非政府组织背离了非营利性的基本特征，影响其在政府和企业间桥梁作用的发挥。

合作保障机制不完善。一是缺乏有效的激励与约束机制。长江中游城市群现有合作机制中，缺少“奖优惩劣”的相关制度设计，没有明确激励机制与约束机制的执行机构和执行方式。在区域合作中还存在政府不作为、乱作为、过度行政干预等问题，一定程度上影响了合作进程。

二是利益共享与补偿机制尚未建立。区域合作中的利益共享补偿机制涉及内容广泛，包括利益补偿方式手段，利益补偿内容、范围、对象、标准，利益补偿基金筹集渠道，利益补偿实施等方面的制度安排。当前长江中游城市群合作利益共享补偿机制尚未建立，存在合作制度的真空。

三是政府绩效考核机制不够健全。政绩考核没有把“合作绩效”指标纳入考核范畴，对省直部门之间、市政部门之间参与中部城市群的合作缺乏合作绩效考核的程序规范和法律依据。

当前，长江中游城市群合作机制大多仅停留在磋商阶段，尚未上升到制度层面，更没有形成一套完整的合作机制体系。

三、成渝城市群的区域合作机制沿革

（一）合作历程

2004 年 2 月，川渝签署《关于加强川渝经济社会领域合作共谋长江上游经济区发展的框架协议》和交通、旅游等六方面协议，川渝合作进入新阶段。2007 年 4 月，川渝签署《关于推进川渝合作共建成渝经济区的协议》以及交通、旅游、工业等部门的合作协议，进一步确立川渝合作的总体框架。同年 6 月，国务院正式批准在成都市和重庆市设立国家综合配套改革实验区。10 月，川渝两省市相关部门和涉及区县举行“首届川渝毗邻地区合作互动工作座谈会”，签署《川渝毗邻地区合作互动框架协议》和《川渝毗邻地区合作互动工作协调机制》。2011 年 4 月，包括安岳县、璧山县、简阳市、乐至县、龙泉驿区等在内的 7 个县区自发成立“成渝直线经济联盟”。2014 年 3 月，《国家新型城镇化规划（2014～2020 年）》公布，明确提出加快培育成渝城市群。7 月，成都海关与重庆海关在成都签署《区域通关合作备忘录》。9 月，《国务院关于依托黄金水道推动长江经济带发展的指导意见》明确提出，提升成渝中心城市功能和国际化水平。2016 年 3 月 30 日，国务院常务会议通过《成渝城市群发展规划》，规划强化重庆和四川地区辐射带动作用为基础，以创新驱动、保护生态环境和夯实产业基础为支撑，建设引领西部开发开放的城市群，形成大中小城市和小城镇协同发展格局。

（二）合作机制特色

成渝城市群的区域合作机制体现出多层次、多主体和多样化的特征。

政府层面：合作机制主要体现在签订的协作框架协议里。近几年，关于川渝合作的各种会议规格之高、数量之大，前所未有。

产业层面：2006 年 6 月在重庆举办“川渝产业合作论坛”，10 月在遂宁举办川渝商会组织的企业家为主体“泛成渝经济圈商会合作峰会”等。产业的合作加快了两地人流、物流、技术流的互动和共同发展。

市场层面：成渝两地由于资源禀赋、经济结构的差异而形成的经济的互补性使两地市场互补，如成都是重庆汽车、摩托车制造业的巨大市场，重庆汽车工业与川东有很强的配套关系，而四川则是电子信息、核电工业、航空航天的科研设计制造龙头。

企业层面：成渝两地经济和经贸活动活跃。据不完全统计，2001 年以来，重庆在四川的投资额达百亿元，在全国各省市中居第二位。四川有 23 万人，11 个城市参加了以重庆为龙头的重庆经济协作区，合作项目 3650 个，相互引资达 260 多亿元，商贸流通额达 200 亿元，双方企业进入对方拓展发展空间的速度也不断提速。川渝合作已经从学者研究、政府主导向企业主体、民间互动和企业互动不断深化。

（三）合作机制问题

一是市场机制力量不足，利益协调困难。成渝地区是老工业基地，国有企业比重高，改革难度较大，受计划经济影响较深，导致行政干预较重，严重制约了以市场机制为核心的自组织机制力量的发挥。表面上的合作谈了很多，并达成一系列合作协议，但一旦进入具体合作事宜就会遇到利益协调问题，而利益协调往往比较困难，费时费力。

二是产业分工不合理，产业专业化协作程度低。由于成渝城市群区域内中央所属大企业多、国有企业多、国防科技企业多，在行政隶属关系的分割下，造成企业之间横向联系薄弱、产业链条尚不完善，聚集效益没有得到充分发挥。而且由于产业分工不合理，区域产业协作不密切。

三是没有建立起有效的资源利用、保护机制和资源补偿长效机制。成渝经济区具有独特的生态区位，是长江上游生态屏障的重要组成部分。由于该区域的生态环境状况、生态环境质量直接关系到三峡库区生态以及长江中下游地区能否可持续发展，而生态环境的保护和建设必须建立保护机制和资源补偿机制。

四、小结

长江经济带三大流域性城市群的区域合作主要是通过市场机制来分配利益，并且都没有建立合理有效的利益补偿机制，但他们合作的动力机制和协调机制各不相同。长三角城市群主要依靠市场力量为动力，推动地方政府经济合作，实行决策层、协调层和执行层三级运作，统分结合的协调机制。长江中游城市群产业水平接近，区域经济竞争压力较大，其合作的动力机制主要是国家政策资源，通过建立的每年一度的会商会议制度来协调其利益冲突。而成渝城市群，存在双核经济同构的现象，区域内竞争大于合作，该区域的合作动力机制是国家区域战略规划，没有建立整体的协商机制。

第十七章　新常态下长江经济带开发的新思路与新举措

第一节　指导思想与开发理念

长江流域经济—社会—生态系统完整，是中国国土空间开发最重要的东西轴线，在区域发展总体格局中具有重要战略地位。实施长江经济带发展战略，是党中央国务院准确把握时代变革大趋势，主动适应和引领经济发展新常态，科学谋划中国经济新布局，做出既利当前又惠长远的重大决策部署。

新常态下长江经济带开发要认真贯彻落实党的十八届五中全会精神和习近平总书记关于长江经济带发展的重要讲话精神，牢固树立“创新、协调、绿色、开放、共享”的发展理念：坚持走生态优先、绿色发展之路，着力打造“一道两廊三群”，即建设绿色生态廊道、综合立体交通走廊和现代产业走廊，发展沿江三大城市群；处理好长江航运建设与生态环境保护的关系，产业转移合作与人口和资源环境相协调问题，在整治航道、利用水资源、控制和治理沿江污染、推动通关和检验检疫一体化等方面，充分发挥协商合作机制作用，推动长江经济带发展迈上新台阶。

第二节　遵循的方针与原则

一、科学规划与市场机制相结合

作为推动长江经济带建设的重要战略举措，国务院及有关部委先后批复了

《长江三角洲地区区域规划》（2010）、《成渝经济区区域规划》（2011）、《关于依托黄金水道推动长江经济带发展的指导意见》（2014）（以下简称《指导意见》）、《长江经济带综合立体交通走廊规划（2014～2020年）》（2014）、《长江中游城市群发展规划》（2015）、《关于建设长江经济带国家级转型升级示范开发区的实施意见》（2015）、《长江经济带发展水利专项规划》（2015）、《长江经济带创新驱动产业转型升级方案》（2016）、《长江经济带发展规划纲要》（2016）、《长江经济带生态环境保护专项规划》、《成渝城市群发展规划》、《长江三角洲城市群发展规划》等。一系列规划的相继出台，意味着长江经济带建设进入实质性启动阶段。

长江经济带建设要以科学规划为前提，但是，对一些公共资源、基础设施的管理，还需引入市场机制，通过"看不见的手"实现区域资源的最优配置，充分发挥企业跨区域组织资源的作用。科学规划与市场机制相结合，不仅能解决东部地区的转型升级、西部地区的经济增长等问题，还可以推进整个长江流域的生态环境保护。当前，只有打破区域性市场壁垒，实施统一的市场准入制度和标准，推动劳动力、资本、技术等生产要素在城市群之间的自由流动和优化配置，才能在保证各城市群利益最大化的前提下，使得生产要素和产业结构在城市群之间得到优化配置，激发整个长江经济带的市场活力，为打造中国经济升级版提供坚实的市场基础。尤其是在微观运行区域，政府应少加干预，充分发挥企业的主体地位和作用，促进全流域统一市场的形成。

二、生态保护与经济效率相兼顾

中国经济在经历了高速与超高速的增长之后，环境和生态系统承受的压力越来越大。在中国经济进入中速增长的新常态时期，环境与经济发展之间的矛盾越发尖锐。沿海发达地区一方面面临着环境承载力的约束，另一方面面临着经济转型的压力。新一代领导集体审时度势，把生态文明建设提到了前所未有的高度。习近平总书记关于"绿水青山"与"金山银山"的论断，富有辩证法思想，体现了三个层次：第一是生态与经济发展能够统筹兼顾，我们既要绿水青山，也要金山银山；第二是生态与经济发展不可兼得，则宁要绿水青山，不要金山银山；第三是生态与经济发展相融合时，绿水青山就是金山银山。当前，我们要把修复长江生态环境放在首要位置，推动长江上中下游协同发展，东、中、西部互动合作，做到生态保护与经济效率相兼顾，处理好长江开发建设与生态环境保护的关系。坚持绿色发展，大力构建沿江绿色生态廊道是我们兼顾生态保护与经济效率相统一的策略。

三、顶层设计与因地制宜相协调

如何保证“一江清水向东流”，处理好金山银山、绿水青山的关系，在顶层设计上需建立全流域的生态监管体制、利益补偿机制，以及企业家的生态责任制。各界要花大力气研究要素集聚的条件和规律，营造处于不同发展阶段的不同地区的要素集聚环境，引导要素合理高效流动。

从保护生态的角度看，可以根据长江流域上中下游的不同情况，加大环境治理与生态保护的力度。在长江上游，实施主体功能区，注重沿江生态保护，构建国土空间生态屏障。在沪—宁—杭—甬—通—扬、合肥—芜湖—安庆—铜陵、武汉—荆州、南昌—九江、长—株—潭—岳、重庆—成都、贵阳—遵义、昆明—楚雄等地区，人口和产业密集、区位条件优越，环境本底承载条件好，应以城市为中心，进行深度开发。

在长江的中游，妥善处理江河湖泊生态保护，完善污染物排放总量控制，结合中游地区实际情况，形成能源节约和生态保护的产业结构，推动中游地区增长方式转变。在下游地区，严格沿江排放，对重点行业集中治理，强化危险品水上运输监管，对有毒有害污染物排放的产业园实施转、停、清、退。

第三节 战略定位

当前，长江经济带应坚持生态优先、绿色发展的战略定位，把修复长江生态环境放在首要位置，推动长江上中下游协同发展、东、中、西部互动合作，按照《指导意见》，把长江经济带建设成为中国经济支撑带、生态文明建设的先行示范带、东西双向互动的全面开放带、基础设施共建共享带、创新驱动的先锋带。

一、中国经济的支撑带

目前，长江经济带已经进入了持续快速增长的“大发展”时期。2005～2014年，上海GDP年均增长9.8%，浙江增长10.5%，江苏增长12.1%，而除云南外，其他省份增速均高于12.1%，重庆则高达14.0%。尤其是在2012～2014年，随着中国经济进入中高速增长的新常态，上海、浙江的增速已经下降到8%以下，江苏也只有9.5%，而其他省份仍保持两位数高速增长态势，平均增速均在10%以上，重庆和贵州则高达12.3%。2014年，地区生产总值（GDP）占全国（未包括港澳台）的41.6%，出口总额占45.8%，承载人口5.84亿，占全国的 42.7%。

新常态所包含的中高速增长在长江经济带因东、中、西部区域发展阶段不同而不同，长江中上游及下游的安徽地区有着较高的经济增长率，而下游的长三角苏浙沪地区经济相对放缓，但总量较大。东部地区因土地资源、环境资源、劳动力资源约束导致产业进一步西移，沿江各省市间产业转移已具相当规模，长江中上游地区产业结构升级，发展势头迅猛。各地政府对经济的管控不断让位于市场对资源的有效配置，长江流域经济合作与协调发展的条件不断趋于成熟。中西部较低的发展水平预示较大的发展潜力和增长速度，因而长江全流域发展使得长江经济带在我国经济社会发展中具有重要的支撑带的作用。

上海是中国最大的城市和经济金融中心，自 20 世纪 90 年代浦东开发以来，国际化及城市化水平均不断提高，以上海为中心的长三角城市群正在向世界顶级城市群迈进。上海目前需要解决的问题，首先是担当长江经济带龙头的作用。其次是不断通过自身的辐射作用拓展发展空间，缓解环境资源的承载压力。实现自身的服务业转型，人口、产业向周边扩散。建立与高城市化水平相适应的高生态环境发展水平。

我国经济进入新常态，意味着我国经济将保持稳定的中高速增长，中国经济将由依靠东南沿海支撑带向依靠长江经济带转变，这是由于东南沿海地区转型升级的压力加剧，急需在广大的中西部地区培育新的经济增长极和经济支撑带。而长江流域横跨东、中、西部，具有天然的黄金水道，区位优势独特，水资源丰富，内河航运能力居世界首位，沿江产业基础良好，为我国新型城镇化建设和新型工业化战略的实施提供了良好的支撑和巨大的潜力，因而可以发展成为全国的经济支撑带，成为拉动中国经济增长的发动机。

二、生态文明建设的先行示范带

实现长江经济带协调发展的客观机制是长江流域的生态环保机制，如果生态环境治理不好，其他的一切发展就成了无源之水，无本之木。在我国的生态安全战略格局中，长江上游肩负着我国“两屏三带”中重要的生态屏障功能。

应牢固树立农业空间和生态空间保护红线。各地区依据主体功能定位发展。长三角作为优化开发区域产业结构应向高端高效发展，逐步减少建设用地增量，提高土地利用效率。重点开发区域集聚产业和人口，培育若干带动区域协同发展的增长极。

在“两横三纵”的城市化战略格局中，长江经济带是一个交汇点。在“七区二十三带”的农业战略格局中，长江流域是我国重要的农业主产区，长江经济域不仅是以双季稻为主的优质水稻产业带，以优质弱筋和中筋小麦为主的优质专用小麦产业带，优质棉花产业带，“双低”优质油菜产业带，还是以生猪、家禽为主的畜产品产业带，以淡水鱼类、河蟹为主的水产品产业带。

建立上中下游城市群联合指导机制，形成有效的严防、严控和严法机制，共同创新多主体参与的环境保护模式，建立由政府主导、公众参与的跨区域公共事件处理机制；创新生态文明体制，探索和创新资源开发和生态恢复补偿机制，这将有利于共同打造长江经济带绿色生态走廊。

三、东西双向互动的全面开放带

长江流域经济带东部连接东海出海口，西部连接北海出海口，并通过“渝新欧”大通道与中亚、西亚乃至东欧地区连接起来，长江经济带正处于“丝绸之路经济带”和“21 世纪海上丝绸之路”之间。因此，长江经济带更是一个承东启西、连南接北的开放合作走廊，是我国东西双向互动的一个全面开放带。

实施东西双向开放战略，与依托亚欧大陆桥的丝绸之路经济带相连接，构建沿海、沿江、沿边全方位开放新格局。打通东部出海通道与西部出口通道，通过长江的连接，使得内陆开放形成新的高地，这里当然包括一系列配套改革。如包括整个长江经济带的大通关体制的建立，使整个物流、商流、人流更加快捷。如果自贸区政策的可复制能够在整个长江流域内实施，那么一个更大范围的长江经济带自贸区带给整个中国的就是真正的全面开放。

四、基础设施共建共享带

根据《长江经济带综合立体交通走廊规划》，应建设长江黄金水道，实现江河联运、江海联运，建设包括铁路、公路、航空运输、轨道交通在内综合性立体交通运输体系。实现长江沿岸港口联动，大力推进铁路、公路、航空、管道建设，积极发展多式联运，将长江沿岸中心城市及其腹地的广袤大地连接起来。综合整治长江内河运输瓶颈。

围绕长江黄金水道建设、环境污染防控治理、省际协商合作机制、打击长江非法采砂及治理非法码头等重大问题，加强专题研究协调。通过蹲点调研，深入研究三峡枢纽运输瓶颈问题，提出疏解方案。

同时，依托长江黄金水道，整体谋划铁路、公路、航空、管道等交通基础设施建设，加强各种运输方式衔接，加快综合性交通枢纽建设，建成安全便捷、绿色低碳的综合立体交通走廊，打造互联互通的综合交通运输服务体系。这些为打造长江经济带提供了坚实的硬件基础。

政府应在基础设施领域进行统筹兼顾，集中力量建设一个强大的运输中心，利用高科技手段，构建统一高效的网络系统，促使整个交通运输体系的完善。

五、创新驱动的先锋带

制度创新和科技创新是长江经济带打造中国经济升级版的推动力。长江经济带涵盖上海自贸区等多个国家级示范区和实验区，具有丰富的制度创新资源，上中下游城市群间的制度联动，以及制度创新资源共享有利于消除长江经济带的制度壁垒，加速创新效率高的制度在长江经济带范围内的传播和复制。同时，中下游城市群要统筹优化，整合区域内科技创新资源，推动城市群之间国家科学中心（实验室）、产业创新中心、企业技术中心、新型科研机构开展高水平协同创新，助力长江经济带实现创新驱动。

当前长江经济带作为我国三大战略之一，尤其体现出我国区域经济发展战略的重大调整。东、中、西部协调发展、内外融合，是连接“丝绸之路经济带”和“21 世纪海上丝绸之路”的重要纽带。千百年来，长江流域以水为纽带，连接上下游、左右岸、干支流，形成经济社会大系统。长江流域经济一体化，各地因地制宜，根据开发适宜性确定开发等级。

第四节　战略路径

一、以绿色低碳开发为指向，打造长江经济带绿色生态廊道

建立国家生态文明实验区，加强生态环境协同保护。根据《长江经济带发展水利专项规划》，对长江经济带全流域实施水资源保护与水生态修复建设工程，确保长江干流和主要支流断面的生态环境需水量，构建长江流域水环境监测网络。安排水污染防治专项资金，对长江经济带重点湖泊进行水污染防治。对因恶劣环境造成的水土流失进行综合治理，并通过长江沿线天然林保护、退耕还林等生态建设工程，对长江流域实施全面的水土保持和保护。

对农业面源污染进行综合防控，不断提高农业面源污染监测预警能力是长江经济带绿色生态廊道建设应有的内容。长江经济带素有“天府粮仓”、“鱼米之乡”之称。而农产品污染涉及食品安全等重大问题，农业生产中的农残、重金属超标等问题与人们最为关心的大气污染、水污染、土壤污染等问题息息相关。因此要严守耕地和生态红线，维护适合农业生产的生态环境，创新农业生产分式，并按照市场经济的要求进行农业资源配置。在适当的地区进行非粮化生产，并与第二、第三产业融合发展，进行农产品深加工，推介农业观光旅游与体验式旅

游。在保证本区域内农产品有效供给的前提下，在上游地区重点发展林木业、果木业，在中游条件适宜的地区建立农业生态示范区，在下游种植一些花卉、时蔬等满足高端消费需求的经济作物。

加大对农产品主产区和重点生态功能区的转移支付力度。根据不同主体功能区的定位要求，健全差别化的财政、产业、投资、人口流动、土地、资源开发、环境保护等政策，实行分类考核的绩效评价办法，健全全流域横向生态补偿机制。实行产业准入负面清单，逐步改变以重化工业为主的产业结构，建立国家空间规划体系，以主体功能区规划为基础统筹各类空间性规划，推进“多规合一”。建立资源环境承载能力监测预警机制，对接近或达到警戒线的地区实行限制性措施。以市县级行政区为单元，建立由空间规划、用途管制、差异化绩效考核等构成的空间治理体系，正确处理好产业发展、长江航运建设与生态环境保护之间的关系，确保“一江清水”绵延后世。

二、以黄金水道建设为突破口，加快构建综合立体交通走廊

依托黄金水道建设长江经济带是新一届党中央着眼于全球竞争新格局出台的重大国家战略。作为天然的内河航道，黄金水道与铁路、公路、轻轨、航空、管道等运输设施一起构成长江经济带综合性立体交通运输体系。当前，长江经济带东部地区水运与铁路、公路等联系条件良好，河海联运优势明显；中西部地区特别是西部，水运能力较弱，同时由于高山屏障，高等级公路较少，而且没有沿江铁路，不同运输地区之间、不同运输方式之间的交通基础设施尚未实现互联互通。

长江经济带交通运输体系建设应以黄金水道建设为突破口，系统推进长江干线航道治理，改善支流通航条件，优化港口功能布局，加强集疏运体系建设，发展干支直达运输。加快重庆、武汉长江上中游航运中心建设，积极发展多式联运，将长江沿岸各中心城市与其腹地的广袤大地连接起来，实现不同地区、不同运输方式之间的有效衔接，从而满足高效的商品流通和人员流动需求。推进长江船型标准化，坚决打击长江非法采砂、治理非法码头、深入研究三峡枢纽运输瓶颈等问题，利用高科技手段，构建统一高效的管理信息系统，促使长江经济带整个交通运输体系更加完善，努力建成安全便捷、绿色低碳的综合立体交通走廊。

三、以产业转移合作为抓手，创新驱动产业转型升级，建设现代产业走廊

《指导意见》指出要沿长江经济带打造世界级产业集群。世界级产业集群需要在更大范围内配置产业集群发展所需的各种资源，涉及产业链上中下游的互动

合作。长江流域上、中、下游资源状况、经济技术水平和市场发育程度差异显著，产业分工有一定的梯度层次和产业链条上的上中下游配套关系，因此，长江经济带上中下游各城市群根据自身的自然条件和产业优势，通过产业转移，形成合理有效的产业分工协作格局以及处于不同经济发展阶段的地区产业升级的目标。

加快实施“中国制造2025”，并根据《长江经济带创新驱动产业转型升级方案》推动战略性新兴产业和先进制造业、现代服务业的壮大与发展。大力推动上海科技创新中心建设，推动长株潭、成都、杭州、合肥等国家级高新技术开发区的国家级自主创新示范区建设工作，促进产业结构向中高端迈进。

长江经济带上中下游各城市群应根据自身的自然条件和产业优势，通过承接产业转移，有选择性地加入特定产业集群，并嵌入到该产业集群高端价值链环节，如上海、苏州、南京、合肥、武汉、成都、重庆等地的电子信息产业集群，杭州的互联网产业，武汉的光电子产业集群，集群内的企业将共同打造长江流域特色鲜明的区域价值链，形成既分工明确，又联动合作的产业集群发展格局，并促进世界级产业集群的诞生。

四、以三大城市群规划为引领，推动新型城镇化和区域一体化发展

长江不仅是黄金水道，还是中华民族的母亲河，长江经济带集聚了125个地级以上的城市，这些城市不仅是区域经济、文化的中心，同时也是人口与产业集聚的中心，在以城市群为载体，以人为本的新型城镇化建设中，长江经济带要从当前的城市群内部一体化发展成为多中心城市群联动发展格局，从而带动整个长江经济带的协调联动发展。这是有效扩大内需、调整经济结构、促进区域发展和中国经济升级的必然要求。

目前，除滇中、黔中两个区域性城市群之外，长江三角洲城市群、长江中游城市群、成渝城市群已进入国家发展规划。应充分发挥规划的引领作用，借助三大城市群规划的实施，推动长江经济带新型城镇化和区域一体化发展。

在长江经济带“三大两小”城市群体系中，上海是我国沿江与沿海发展轴线的战略交汇点，在长江经济带的建设过程中具有龙头带动作用和示范引领作用，但由于长江上中下游地区经济发展的梯度差较大，上海对长江中上游特别是上游的辐射作用比武汉与重庆对中上游的辐射作用要小。因此，上海要进一步发挥其“四中心一自贸”的作用，增强对三大城市群内各中心城市的辐射，并提供金融、贸易、航运等服务功能，促进长江经济带城市体系的形成，带动整个长江流域经济的发展。

五、以打造内陆开放新高地为契机，形成陆海双向开放新格局

长江经济带连接东海出海口和西部云南口岸，把对东部的开放和对西部、西南部的开放，以及通过“渝新欧”大通道，对中亚、西亚、东欧地区的开放连接起来。长江经济带作为横贯东、中、西部连接南北方的开放合作走廊，不仅能实现我国东西部双向开放的平衡，还有利于中国构建开放型经济新体制，形成全方位对外开放新格局，参与全球新治理。

首先，要充分发展长三角城市群的先发优势，特别是上海市的龙头带动和示范引领作用，带动长江中上游内陆腹地的对外开放。由于空间距离的衰减效应，上海对长江中上游特别是上游的辐射作用比武汉与重庆对中上游的辐射作用要小。因此，要在长江中游城市群、成渝城市群等重点区域，培育内陆开放型经济高地，尤其要加快重庆、武汉国际航运中心建设，并引入上海自贸区对外资实施的准入前国民待遇和负面清单管理模式，构建长江流域大通关体制，通过制度、体制创新，不断激发市场活力和发展动力。

其次，在长江经济带的西部，以云南为桥头堡，进一步推进中国—东盟自由贸易区建设，并加强与“一带一路”建设衔接互动，加强同周边国家和地区基础设施的互联互通，形成长江经济带陆海双向开放的新局面，提高长江经济带特别是中上游内陆地区全方位的对外开放水平。

第十八章　生态廊道建设机制与路径

第一节　生态廊道建设的基本原则

一、统筹规划，系统治理

立足长江经济带各个主体功能区定位、各流域水资源和环境污染的现状、各个省市经济发展水平和治理能力，以产业结构优化升级为抓手，严控污染转移，强化长江经济带整体布局；统筹长江经济带生态廊道建设中的污染治理、生态修复、环境保护和水资源利用管理等多样、复杂的系列工作，以水为线，科学治理和建设。

二、阶段把控，稳步推进

生态廊道建设多样性、复杂性和系统性，加上长江经济带生态廊道建设经历了地方局部分散建设和中央整体统筹建设，长江生态廊道建设要分阶段有序进行。短期内以治理污染和环境修复为主，防止长江流域生态环境的继续恶化，恢复长江流域生态环境系统；长期要在全流域建立严格的资源环境生态保护制度，强化制度体系建设和完善，提升长江流域生态廊道建设的规范化、常态化。

三、空间均衡，多方统筹

长江流域生态廊道建设应坚持“山河湖海”流域一体化和“山水林田湖”生命共同体理念，以水资源安全保障为中心，统筹自然资源保育、近海领域生态修复、重大灾害防御等工程，规范空间开发秩序、推进长江流域整体生态环境质量的改善提升和流域综合管理。

四、创新机制，流域建设

长江流域自上游、中游到下游地理条件、水资源状况、经济社会发展水平差异，加上水资源流动性与污染防治、环境保护的行政分割性，长江流域生态廊道建设亟须一种跨区域、跨部门的联防联控和流域共治共建机制，建立更高层次长江流域综合管理和协调组织机构保障流域生态廊道的建设。

第二节　生态廊道建设机制设计

一、管理机制

打破长江流域行政和地方分割的管理模式，借鉴以莱茵河为代表的先进国家的流域治理经验：统一的流域管理机制。

首先，打造长江经济带生态廊道建设平台。主要成员涉及长江经济带九省二市政府、国家发改委、财政部、环境保护部、水利部、农业部、国土资源部、林业局等国家相关行业主管部门、流域重点企业和专家学者等负责长江流域生态环境的战略规划、管理政策设计、核心技术支撑、法律咨询等相关机制构建。

其次，举办长江经济带九省二市联席会。由各省市政府以及相关国家部委组成，每年举行一次会议，通过相对松散的协商对话机制，对长江经济带生态廊道建设统一管理、统一调度、统一部署、统一安排，加强互动交流，明确责任，统筹协调。

最后，设立长江流域综合管理委员会。作为长江经济带生态廊道建设日常事务处理和利益相关各方协调的常设机构，具体执行长江流域生态廊道建设的统一协调、监督和管理任务。

二、法律机制

长江经济带生态廊道建设要依法治理、依法保护、依法建设，因此要法律先行，为实现长江经济带从行政约束向法律约束转变构建法律保障。

第一，配合长江流域生态廊道建设的顶层设计，制定长江流域管理法。作为长江经济带生态廊道建设的根本大法，在明确赋予长江流域管理机构的法律地位和职责的基础上，对生态廊道建设中的水污染治理、环境治理、生态修复、水资源等方面制定统一标准、环评、监测和执法程序；确定流域管理机构与中央相关部委的关系、与地方政府之间的职责划分，明确各自的权利和义务，矛盾纠纷的处理原则和程序等。

第二，针对生态廊道建设中的突出问题，制定相关法律条例。《长江水污染防治条例》，开出沿江开发产业项目负面清单，对长江水资源保护实行终身责任追究制，合理调控水价、强化用水者对破坏水环境的成本补偿意识等，实行长江上下游水质交接责任制，实行排污许可证、总量控制制度等。《长江流域生态湿地保护条例》规定，沿江各地区依据自身湿地资源，落实湿地的生态红线；完善湿地生态修复相关保障措施，重点切断湿地围垦、细化退耕还湿；建立全面、公开透明的湿地保护与管理政绩考核指标体系；建立第三方监测与评估机制、奖惩与追责机制；加强湿地保护宣传教育等。

第三，各地区针对自身在长江经济带生态廊道建设中的定位，完善相关立法，与长江流域层面的法律无缝对接，构建覆盖全流域、涵盖长江流域各种主体功能的法律框架。

三、生态补偿机制

分阶段落实生态补偿机制。中央财政通过纵向转移支付加大补偿力度，尽快将汉江中下游和鄱阳湖、洞庭湖、洪湖、梁子湖、长湖等重要湿地纳入国家生态补偿试点范围，结合新安江流域生态补偿机制实施的经验成果，总结出一套适合长江流域经济带的生态补偿机制。借鉴推广试点地区生态补偿机制，依据“谁开发、谁保护，谁破坏、谁恢复，谁受益、谁补偿，谁污染、谁付费”的原则，由下游地区对上游地区、开发地区对保护地区、生态受益地区对生态保护地区的生态补偿，在水源地、自然保护区、重要生态功能区、矿产资源开发和流域水环境保护等领域探索多样化的生态补偿方式。建立长江经济带生态补偿机制，建立中央财政主导、地方财政参与的跨区域生态补偿基金，财政部、发改委、环保部、林业局、水利部等多个部门，应加强协调，形成较为完整的体系。各部门分工明确，各司其职，提高生态补偿效率，避免在管理上出现管理交叉、出现问题互相推诿的现象。

第三节　污染治理路径

污染治理是长江经济带生态廊道建设的基础。法规法制的不健全和执行不彻底、经济社会快速发展带来的生物污染、化学品污染、金属污染和水污染事件不断增加，长江流域水污染问题日益严重。因此，将长江流域污染治理放在首位，污染治理的关键在于污染的防控，污染治理的主要模式是协同治理。

一、严格控制污染排放总量

依据长江经济带各区域主体功能定位和长江环境污染防控的总体要求，统筹布局、协同治理。

第一，坚持污染防治的底线。对于超标、超总量排污和使用、排放有毒有害物质造成水污染事件的重点行业和企业责令停产整顿、关闭，依法进行处罚，违反水环境违法行为涉嫌犯罪的，依法追究负责人刑事责任。提高违法成本，以市场规律为主，以行政管制倒逼企业加快转型升级。

第二，设置污染防治的红线。对于污染大、能耗水耗高、经济效益差的工业企业，设定污染物的排放总量上限和阶段性目标，通过落后产能与企业退出倒逼机制，引导企业技术创新、产品转型，逐步走清洁生产道路。

第三，构建污染防治的警戒线。对于新建、改建、扩建直接或者间接向水体排放污染物的建设项目，必须依法进行环境影响评价，实施强制性清洁生产审核，不达标不达线，绝不允许建设。

二、加强污染实时监控

长江流域水资源保护监控中的实时在线中心正式投入运行，初步实现流域机构对重点区域水质和部分直管入河排污口监控。考虑到长江“山水林天湖生命共同体”的发展理念，长江要构建监测一体化的格局，统一布局建设生态环境监测网络，将长江主体流域、分支水域、规模以上入河湖排污口等纳入监控体系内，实现全流域监控网络最大限度的全覆盖。逐步采用自动监测、遥感监测等先进技术手段，提升关系到长江水资源保护的关键技术和关键领域水平，为流域水资源保护提供科学依据。

三、提升污水处理成效

全面提高污水处理设施尾水排放标准，切实保证无分散工业和生活污染直排入江；规范设置和严格控制长江沿岸排污口，实施沿江排污口设置许可制度，严格控制长江两岸入江污染物总量；建设高标准、全覆盖的沿江污水处理系统，重点推进污水处理设施的建设，提升长江干流城市的污水处理率，缓解长江流域承受的污染压力；强化生态农业和清洁小流域建设，实施入江河流和湖泊清水入江工程；加强长江源头区、三峡水库、丹江口水库、洞庭湖、鄱阳湖等重点水域水质保护和生态恢复。

四、强化重点风险管理，杜绝水污染事故

据统计，长江流域有40多万家化工企业，分布着五大钢铁基地、七大炼油厂以及三大石油化工基地，加上无法预料的江面事故，对长江水体安全构成较大威胁。严格控制沿江的石油、化工加工项目等重化产业的环境风险，合理布局生产装置及危险化学品的仓储等设施，建立省际间突发性水污染事件的防范、信息共享、应急指挥与处置等方面的协作平台，加强不同行政区域的突发性水污染事件应急预案相互衔接，跨省级行政区域应对突发水污染事件。

五、推进长江经济带绿色发展

坚持五大发展理念，持续推进长江经济带资源节约型和环境友好型社会建设。实施最严格的水资源总量、水资源利用效率和限制水体纳污“三条红线”管理；坚持绿色、低碳、环保的发展路径，上游、中游和下游要坚持绿色协同，推动长江经济带有序进行产业转移，形成优势互补、协作互动的格局。各个省市要以节约能源、水资源和保护生态环境为约束，着力调整产业结构和增长路径，走绿色、循环、低碳发展之路。加大农业面源污染和畜禽养殖污染的防治力度，重点监控化肥使用过量导致的流域面源污染的加剧，加强农业生态保护和修复，积极发展生态农业和有机农业，有效改善农业生态环境。

第四节　生态修复路径

习近平主席指出，把修复长江生态环境摆在压倒性位置是当前和今后相当长一个时期的核心任务，生态修复是长江经济带生态廊道建设攻坚任务。生态修复是改善长江流域环境、恢复长江流域生态功能区作用，重构生态系统多样化的根本路径。

一、长江保护林体系建设

高度重视长江经济带造林绿化工作，为长江经济带绿色生态廊道建设铺平道路。全面贯彻《关于加强长江经济带造林绿化的指导意见》，以增加森林面积、提高森林质量，增强生态功能为主攻方向，以防治水土流失和石漠化为重点。科学规划为指导，因地制宜，因害设防，先易后难，分类指导，统一规划，建设以防护林为主体，防护林、用材林、经济林、薪炭林和特用林相结合的综合防护林

体系，积极推进宜林地营造林、加快推进退化防护林改造，重点培育优质珍贵大径级阔叶林、短周期工业原料林、木结构建筑原料林、竹林、木本粮油和特色经济林；坚持工程建设与振兴农村经济相结合，大力开展退耕还林还草、加强城镇村庄绿化美化、构建绿色通道和农田防护林网、加快宜林地面积较大的长江上中游湖北、湖南、重庆、四川、贵州、云南等省市重点区域治理；创新保障机制，完善投入机制和管理机制，对长江经济带保护林建设进行长效政策扶持和投资倾斜。

积极拓展多渠道、多层次的资金筹集渠道。在各级财政支持、部门投资的基础上，积极探索“谁造谁有、合造共有”的多元投资机制，鼓励多种形式股份制经营和合作造林，做好工程实施的资金保障。

创新营林体制，普遍推行林业承包经营，采取拍卖、承包、租赁、入股、合资、合作等多种形式，通过优惠政策，引导民营林发展；切实加强新造林的抚育和管护。

对重点工程新造林的抚育进行年底检查验收；将工程林地抚育率和管护率作为重要的质量考核指标，健全护林队伍、完善管护制度，巩固长江保护林建设成果。

二、水土流失治理和保护

抓住《全国水土保持规划（2015～2030年）》契机，做好长江源头区水土保持预防工程。借助长江生态防护林体系，提升主体功能区的水源涵养、水土保持能力；对长江源头区、重要水源地、水蚀风蚀交错区实施重点预防，加强封育保护和封禁管护，实施严格的生产建设项目和活动管制，坚决保护原生态、原地貌植被，依法严处过度放牧、无序采矿、毁林开荒和开垦草地等违反水土保持法律制度行为，从源头上严控人为水土流失的加剧；坚持以小流域为单元进行综合治理，工程措施、林草措施和农业耕作措施合理配置，大力开展坡地改梯田，修建坡面水系工程，建设沟道治理工程，保护和增加林草植被，山水田林路综合治理，综合开发，以小流域的源头保护和大面积的植被恢复来支撑山水林田湖系统生态修复；将水土流失治理与当地农业发展、农民增收有机结合。

健全水土保持法律法规体系，强化监督管理、动态监测，提升监管和预测的信息化和数据化水平，推广无人机、遥感和地面监测技术等现代化技术手段，做好长江流域水土流失和保护的动态监控。

三、湿地生态保护修复

抓紧落实全国湿地保护总体规划和长江流域湿地保护规划，使得湿地保护有章可循；划定湿地生态保护红线、建立湿地生态保护考评机制、建立湿地生态补偿机制、建立长江流域控制性水库群联合调度机制、建立严格的环评制度；在科学评估的基础上，划定8亿亩湿地为生态红线，切断湿地围垦的一切经济利益链条；以“长江中下游湿地保护工程”为抓手，重点恢复湿地面积和改善湿地功能；对重大水利工程、交通网络、资源开发等工程建设要严格环评控制，加强大坝洄游通道的建设；强化法律法规制度建设，严控排污指标，合理布局水资源利用方案，杜绝湿地种植和过度围湖养殖等行为；严格自然湿地用途控制，禁止将自然湿地作为未利用地开发和转换利用；严格生态修复技术路线控制，遵循科学规律和生态系统管理基本准则，长江中下游湿地修复的关键是岸坡生态修复，控制住岸坡的冲刷和崩塌，减少湿地面积的损失，建立水陆生态系统之间的联系，还原河流完整的结构和作为生态廊道的功能，使湿地生态系统功能得到恢复；设立“湿地资源恢复费”、“湿地生态保护基金”湿地保护专项资金、扩大湿地横向专项生态补偿制度。

第五节　水资源保护路径

水资源保护是长江经济带生态廊道建设的可持续路径。国家对长江流域水资源保护的根本思路是：严守一条红线、强化两个管理、突出三个重点、推进四项工作。实现水资源保护的路径是水流域内的协同保护。

一、建立水资源保护一体化管理机制

打破地域限制和行政分割，组建强化流域管理部门的综合协调职能，形成上中下游有效的流域水环境一体化联动整治机制；建立长江经济带多层次的协商对话机制，定期对长江流域水资源保护工作、信息和技术、预警预报和水资源污染事件进行协商交流，完善长江经济带各个省市会商、信息交流的共享平台；深入推进长江经济带水资源保护一体化规划，对流域内城市生态环境规划、环境监测布局、管理监督机制、环境保护设施和环境产业发展的统筹规划。

二、提升水资源保护监测监控预警能力

建立水资源水环境承载能力监测预警机制，重点加强水资源保护红线管控区和重点污染源监测，提升水环境质量监测预报预警能力和水资源质量风险监测评估与预警能力；在水资源环境监测中推广高技术和高科技产品的广泛运用，尤其

是地观测、无人机遥感监测、监测数据质量控制、环境应急监测和大数据分析、共享、应用等能力建设；搭建长江流域水资源监测大数据平台和共享机制，增强协同保护的力度；推动流域水质督查巡视，重点对水功能区、入河排污口、饮用水源地的督查，将水资源消耗和水环境污染纳入经济社会发展综合评价体系。

三、健全水资源生态补偿制度

以生态补偿试点成功经验推动长江流域跨省生态补偿制度。通过生态补偿立法，将整个流域作为一个整体，协调上中下游省际之间的利益冲突与矛盾，实现整体性地优化资源配置。以国家协调、区域联动协调、市场运作、社会参与的方式，建立跨省流域共同出资的生态补偿基金，专门用于水源区的生态建设和环境保护；界定好各级政府在流域生态补偿工作中的职责、权限；建立对生态功能保护区、生态敏感区的利益补偿机制，并通过这一机制，督促上游省（市）承担起更多的环保责任，中下游受益省（市）要对此予以充分认可，并在资金、技术等方面进行援助；建立区域生态补偿的技术支撑，通过环境影响评价制度、环保监测制度等对重点流域进行持续的跟踪式评估；加强监测能力建设，搭建流域跨界断面水质、水量监测数据实时共享平台，为核定生态补偿金提供依据。开展长江流域环境保护创新试点市场化建设。加快建立排污权交易机制，推动长江经济带建立区域内污染物排放指标有偿分配机制，探索碳汇交易补偿机制，以节能减排交易所为基础，以产权交易共同市场为平台，完善交易细则，建立统一的排污权、碳排放交易市场。

第十九章　长江经济带基础设施开发模式与路径

第一节　长江经济带交通基础设施发展的制约因素

长江连通中国的东、中、西部，丰富的水资源、便利的航运条件、相对发达的沿岸经济，为其奠定了作为全国国土开发一级轴线的优越条件。长江最大的优势条件是便利的水运条件，依托水运条件建立快捷便利的综合运输系统是支撑长江经济带经济稳定增长的长久动力。长江经济带的内河水运一直在全国水路货运体系中占有优势，但改革开放以来，水运货运量整体呈现出下降的趋势。

自然条件是影响水运及其集疏运网络建设的主要因素。从内河航道看，长江干流拥有 3600 千米的通航里程，内河航道总长度占全国的 70%。汉口以上可通行 1500 ~ 3000 吨级船舶，汉口—南京可通行 5000 吨级船舶，南京以下乘潮可通行 2. 5 ×104 吨级船舶；内河岸线资源丰富，自宜昌以下长江干流内河岸线长度 3523 千米，其中深水岸线 1004. 6 千米，稳定岸线 1320. 7 千米。但长江水系具备优良通航条件的航道和具备优质建港条件的岸线比例并不高，高等级航道里程仅占其内河航道总里程的 7. 53%；中下游干流岸线资源中，深水岸线占比不到 30%。

从人为因素看，长江航道受南京长江大桥净空限制，万吨级海轮的进江只能到达南京，航运的大运量潜能不能得到充分发挥。在水陆运输衔接方面，公路是集疏运的主要方式，干流沿岸的横向铁路未能全线贯通，纵向的铁路运输运力饱满，甚至超负荷运行，加上几种运输方式分属不同的管理部门，互相之间因为利益问题缺乏统一协调的动力。因此，总体上看，畅通的水运网络建设和便捷的水陆联运系统建设均显不足。

第二节　国外交通基础设施发展经验与启示

一、多式联运在国外的发展

多式联运是对传统运输方式及运输组织技术的革新，其充分利用公路、铁路、内河航运及海运等多种运输方式的特点，实现运输资源化配置。

（一）国外各运输方式运量分担比例

从货物运输看，国外主要经济发达国家公路运输一直呈稳定增长的趋势。国土面积较小，公路运输的优势较为突出的经济与合作发展组织（OECD）在欧洲的 15 个成员国和日本，1986 年公路运输占各种运输方式货运周转量的比重分别为 63.0% 和 49.7%，在各种运输方式中居主导地位。美国国土面积较大，各种运输方式各有所长和不足的特点十分明显，1986 年货运周转量中公路占 25.48%，铁路占 35.94%，国内水运占 15.06%，管道运输占 23.24%，国内航空占 0.28%，公路运输居第二位。

（二）德国的综合交通联运

德国“战后”公路运输的迅猛发展为社会经济的恢复带来了不可估量的影响，同时也带来了交通堵塞、污染、噪声等能源的过度消耗等一系列严重问题。20 世纪 80 年代，德国采取积极措施，引导公路运输向铁路、水运转移。具体措施：一是加大铁路、水运的投入；二是采用调节税费的手段；三是限制载货汽车的载重量；四是把远距离货物强制交由铁路和水运承担。

不过，从实质效果看，铁路、水运的货运量没有显著的增加，反而呈现下降趋势。自 20 世纪 50 年代至 2003 年德国铁路货运在综合运输体系中的份额逐年快速递减，内河航运市场逐渐萎缩。

但是，与铁路、内河航运总体份额呈现下降的趋势相反，多式联运，尤其是公路联运、公水（指内河）联运却呈现上升趋势。根据德国联邦货运管理局 2003 年交通运输经济统计及“联邦交通线路规划”预计，公路、公水联运都呈现增长趋势。

（三）莱茵河交通通道发展特点

在莱茵河两岸，公路、铁路平行发展，运输业务都非常繁忙，各自发挥自身的优势并依靠市场调节，相互竞争，密切合作。水运在沿河地区的大宗散货和集装箱、公路在短距离城市运输和零担运输、铁路在中长距离大宗散货和集装箱运输中分别发挥着重要作用。

二、集约化的综合交通发展理念

（一）德国对水运发展的重视

德国交通部门正在酝酿一个内河行道建设的宏伟计划，即在易北河畔连接 MITELAND 运河与 ELBE - HAVEL 运河之间的“运河桥”工程。2003 年在易北河上建设起一个通航桥梁，将两条运河连接起来，减少航运距离，提高通航条件。桥上可行重 3000 吨、长 185 米的船舶，并可通过装载两层集装箱的船只。

（二）欧洲对集约化交通的努力

为了减少汽车运输的环境污染，德国与瑞士、奥地利等国铁路在阿尔卑斯山区进行了运送载货卡车的货物列车，即所谓“滚动式公路列车”。德国近年来还开始研究在欧洲范围内利用速度达 260 ~ 270 千米/小时的 TGV 高速列车运送货物的可能性，即发展货物 TGV。

（三）经验与启示

发展综合交通运输系统是交通发展的方向。当代交通运输业的发展出现了两大趋势：一是随着世界新技术革命的发展，交通运输广泛采用新技术，实现了交通运输工具设备的现代化；二是随着交通运输方式的多样化和交通运输过程的统一化，各种交通运输方式越来越朝着分工协作、互相配合、建立综合交通运输系统的方向发展。在世界范围内，这两种趋势结合起来，成为当前交通运输业发展的新方向，逐渐改变着交通运输业原来的面貌。

未来，随着经济发展水平的进一步提升，综合交通运输进入完善运输化和后运输化阶段后，追求交通一体化将成为综合交通运输远景的发展趋势。综合交通运输一体化在传承了综合运输思想内涵的基础上，是对综合运输的一种超越，是适应交通运输系统整体性和区域经济发展一体化的要求，其主要含义为打破区域分割、打破各种运输方式的分割，从系统建设的角度考虑交通的发展。一个完善的一体化综合交通体系应当包括：各种交通运输方式的一体化，交通运输规划与交通运输运营的一体化，交通管理与交通控制一体化，交通运输系统资源（需求、供给、信息）的一体化等方面。

从国际经验看，发挥流域运能主要抓住两大关键问题：一是水路运输的畅通，二是水陆联运的便捷。为保障航运的畅通，按照《长江经济带综合立体交通走廊规划（2014 ~ 2020 年）》，到 2020 年长江高等级航道里程达 1.2×10^4 千米，占其航道里程的 13.48%。此外，规划中下游重点实施 12.5 米深水航道延伸至南工程，中游重点实施荆江河段航道整治工程，上游重点实施重庆至宜宾段航道整治工程。同时，对宜昌至安庆段、宜宾至水富段航道开展工程模型试验和论证研究。由于长江泥沙量大，中下游浅滩、岔道、江心洲分布广，一方面，航道整治工程会对自然航道、泥沙运移方向、岸线节点的稳定性产生一定的影响；另一方面，每年的航道工程维护需要耗费一定的成本，因此对于航道的整治一定要建立在科学的模型试验论证和环境影响评估基础上。

根据发达国家经验，除了航道整治外，实施船型标准化也是挖掘内河航运潜力的举措之一。已有研究显示，发达国家内河航运船舶数量比中国少得多，但每艘船舶的平均吨位比长江船舶要大得多。长江干线船舶平均吨位750吨，其中长航集团的船舶平均吨位1360吨。对比发达国家，德国内河船舶的平均吨位是1395吨，俄罗斯内河船舶的平均吨位是1383吨，美国密西西比河的平均吨位是1350吨；而且这些国家的内河船舶都实行了标准化船型，内河航道基本都已渠化，效率（含通过船闸的效率）、质量、节能、环保等各个方面的运输指标都优于长江内河运输船舶。因此，目前在航道整治的同时，还应继续加快适宜长江现状航道的船型标准化进程，充分挖掘现有航道的潜力。

第三节　长江经济带交通基础设施发展战略模式

交通基础设施是长江经济带建设与发展的基础。长江经济带经济的发展，有赖于交通、信息等基础设施的互联互通。交通基础设施是长江经济带经济一体化的前提和基础。为统筹长江经济带交通基础设施建设，加强各种运输方式的有机衔接，完善综合交通运输体系，2014年9月，国务院编制了《长江经济带综合立体交通走廊规划》。《国务院关于依托黄金水道推动长江经济带发展的指导意见》提出要“强化基础设施建设和联通”，形成基础设施共建共享的区域协调发展新机制。

一、群带结合，多式联运

从区域空间上看，提升长江经济带基础设施整体协调性需要采用“群—带”结合模式，“群”指城市群，“带”指长江经济带。从经济“带”上看，按照“零距离换乘、无缝化衔接”要求，加快建设上海、重庆、昆明等全国性综合交通枢纽与重要区域性综合交通枢纽，根据城市空间形态、旅客出行等特征，合理布局不同层次、不同功能的客运枢纽。同时，统筹货运枢纽与开发区、物流园区等的空间布局，完善货运枢纽集疏运功能，提高不同运输方式的整体协调性。从“群”上看，要加快长江三角洲、长江中游、成渝、滇中和黔中等城市群交通网络建设。一方面，要构建布局合理的交通运输空间网络，优化公路网、铁路网以及机场和港口等枢纽的建设和布局，实现各种运输方式之间的协调配合，加强多层次、多样化轨道交通体系的衔接，加强"硬件"设施建设；另一方面，要提高信息化和智能化水平，打造交通信息网络，加快交通信息资源的整合和共享，加强城市群交通信息管理联动，建立公众出行交通信息服务系统，提高城市群安全信息服务和协调运作的应急管理，加强"软件"交通管理。

为此，应以《长江经济带综合立体交通走廊规划（2014～2020年）》的实施为契机，进一步优化综合运输网络格局。初步统计，长江港口每年通过铁路转运的货物约5000×10^4吨，不到长江港口货物集疏运比例的2%，远低于发达国家港口和铁路衔接运输的平均比例30%；长江干线港口中，可开展铁水运输的港口不到10个，与铁路直接衔接的码头泊位仅60多个；同时，许多港口缺乏与快速公路干线的连接，使大量腹地物流舍弃水运，极大地影响了长江航运潜力的发挥。当前，应以重庆、武汉、南京等重要的水陆运输枢纽为重点，组织高效集疏运系统，提升水陆联运的便捷程度；加快重庆、武汉、南京港群等重要港区的连接线建设，推进港口与国家级新区、沿岸物流园区的通道建设，通过有效解决"最后一千米"问题，扩大港口的集疏运腹地，提升航运综合服务能力。

加快推进铁水、空铁、公水等联运发展，扩大辐射范围，提高联运比重。抓紧制定多式联运标准规范，完善运输装备技术标准体系，推广标准合同范本，统一多式联运单证。培育多式联运经营人，鼓励大型港航、铁路和公路运输企业以长江为依托开展多式联运业务，构筑长江黄金水道快捷高效的进出口货运大通道。充分发挥"渝新欧"、"蓉新欧"、"义新欧"等既有通道作用，优化整合中欧通道国际集装箱班列，打造具有国际影响力的运输平台。整合航空货运资源，加快发展现代航空物流。推动联运企业信息系统互联互通，提高联运效率。

二、货畅其流，建设分层次航道网

由于航道自然特性、现状条件存在较大差异，不同地区航道需因地制宜实施建设方案。上游片区河流多流经高山峡谷地带，河床底质多为石质，天然航道以急、弯、险、浅为主要特征，航道网络平面呈羽扇状，巡回性差，航道等级普遍较低，航行条件较差。因此，在今后的航道建设中需要加大力度改善航道条件。

中游片区主要通航河流大多流经丘陵或平原地区，河床比降较小，部分河段形态呈冲积性河流特征，洞庭湖、江汉平原河网及鄱阳湖区航道局部形成回路，航道条件较好。因此，在今后的航道建设中可通过疏导，并结合整治提高航道等级，改善通航条件。

下游片区航道多为水网河渠，水流平缓，窄、弯、浅及碍航闸坝、桥梁多为其主要特征，部分航道为限制性航道。航道等级普遍较低，但大部分均能成网，巡回性好，是我国内河航运最发达的地区。今后可通过拓宽疏深，改造桥梁和闸坝等手段改善通航条件。

根据水系河流在国民经济和综合交通运输网中的地位和作用不同，结合各河流自然条件及未来发展潜力，将河流分为水运主通道（高等级骨干航道）、主要通航河流和其他河流 3 个层次，以长江干线为“树干”，下游水网为“根系”，上游各支流主要航道为“树枝”，中游江汉平原航道网、洞庭湖区航道网、鄱阳湖区航道网为“树叶”，构筑长江水系现代化航道网。

按照“深下游、畅中游、延上游”的思路，加快实施南京以下段、南京至武汉段、武汉至宜昌段、宜昌至重庆段、重庆至水富段的航道治理工作，实现长江干线南京以下可通航 5 万吨级海船，铜陵至南京可通航 5000 ~ 10000 吨级海船，武汉至铜陵可通航 5000 吨级海船，城陵矶至武汉可通航 3000 吨级海船，重庆至城陵矶可通航万吨级船队，水富至重庆可通航千吨级船舶；加快长江三角洲高等级航道网建设，加快赣江、汉江、湘江、嘉陵江等重要通航河流梯级开发进程，提高航道尺度，扩大通过能力，改善航行条件；抓紧助航设施建设，加强航道维护管理，提高服务水平，形成三级航道为骨架，四、五级航道为基础的层次分明，结构合理，干支联动，有机衔接，货畅其流的航道体系。

三、优化港口布局，形成以集约化、规模化为发展方向，优势互补的港口体系

长江沿线省份的生产原材料、劳动力、场地租金和能源的价格成本比珠江三角洲和上海等沿海地区的要低廉，但其商品的运输和物流成本却大大高于沿海地区。造成这一局面的关键原因是长江沿线地区运输物流链效率低下，这种效率低下又直接制约了其成本低廉优势的发挥。目前，长江沿线地区物流基础设施落后，缺乏拥有现代化物流技术的专业集装箱货运站，缺乏专业的、实力雄厚的集装箱运输企业，现有的集装箱运输经营人多数运输服务不灵活，效率低下，在到达目的港之前通常要停靠很多港口装载，直接导致运输时间的增长和成本的加大。

现代物流代表了 21 世纪交通运输现代化的发展趋势，体现了高质量、高附加值的运输服务，有广阔的市场发展空间。随着第三产业的快速发展和跨行业、跨地区竞争的不断加剧，运输业正朝着不断扩展运输功能和服务范围的方向发展，运输将逐步渗透到生产和商贸领域，必将对传统的运输组织、经营手段和服务方式等提出新的要求。要求内河航运结构做出全方位的调整，特别是主要港口和岸线利用，必须加快结构调整，拓宽港口功能。为适应现代物流发展的需要，

长江水系港口建设将以上海国际航运中心为龙头，发挥南京港、武汉港、重庆港的核心作用，形成布局合理、层次分明、分工协作、优势互补的港口体系；基本实现机械化，形成长江集装箱、石油及液化气、矿石、煤炭、汽车滚装等专业化运输系统，干线主要港口实现装卸、仓储、配送一体化并成为地区综合物流中心节点。根据长江发展需要，上海港可发展集装箱物流中心，南通港应建设矿石物流中心，南京港宜发展煤炭物流中心，张家港则可建成木材物流中心，长江干线其他港口也应为自己的目标市场合理定位，形成自身的核心竞争能力，向港口物流中心发展。根据港口功能、地位、作用等的不同，为了清晰反映水系港口总体布局，对层次布局的标准和范围进行了界定，将其分为主枢纽港、主要港口、其他港口 3 个层次。

主枢纽港位于水运主通道、公路主骨架、铁路主干线及其他运输方式骨干线路的交会处；处于省会城市、中心城市、沿海开放城市和经济特区；应满足全国综合交通运输网布局的需要，是能源、外贸物资的主要中转基地。主枢纽港总体布局以长江干流为重点，以区域性航运枢纽重庆、武汉、南京为中心，以强化和完善煤炭、原油、矿石、滚装、集装箱等运输系统建设为基础，构筑与水系综合运输骨干网络相协调水陆综合物流中心，形成水系内河港口主骨架，并辐射主要港口。形成“一线六点”，从空间上基本覆盖了水系的主要通航河流。主要港口位于水运主通道或主要通航河流上，在区域社会经济和交通运输发展中起着重要作用。

主要港口布局将依托主枢纽港布局，结合区域综合运输网和主要城市发展条件，以适应腹地客货运需求和为主枢纽港提供喂给为前提，构筑以港口布局为基础的支撑体系，形成辐射主要通航河流的货物运输集散中心。其他港口为除主枢纽港、主要港口以外的其他需要规划的港口。

具体实施港口建设时，借鉴国内外港口的发展经验，加快港口结构调整和升级，提高岸线利用效率，向集约化、规模化方向发展，是港口提高运行效率、提升服务水平、拓展发展空间的重要方向。

四、生态优先，综合开发

长江流域航运与防洪、供水、灌溉、发电、渔业、生态与环境保护、旅游等方面的目标应统一协调，综合开发长江水资源，以获得最佳的经济效益和社会效益。1998 年，大洪水后，中下游为稳定河势而实施的河道治理工程，在提高防洪标准的同时，改善了航道条件；今后航道保护工作中，需要加强对航道水深的维护，对于局部河段等，仍要结合河道治理和河势控制工程进行航道整治，保证航运的基础条件《长江河道采砂管理条例》颁布后，长江中下游干流河道采砂进入了“以禁为主，禁采结合”的新阶段，维护了长江河势和航道的稳定，保障长江的通航安全，长江口深水航道治理开创了长江航道10米水深通航的崭新历史，显著地提高了长江口航道的通过能力，改善了安全航行条件，促进了到港船舶的大型化、港口功能的调整和岸线的开发利用；为防洪、发电或供水而建设的水利枢纽工程，如三峡工程、向家坝水电站、洛渡水电站，支流的彭水水电站、银盘水电站、亭子口水电站、兴隆水利枢纽等水利工程，在客观上均促进了航道建设。当然，航道的发展对水资源综合利用也有一定的制约作用，如在水电站运行中，为保证航运基流可能需要牺牲一部分发电效益；航道发展而占用河道、对河道的改造等，可能对水生生物特别是鱼类等产生不利影响。所以，航道开发利用也需要与其他相关行业进行协调。

伴随着经济社会发展和长江治理开发，长江的水量水质状况、水沙关系、水生物环境、河道完整性、河岸河床稳定性、蓄泄能力以及服务功能，已经或正在发生许多新的变化，河流健康状况已经或正在遭受各种各样的损害。同时，三峡工程建成后，长江中下游水沙关系、江湖关系与河势河床稳定性将出现新的变化，这些变化将会对长江河流生态系统带来新的影响。为此，需要将长江航运发展纳入《长江流域综合利用规划》的修编工作，扭转过去综合规划以重大工程建设为主线的做法，把人与自然和谐相处、维持河流生态需求、水资源可持续利用等作为规划编制的目标，处理建好航运发展与防洪、供水、岸线利用、生态保护等的关系。

第四节　长江经济带交通基础设施发展战略重点

一、全面构筑国际、国内、区域三大层面交通体系

（一）接轨国际，构筑长江经济带国际运输系统

长江经济带建设需要充分发挥沿海沿江的区位优势，深化向东开放，加快向西开放，培育开放型经济新格局，全面提升对外开放水平，要求统筹推进沿海沿江港口建设，充分发挥上海国际航运中心的引领作用，加快国际运输通道建设，实现与周边国家基础设施互联互通，为海陆双向开放创造交通先行条件。适应日益增长的国际商务和旅游客流，为人民提供看世界的窗口。

形成以上海国际航空枢纽和重庆、成都、昆明、贵阳、长沙、武汉、合肥、南京、杭州等区域航空枢纽为核心的民用航空网。

建设孟中印缅通道、中老泰通道和中越通道，加快基础设施互联互通。推进昆明至缅甸铁路、公路和油气管道建设，形成至南亚的国际运输通道。推进昆明至越南、老挝的铁路和公路建设，形成至东南亚的国际运输通道。开发利用国际河流航运资源，建设澜沧江、红河等水路国际运输通道。配套建设与国际通道相关的基础设施，完善口岸功能。

（二）沟通国内，促进要素自由流动

国内市场是长江经济带经济发展的主要载体，是经济持续发展的有力保障。让人民在自己的国土上自由流动，是交通的使命，是交通应提供的基本服务。长江经济带横跨我国东、中、西部三大地带，是实现区域协调发展的重要载体。促进长江经济带上中下游协调发展，要求提高东部地区交通网络畅通水平，扩大中西部地区交通网络覆盖范围，为引导要素合理流动和优化配置，缩小地区发展差距，形成优势互补、分工合作、协同发展的区域格局提供保障。

（三）区域整合，降低交通运输成本

以快速铁路和高速公路为骨干，以国省干线公路为补充，建设长江三角洲、长江中游、成渝、滇中和黔中城市群城际交通网络，实现城市群内中心城市之间、中心城市与周边城市之间的快速通达，完善城市公共交通和乡村交通网络，促进新型城镇化有序发展。形成以快速铁路、高速公路等为骨干的城际交通网，实现中心城市之间以及中心城市与周边城市之间车程 1 ~2 小时交通圈。

对于农村地区，以满足农村交通需求为出发点，继续实施以通沥青（水泥）路为重点的通畅工程，加快集中连片特殊困难地区农村公路建设，形成以县城为中心，辐射乡镇，覆盖行政村的乡村公路网络，实现上中下游地区具备条件的乡镇、建制村通沥青（水泥）路率达到 100%。实施县乡道改造和连通工程，提高乡村公路骨架网络质量。实施乡村公路的桥涵建设、危桥改造以及客运场站等公交配套工程，加强乡村公路的标识、标线、护栏等设施建设，提高乡村公路安全保障水平。大力发展农村客运，实现乡镇、建制村通客车率达到 100%。

二、提升水道，加快供给侧结构性改革

针对目前长江航运力结构性过剩特别是普货运力严重过剩、港口同质化竞争严重等突出问题，必须把供给侧结构性改革作为工作的重头戏，从解决市场“有没有”转移到解决供给“好不好”，着力提高供给的质量和效率。要积极推进航运企业兼并重组，培育一批服务水平高、市场竞争力强的航运龙头企业；加快推进“船型标准化”，积极推广三峡船型、江海直达船型，注重发展新技术船舶，大幅提高长江船型标准化率；加快推进港口“整合、联合、融合”工程，使长江港口朝着“专业化、集约化、现代化”方向发展；加快信息化建设，推进

“互联网＋长江航运”，全面增强运用信息化引领长江航运现代化的能力；加快发展多式联运，江海直达、江海联运，推进多种运输方式的协调发展。

充分发挥长江水运运能大、成本低、能耗少等优势，加快推进长江干线航道系统治理，整治浚深下游航道，有效缓解中上游瓶颈，改善支流通航条件，优化港口功能布局，加强集疏运体系建设，打造畅通、高效、平安、绿色的黄金水道。增强干线航运能力；改善支流通航条件；优化港口功能布局；健全智能服务和安全保障系统；加强集疏体系建设；扩大三峡枢纽通过能力；合理布局过江通道。

（一）全面推进长江干线航道系统化治理

加快实施重大航道整治工程，充分利用航道自然水深条件和信息化技术，进一步提升干线航道通航能力。下游重点实施12.5米深水航道延伸至南京工程；中游重点实施荆江河段航道整治工程，抓紧开展宜昌至安庆段航道工程模型试验研究；上游重点实施重庆至宜宾段航道整治工程，研究论证宜宾至水富段航道整治工程。

（二）统筹推进支线航道建设

积极推进航道整治和梯级渠化，提高支流航道等级，形成与长江干线有机衔接的支线网络。加快建设合裕线、信江、赣江、江汉运河、汉江、沅水、湘江、乌江、岷江等高等级航道，抓紧实施京杭运河航道建设和船闸扩能工程，系统建设长江三角洲地区高等级航道网络。研究论证金沙江攀枝花至水富、引江济淮通航和长江水系具有开发潜力航道升级改造的可能性，统筹推进其他支线航道建设。

（三）促进港口合理布局

优化港口功能，加强分工合作，积极推进专业化、规模化和现代化建设，大力发展现代航运服务业。加快上海国际航运中心、武汉长江中游航运中心、重庆长江上游航运中心和南京区域性航运物流中心建设。推进上海港、宁波—舟山港、江苏沿江港口功能提升，有序推进内河主要港口建设，完善集装箱、大宗散货、汽车滚装及江海中转运输系统。

（四）加强集疏运体系建设

以航运中心和主要港口为重点，加快铁路、高等级公路等与重要港区的连接线建设，强化集疏运服务功能，提升货物中转能力和效率，有效解决“最后一千米”问题。推进港口与沿江开发区、物流园区的通道建设，扩大港口运输服务的覆盖范围。

（五）扩大三峡枢纽通过能力

挖掘既有船闸潜力，启动三峡及葛洲坝既有船闸扩能和三峡至葛洲坝两坝间航道整治工程。加快完善公路水路无缝衔接的翻坝转运系统，大力推进铁路水路有效连接的联运系统建设，抓紧建设三峡枢纽货运分流油气管道，积极实施货源地分流。加强三峡枢纽水运新通道和葛洲坝枢纽水运配套工程前期研究工作。

（六）增强长江干线过江能力

统筹规划、合理布局过江通道，做好隧道桥梁方案评选、洪水影响评价等论证工作，充分利用江上和水下空间，着力推进铁路、公路、城市交通合并过江，节约集约利用土地和岸线资源。优化整合渡口渡线，加强渡运安全管理。促进过江通道与长江航运、防洪安全和生态环境协调发展，实现长江两岸区域间、城市间以及城市组团间便捷顺畅连接，形成功能完善、安全可靠的过江通道系统。

三、强化枢纽，发挥中心城市作用

按照“零距离换乘、无缝化衔接”要求，加快建设 14 个全国性综合交通枢纽（节点城市）和重要区域性综合交通枢纽（节点城市）。加强客运枢纽一体化衔接。根据城市空间形态、旅客出行等特征，合理布局不同层次、不同功能的客运枢纽。实现城市轨道交通、地面公共交通、市郊铁路、私人交通等设施与干线铁路、城际铁路、干线公路、机场等紧密衔接。鼓励采取开放式、立体化方式建设交通枢纽，尽可能实现同站换乘。

完善货运枢纽集疏运功能。统筹货运枢纽与开发区、物流园区等的空间布局。按照“无缝化衔接”要求，建设能力匹配的公路、铁路连接线和换装设施，提高货物换装的便捷性、兼容性和安全性，降低物流成本。

加快综合交通枢纽规划工作，做好与省域城镇体系规划、城市总体规划、土地利用总体规划等的衔接与协调。统筹综合交通枢纽与产业布局、城市功能布局的关系，以综合交通枢纽为核心，协调枢纽与通道的发展。

建设上海、南京、连云港、徐州、杭州、宁波、合肥、南昌、长沙、武汉、重庆、成都、贵阳、昆明等全国性综合交通枢纽（节点城市）以及南通、芜湖、九江、岳阳、宜昌、泸州等重要区域性综合交通枢纽（节点城市）。

四、轨道主导，增强客运能力

通过有效整合、科学规划、政策保障、合理推进，建成一个全方位、多层次、多元化、换乘高效、服务一流的轨道交通体系，实现对长江经济带发展的合理引导和强力支撑。形成以沿江、沪昆高速铁路为骨架的快速铁路网和以沿江、衢（州）丽（江）铁路、沪昆铁路为骨架的普通铁路网。

加强快速铁路建设，重点建设上海经南京、合肥、武汉、重庆至成都的沿江高速铁路和上海经杭州、南昌、长沙、贵阳至昆明的沪昆高速铁路，建设商丘经合肥至杭州、重庆至贵阳等南北向高速铁路和快速铁路，形成覆盖50万人口以上城市的快速铁路网。

五、优化公路，完善交通网络结构

积极推进国家高速公路建设。以上海至成都、上海至重庆、上海至昆明、杭州至瑞丽等国家高速公路为重点，统筹推进高速公路建设，消除省际间“断头路”，尽快形成连通20万人口以上城市、地级行政中心、重点经济区、主要港口和重要边境口岸的高速公路网络。在科学论证和规划基础上，建设必要的地方高速公路，作为国家高速公路网的延伸和补充。

加大普通国道、省道改造力度。加快普通国道建设，消除瓶颈路段制约，提高技术等级和安全水平，使东中部地区普通国道二级及以上公路比重达到90%以上，西部地区普通国道二级及以上公路比重达到70%以上。配套完善道路安全防护设施和交通管理设施设备。加强省际通道和连接重要口岸、旅游景区、矿产资源基地等的公路建设，实现主要港口、民航机场、铁路枢纽、重要边境口岸、省级以上工业园区基本通二级及以上公路。

第二十章　产业转移与升级：建设现代产业走廊的模式与路径

国家发展改革委、科技部、工业和信息化部于 2016 年 3 月 9 日联合发布《长江经济带创新驱动产业转型升级方案》。该方案提出，加快创新驱动促进产业转型升级，构建长江经济带现代产业走廊。到 2020 年，长江经济带在创新能力、产业结构、经济发展等方面取得突破性进展；到 2030 年，创新驱动型产业体系和经济格局全面建成，创新能力进入世界前列，区域协同合作一体化发展成效显著，成为引领我国经济转型升级、支撑全国统筹发展的重要引擎。我们认为，要想深入推进长江经济带产业转移与升级，建设现代产业走廊，应当坚持“创新发展，协同发展，绿色发展，开放发展”的“四位一体”发展模式。实现该发展模式的基本路径包括：坚持创新驱动；优化产业结构；深化产业转移；培育世界集群；共建开发区；推进绿色发展。

第一节　坚持创新驱动：建设现代产业走廊的“牛鼻子”

一、健全创新体制机制，构建区域创新体系

（1）加快推动区域创新要素一体化，构建区域创新收益共享机制。在长江经济带范围内，实现创新要素共享、创新信息及时更新、区际无障碍流动，在创新层面实现企业间合作共享，提高经济带内企业创新效率和竞争力。要想促进创新要素市场一体化，需要实现高端人才市场一体化、知识产权市场一体化以及搭建创新服务平台，完善创新市场一体化体制机制建设。努力突破行政区域经济利益的束缚，通过制度创新，建立创新收益溢出及共享核算标准，构建创新收益共享机制，实现企业、高校及科研院所等创新载体互动机制，区域创新合作各方获

得发展红利。

（2）构建产学研用协同创新机制，加快推动创新资源的流动。加强上中下游合作，统筹协调各区域的技术创新主体，建立共同参与、利益共享、风险共担的产学研用协同创新机制。加快推动区域创新资源引进和整合，促进创新资源流动和创新成果交流。创建具有国际竞争力的创新资源集聚区，系统推进上海、安徽（合芜蚌）、武汉、四川（成德绵）的全面创新改革试验，研究推动国家自主创新示范区布局。建设一批高新技术产业开发区、创新型（试点）城市和创新型省份，进一步发挥国家高技术产业基地的集聚与引领作用。

（3）推动上海加快建设全球科技创新中心，发挥创新发展的龙头带动作用。努力把上海建设成为世界创新人才和高新科技企业集聚度高、创新创造创意成果多、科技创新基础设施和服务体系完善的综合性开放型科技创新中心；成为全球创新网络的重要枢纽，国际性重大科学发展、原创技术和高新科技产业的重要策源地之一。跻身全球重要的创新城市行列，发挥长三角地区对长江经济带创新发展的龙头带动作用。

二、加快创新平台建设，增强创新内生动力

（1）加强创新平台规划布局，完善创新公共服务建设。以全要素整合、全产业链创新为理念，按照“企业主体、市场机制、任务导向、政府服务”原则，以支撑和引领长江经济带传统产业转型升级、新兴产业快速发展为宗旨，全面建设产业共性技术创新平台、产业专业技术创新平台和产业技术创新综合服务平台等新型创新载体。加强统筹规划、共建共享，布局一批面向长远、技术先进的国家创新平台。完善和新建一批工程（技术）研究中心、工程实验室、国家（部门）重点实验室，支持建设一批国家地方联合创新平台。优先布局一批区域制造业创新中心，推动有条件的地方建立长江经济带工业技术研究院，建设和完善一批面向企业的公共技术服务平台。在集成电路、生物医药、智能机器人、航空装备、光电子、高性能医学诊疗设备、生物工程育种、新型平板显示、卫星导航、轨道交通等领域创建产业技术创新战略联盟。

（2）鼓励企业参与高新技术研发与应用，增强企业创新内生动力。进一步拓宽科技研发平台产业领域，在高新企业广泛建立研发平台的基础上，将研发平台向规模以上企业延伸。重点鼓励应用高新技术和先进适用技术改造提升传统产业，推动产业结构优化升级。加强企业技术中心建设，继续培育和认定一批企业技术中心和技术创新示范企业。选择一批行业影响大、创新实力强、发展机制好、成长空间大的企业实施创新企业百强工程，面向重点行业和领域提升骨干企业创新能力。促进国家重大科技基础设施和大型科研仪器向社会开放，实现跨机

构、跨地区开放运行和共享。

三、加快创新成果转化，提升科技创新效率

（1）完善科技成果转移转化机制，促进创新成果与市场需求对接。下放高校和科研院所科技成果的使用权、处置权、收益权，对高校和科研院所由财政资金支持形成、不涉及国防、国家安全、国家利益、重大社会公共利益的科技成果，主管部门和财政部门不再审批或备案，由高校和科研院所自主实施转移转化，成果转移转化收益全部留归单位。争取支持科技成果转移转化的普惠税制等在上海先行先试。支持骨干企业联合高校、科研机构、行业协会组建产业技术创新战略联盟，共建科技成果产业化试验平台，面向产业需求开展中试和技术熟化，加快新技术、新工艺、新产品的示范应用。在产业基础较好的地区，探索建立长江经济带技术交易网络平台、技术转移中心和知识产权交易中心。完善创新成果转化资金保障机制，加强科技成果转化引导基金、新兴产业创业投资基金联动，引导金融和社会资本投资区域创新创业。在现代农业、高端装备、新材料、新能源、电子信息、生物、节能环保等产业优势集中的区域，试点建设一批技术转移中心和科技成果转移孵化基地。

（2）以“互联网+”推动长江经济带技术合作，打造新的技术制高点。长江经济带沿线新兴产业集聚度高、人才资源充足、科教事业发达、技术与管理先进、创新意愿强烈。在长江经济带开展技术转移、加速创新资源的流动，显得十分迫切。“互联网+”为长江经济带技术合作提供了新的思维模式和服务手段，有望催生一种新的经济业态。要求坚持创新驱动，智能转型，把新兴产业和新型业态作为竞争高地，壮大信息服务产业、加快培育消费增长点，打造大众创业、万众创新的新引擎，促进以云计算、物联网、大数据为代表的新一代信息技术与先进制造业、现代服务业的深度融合创新，以打造新的技术制高点和产业增长点。

四、打造双创示范基地，激发创新创业活力

（1）营造大众创业、万众创新良好氛围，推动技术创新与公共服务新模式。加快实施“互联网+”创业创新行动，充分利用互联网、物联网、大数据、云计算、人工智能等新一代信息技术，培育形成新兴产业，推动生产组织、企业管理、商业运营模式创新，降低全社会创新创业门槛和成本，推动将互联网创新创业纳入国家创新和就业体系。在有条件的地方研究探索创业券、创新券等公共服务新模式，为创业者和创新企业提供培训、咨询、管理、设计等服务。加快建设一批市场化、专业化、集成化、网络化的众创空间，为小微创新提供低成本、便

利化、全要素、开放式的创新创业综合服务平台。

（2）打造一批新兴产业“双创”示范基地，建设创业创新支撑平台。建设集孵化区、加速区、科研区、产业区、生活休闲区和产业规划展示馆“六位一体”的长江经济带新兴产业创新创业高地。加快实施新兴产业“双创”三年行动计划，重点扶持一批创业孵化、创业辅导、公共服务等创业服务平台。进一步打造众创众包众扶众筹支撑平台，支持建设一批“双创”示范基地，发挥“双创”、“互联网 +”的乘数效应，扶持一批创业创新支撑平台。

第二节　优化产业结构：建设现代产业走廊的关键所在

一、加快推动工业转型升级，积极打造工业新优势

（1）结合《中国制造 2025》，大力发展战略性新兴产业。结合《中国制造 2025》战略，瞄准未来产业竞争制高点，加快发展高端装备制造、新一代信息技术、节能环保、现代生物、新材料、新能源、新能源汽车等战略性新兴产业，着力提升技术研发水平，推动产业转型升级和结构调整。

在高端装备制造领域，重点发展以干支线飞机和通用飞机为主的航空装备，做大做强航空产业。积极推进空间基础设施建设。依托客运专线和城市轨道交通等重点工程建设，大力发展轨道交通装备。开发海洋资源，大力发展海洋工程装备。强化基础配套能力，积极发展以数字化、柔性化及系统集成技术为核心的智能制造装备。

在新一代信息技术领域，加快建设宽带、泛在、融合、安全的信息网络基础设施，推动新一代移动通信、下一代互联网核心设备和智能终端的研发及产业化，加快推进三网融合，促进物联网、云计算的研发和示范应用；着力发展集成电路、新型显示、高端软件、高端服务器等核心基础产业；提升软件服务、网络增值服务等信息服务能力，加快重要基础设施智能化改造；大力发展数字虚拟等技术，促进文化创意产业发展。

在节能环保领域，重点开发推广高效节能技术装备及产品，实现重点领域关键技术的突破，带动能效整体水平的提高；加快资源循环利用关键共性技术研发和产业化示范，提高资源综合利用水平和再制造产业化水平；示范推广先进环保技术装备及产品，提升污染防治水平，推进市场化节能环保服务体系建设；加快

建立以先进技术为支撑的废旧商品回收利用体系，积极推进煤炭清洁利用、海水综合利用。

在现代生物领域，大力发展用于重大疾病防治的生物技术药物、新型疫苗和诊断试剂、化学药物、现代中药等创新药物大品种，提升生物医药产业水平。加快先进医疗设备、医用材料等生物医学工程产品的研发和产业化，促进规模化发展；着力培育生物育种产业，积极推广绿色农用生物产品，促进生物农业加快发展，推进生物制造关键技术开发、应用于示范。

在新材料领域，大力发展稀土功能材料、高性能膜材料、特种玻璃、功能陶瓷、半导体照明材料等新型功能材料；积极培育高品质特殊钢、新型合金材料、工程塑料等先进结构材料；提升碳纤维、芳纶、超高分子量聚乙烯纤维等高性能纤维及其复合材料发展水平。开展纳米、超导、智能等共性基础材料研究。

在新能源领域，积极研发新一代核能技术和先进反应堆，发展核能产业。加快太阳能热利用技术推广应用，开拓多元化的太阳能光伏光热发电市场；提高风电技术装备水平，有序推进风电规模化发展，加快适应新能源发展的智能电网及运行体系建设。因地制宜开发利用生物质能。

在新能源汽车领域，着力突破动力电池、驱动电机和电子控制领域关键核心技术，推进插电式混合动力汽车、纯电动汽车推广应用和产业化。同时，开展燃料电池汽车相关前沿技术研发，大力推进高能效、低排放节能汽车发展。

（2）改造提升传统优势产业，实现高端化发展。当前要突出抓好钢铁、煤炭行业淘汰落后产能，坚持发挥市场倒逼作用，政府要发挥好顶层设计、战略导向及政策支持的作用，通过有针对性的政策引领产业不断转型升级，推动传统产业形成绿色、低碳、循环发展新方式，实现个性化设计、柔性化制造、网络化营销，以模式创新促进传统产业焕发生机，坚决有序有力地推动传统产业的改造升级。

在钢铁领域，加快推进沿江钢铁企业的兼并重组，促进钢铁制造业向高端化发展，用高新技术改造传统钢铁产业、发展循环经济，最大限度地利用新技术、新工艺、新设备和新材料建设低能耗、无污染和再循环经济项目。

在有色金属领域，适应新常态、调整结构是根本，当前尤其要把化解电解铝等行业产能过剩作为重点，通过扩大应用从根本上化解产能。同时，要靠创新驱动实现节能减排、扩大应用，更要靠创新驱动发展有色金属新材料，占领未来竞争制高点，推动行业实现高端发展。科研方向、投资重点、质量管理和标准制定，都要围绕创新驱动展开。

在石化领域，加大技术改造投入，设立石化产业振兴和技术改造专项，推动石化产业向高端化发展；同时积极实施企业兼并重组的政策，支持开展兼并重组的骨干企业实施技术改造，调整产品结构。加快推进炼化一体化项目，扩大炼油和乙烯生产能力，延伸发展合成树脂、合成橡胶、聚酯、聚氨酯、特种纤维、聚碳酸酯等产业链，完善石化生产力布局，重点提升大型炼化能力、做精做优化学工业、页岩气产业化。

在纺织领域，纺织企业要加快推进传统生产领域的技术改造，化解部分过剩产能，全面实施创新驱动发展战略，促进工业化与信息化深度融合，促进纺织行业发展向中高端水平迈进。

（3）加快推动两化融合，提升工业信息化水平。构建沿江信息大通道，提升国际通信互联互通水平，加强国际出入口局建设，支持骨干网络向大容量高智能方向演进。大力推进无线局域网建设，加快下一代互联网规模化商用，推动下一代广播电视网络建设。加快云计算数据中心建设布局，积极引导大型云计算数据中心在能源优势、地质结构稳定地区有序建设。推动信息网络集约化发展，统筹宽带网络与公路、铁路、市政等公共基础设施的共建共享。发展数字化城市，统筹数字化城市管理信息系统、地理空间信息等资源。发展智能交通，实现交通诱导、指挥控制、调度管理和应急处理的智能化。

（4）推动工业节能减排，实现绿色低碳发展。完善工业绿色发展的政策标准体系，推进工业节能监测分析平台建设，规范行业准入管理。筛选沿江地区清洁生产水平提升计划、区域工业绿色转型发展试点等工作，组织实施工业绿色发展专项行动。加快先进适用技术推广应用，加快发展节能环保产业。坚决落实淘汰落后和过剩产能，及时将淘汰钢铁、水泥、平板玻璃等行业产能任务分解下达到各地。

二、发展壮大现代服务业，构建“一点多极”新格局

（1）重点发展高技术服务业和科技服务业，构建协同创新新机制。第一，依托现有的高技术服务业和科技服务业的发展基础，重点发展高技术的延伸服务和相关科技支撑服务，推动信息技术服务、研发设计服务、知识产权服务、检验检测服务、创业孵化、科技咨询、科技金融、数字内容服务、科技成果转化服务、电子商务服务、生物技术服务等领域加快发展。加强培育高技术服务业和科技服务业所需人才，构建高技术服务业和科技服务业人才支撑体系，多形式、大规模开展高技术服务业和科技服务业人才培养，鼓励高技术服务业和科技服务业相关企业建立人才培训基地，建立企业互动的学习型组织，重点培育创新型科技人才。第二，加快构建高技术服务业和科技服务业的协同创新机制。随着物联网的广泛应用和智慧城市建设的深入，协同创新正成为信息社会的有效驱动机制，是高技术服务业和科技服务业成功的重要因素。随着经济的不断发展，消费者的

需求日趋呈现出多样化的特点，只有根据消费者的需求变动不断创新供给，促进高技术服务业和科技服务业专业化、网络化、规模化发展，才能迎合消费者的需求，最终占据大众市场。

（2）加快发展生产性服务业，推动经济提质增效升级。加快发展生产性服务业，是向结构调整要动力、促进经济稳定增长的重大措施，既可以有效激发内需潜力、带动扩大社会就业、持续改善人民生活，也有利于引领产业向价值链高端提升，实现服务业与农业、工业等在更高水平上有机融合，推动经济提质增效升级。积极培育和发展生产性服务业。一是加强新材料、新产品、新工艺研发应用，鼓励设立工业设计企业和服务中心，发展研发设计交易市场。二是建设物流公共信息平台和货物配载中心，加快标准化设施应用，推进第三方物流与制造业联动发展。三是提高信息技术服务水平，促进工业生产流程再造和优化。加快农村互联网基础设施建设。推广合同能源管理，积极发展社会化节能环保服务体系。四是推广制造施工设备、运输工具、生产线等融资租赁，创新抵押质押、发行债券等金融服务。发展战略规划、营销策划、知识产权等咨询服务。五是鼓励服务外包，加快发展第三方检验检测认证服务。大力培养生产性服务业急需的高端人才和创新团队。

（3）大力发展生活性服务业，打造新的经济增长点。大力发展生活性服务业，为经济发展新常态下扩大消费需求、拉动经济增长、转变发展方式、促进社会和谐提供有力支撑和持续动力，加快推进以新型城镇化建设为契机，围绕人民群众日益增长的旅游、文化、医疗、养老等消费需求，发展旅游休闲、健康养老、家庭服务、文化教育医疗保障、健康检测、卫生保健、康复护理等生活性服务业，推动生活消费方式由生存型、传统型、物质型向发展型、现代型、服务型转变。加快发展生活性服务业要坚持消费引领，强化市场主导；坚持突出重点，带动全面发展；坚持创新供给，推动新型消费；坚持质量为本，提升品质水平；坚持绿色发展，转变消费方式。同时也要着力深化改革开放、改善消费环境、加强基础设施建设、完善质量标准体系、加大财税金融价格土地政策引导支持、推动职业化发展、建立健全法律法规和统计制度，加快完善体制机制，营造良好市场环境。支持互联网、移动互联网在便民服务、便捷交通等领域的深度应用，推动以互联网为载体的线上线下互动。

三、提升农业现代化水平，推进产业融合发展

（1）推动农业创新，完善现代农业发展体制机制。加快转变农业发展方式，发展多种形式适度规模经营，发挥其在现代农业建设中的引领作用。统筹推进农村土地征收、集体经营性建设用地入市、宅基地制度改革试点，稳妥有序开展农村承

包土地的经营权和农民住房财产权抵押贷款试点。要着力突破一批共性关键技术，加快解决现代种业提升、主要农作物生产全程机械化、农业信息化等突出问题。

（2）大力发展绿色农业，实施“互联网+”现代农业行动。大力发展绿色农业、特色农业和品牌农业，加快种养结合、农牧结合，推进粮改饲和种养一体化模式试点，积极发展多种形式的适度规模经营，构建优势区域布局和专业生产格局，推动产销区合作和区域融合。延伸农业产业链，支持发展农机服务、疫病防控、农产品运销等农业生产性服务业，大力发展农产品加工业，加快发展农产品流通业，提高农产品附加值。大力发展农业新型业态，引入资本、技术等要素、产业组织方式和新的商业模式，实施“互联网+”现代农业行动，支持农产品电商、农资和农技网络服务、农村互联网金融、智慧农业等新型业态发展。

（3）注重农业技术研发，完善现代农业服务体系。提升农业技术创新能力，重点研发产业化技术，推广农业生产环节节能技术和农业机械节油技术。构建新型农业社会化服务体系，加强培育专业大户和家庭农场，建立健全自主形成的农业合作社组织机制，推进国家有机食品生产基地建设。打造具有农业前沿技术、产业化实践经验、产业链辐射广的龙头企业。大力发展农村电子商务，开拓和完善农产品供销市场体系。

第三节 深化产业转移：建设现代产业走廊的内在动力

随着工业化的发展，东西部地区的产业梯度仍会长期存在，地区间产业合作的空间很大。东部地区急需结构转型，中西部地区面临新一轮产业发展的空间。长江经济带建设必将带来新一轮沿江产业转移的大潮。

一、以区域合作为导向，创新区域协同体制机制

（1）发挥政府引领作用，推动跨区域合作。在这种跨区域规划中，地方政府发挥的作用很关键。而随着长江经济带建设的加快，各省之间的竞争也将越来越大。地方之间竞争主要存在于税收、政绩考核、招商引资等方面。一些地方政府为了地方利益而大面积招商，可能滥用财税、土地等优惠政策，造成土地、资源污染和浪费，引发恶性竞争。新一轮沿江产业转移以区域合作为导向，加强顶层设计，在区域产业发展规划中做出明确制度安排。各地更应该发展特色产业，避免同质化竞争，增强协调。要克服狭隘的地区利益和眼前利益，打破行政界

限，建设区域统一市场、提供公共服务，引导企业积极参与区域合作，主动帮助企业在区域合作中遇到的困难问题，提高企业参与区域合作的积极性。

（2）以产业链为整体，加强上中下游产业互动。发挥上中下游各自优势，推动建立科学合理、分工协作的产业布局。结合重大生产力布局规划、主体功能区定位，坚持政府引导和市场机制相结合、产业转移与升级相结合、优势互补与互利共赢相结合、资源开发与生态保护相结合。

（3）探索合作管理模式，实现利益共享机制。加强园区间合作，探索股权合作模式。探索互利共赢的财政政策，开辟共同开发区域，共享互补两地政策，合理税收分成，共享发展红利，实现共同开发，构建全方位、紧密型的平台合作开发模式。

二、坚持质量效益优先，注重资源环境保护

长江中上游地区必须以质量、效益、结构为导向承接新的产业转移。凡是转移之后产能得不到提升、技术得不到加强、节能降耗水平得不到提高、效益和市场竞争力得不到增强的产业和项目，就不该承接。另外，应通过产业转移带动先进理念的拓展和人才的流动，让对外开放的前沿理念深入长江中游、上游，加速推进全流域产业崛起。在承接过程中必须以环境保护为导向，对污染十分严重、处理能力不强、处理成本过高的企业、项目，采取“拒绝制”，更多地承接附加值大、污染少、容纳就业人口比较多的产业，走可持续发展的道路。

三、优化产业空间布局，明确产业分工地位

长江沿江各地区应遵照“统筹规划、因地制宜、发挥优势、分工合作、协调发展”的原则，将流域产业开发放到整个流域、整个区域的大系统中来谋划，制定长江经济带统一的产业发展和空间布局规划。

（1）对于长江上游地区而言，工业发展要紧紧围绕“西部大开发”战略，继续加强基础设施建设，支持资源优势转化为产业优势，大力发展特色产业。以重庆、成都、昆明、贵阳为中心，加强重点领域的应用示范，率先开展新兴技术及产品推广应用，支持发展专业服务、增值服务等新业态。支持产业重点产品、技术和服务，开拓国际国内市场，提升开发开放的质量和水平。坚持要素成本优势与市场优势双轮驱动，高起点、有针对性地承接下游产业转移，重点推动与中下游省市园区合作，形成长江上游地区与中下游地区互动型发展模式。

（2）对于长江中游地区而言，要依托现有基础，提升产业层次，推进工业化和城镇化协调发展。积极推动武汉城市圈、长株潭城市群、鄱阳湖城市群和皖江城市带建设，提升钢铁、有色金属、建材等原材料工业发展水平，壮大汽车、

装备制造及高技术产业实力，提升轻工、纺织服装业的国际竞争能力。优化服务业发展结构，大幅提升服务业比重。强化综合交通运输枢纽地位，完善物流体系建设。鼓励中游地区产业积极承接下游地区产业转移，支持湖北荆州、湖南湘南、江西赣南、皖江城市带等国家级承接产业转移示范区建设。

（3）对于长江下游地区而言，要紧紧围绕“长三角地区的龙头作用”的区域总体战略，带动和帮助中游和上游地区发展。巩固和发展具有全球影响力的先进制造业和现代服务业中心，提升制造业的层次和水平，加快发展服务外包、金融、物流、信息、研发等面向实体经济和信息消费的服务业，提高服务业的核心竞争力。围绕产业高端化、服务化、知识化、低碳化发展的要求，加强与中上游地区合作，鼓励高能耗、高污染行业向外转移。发展成为创新型经济、在更高层次上参与国际分工合作的先导区，发挥区域创新的辐射带动作用。

四、搭建产业服务平台，实现信息联通共享

（1）加快长江经济带区域空间信息平台建设。适应国际化现代物流需要，以信息化为手段，建立长江上中下游交通信息联通共享信息平台。在完善信息资源共建共享机制和统一数据标准的基础上，提升长江黄金水道集疏运能力，增强港口对市场的应变能力。建立完整的地理空间信息库，逐步提高地理空间信息社会化应用与共享程度，建成区域地理空间信息分发与交换中心，构建地理空间信息基础数据的汇交、分发、服务和交换体系，带动各领域信息系统的建设，促进信息资源共享与应用。

（2）搭建区域间产业转移促进服务平台，推动区域间的园区跨省市合作共建，引导长江经济带地区间产业合作和有序转移。综合运用产业政策、土地政策、环境容量和资源配置等手段，加强产业转移的政策引导和宏观调控。

五、以“一带一路”为契机，推动沿江产业“走出去”

（1）积极主动参与“一带一路”建设，实现“两带一路”大融合。实现长江经济带与“一带一路”的融合发展，既是区域经济发展的需要，也是地区产业发展的需要。一方面，长江中下游继续保持向东、向外开放的良好发展势头，开拓新的产业发展空间；另一方面，长江经济带不仅有制造业优势，而且有基础设施建设的技术力量，因此要充分发挥已有优势产业参与、共享“一带一路”建设成果。

（2）紧抓“一带一路”机遇，推动沿江中上游产业突围。对于长江经济带中上游地区而言，要紧紧抓住“一带一路”等国际、国内产业转移的良好机遇承接产业转移，在产业对接中增强本地产业的实力和核心竞争力，是实现区域经

济持续快速发展的重要途径。在承接产业转移过程中，要因地制宜，充分发挥自身独特的比较优势，根据各自的资源禀赋和产业特点，实行有差别地吸纳或承接，防止形成新的区域产业结构趋同，避免同质化竞争。发挥产业政策的导向作用，鼓励承接技术含量高的产业、非资源依赖型产业，以及为本地特色优势产业延伸配套加工的产业，实现承接产业转移与推动产业升级同步。

（3）依托“一带一路”，引领沿江产业“走出去”。“一带一路”沿线国家多为发展中国家，其工业化、城市化正处于起步或加速阶段。“一带一路”建设既可以把我国一些行业的产能利用起来，又可以拉动这些地区的经济增长，从而实现互惠互利。“一带一路”将拉开中国产业“走出去”的新大幕和新里程。基建、电力装备、能源、通信、航运、物流、农林牧渔业、农机及农产品生产加工等领域均存在深度合作的可能。

第四节　培育世界集群：建设现代产业走廊的重要抓手

一方面，以沿江国家级、省级开发区为载体，以大型企业为骨干，发挥中心城市的产业优势和辐射带动作用，打造五大重点领域产业集群；另一方面，发挥沿江产业带重点省市的优势条件和基础，瞄准发展潜力较强、市场前景广阔的产业领域，培育十大新兴产业集群。

一、聚焦重点，术业专攻：打造五大产业集群

在新型平板显示、集成电路、先进轨道交通装备、汽车制造、电子商务五大重点领域，布局一批战略性新兴产业集聚区、国家高新技术产业化基地、国家新型工业化产业示范基地和创新型产业集群，打造世界级产业集群。

（1）新型显示产业集群。中国是全球最大的平板显示产品消费市场，具有发展新型平板显示产业的基础和优势，但 2014 年国内新型显示平板自给率为 45%左右，还有一定的发展空间。如今，以京东方为代表的一批本土企业，已经具备了与世界一流企业竞争的实力，长江经济带将给这些新型平板显示企业带来新的发展机遇。2016 年，长江经济带新型平板显示产业规划的产能占到中国内地的 40%左右，以合肥、武汉、上海、重庆、成都为核心，依托显示面板生产线，打造新型平板显示产业集群意义重大，以创新驱动产业结构升级，同时为长江经济带乃至全国经济增长提质增效做出贡献。

（2）集成电路产业集群。集成电路产业是关系国计民生的重要基础性、战略性产业。近年来，在工信部的大力关心和指导下，长江经济带集成电路产业的发展取得了明显成效。以湖北省为例，湖北省的武汉新芯集成电路制造有限公司入选国家首批重点集成电路生产企业，同时不断突破技术瓶颈，其代码型闪存器技术水平居世界第一位，背照式影像传感器工艺全国领先，为湖北省产业转型提升做出了突出贡献。长江经济带以上海、湖北、江苏、重庆为核心，打造集成电路产业集群。首先，长江经济带要强化战略合作，高标准地推进集成电路项目建设，加强上海、湖北、江苏、重庆等地集成电路企业的沟通交流，引进消化吸收彼此先进技术；其次，整合长江经济带资源，以国家集成电路基地项目为龙头，着手整合长江经济带教育、人才等相关资源，努力形成存储器产业协作机制为形成世界级的集成电路产业集群提供支撑。

（3）先进轨道交通装备产业集群。先进轨道交通不仅有利于区域产业结构转型升级，同时也有利于区域环境质量的改善。以南京为例，南京积极打造轨道交通新型产业基地，不仅有利于南京产业结构的调整，同时也满足了南京市民更高的城市交通服务要求。因此应该着重整合长江经济带轨道交通产业设计、制造、人员管理等多方面的资源，以株洲、重庆、南京、成都为核心，提升城际轨道车辆制造能力以及轻轨、地铁组装能力和维修能力，打造先进轨道交通装备产业集群。

（4）汽车制造产业集群。依托四省的汽车产业，建立长江中游城市群汽车产业战略联盟，打破行政分割，破除市场进入壁垒，共建四省汽车产品销售一体化市场。以上海、武汉、重庆、安徽、长株潭区域、成都、浙江、南昌为核心，完善整车制造及配套产业链，大力发展新能源汽车产业，打造汽车制造产业集群，对于推动长江经济带产业结构转型升级、打造中国经济新的支撑带意义重大。

（5）电子商务产业集群。电子商务的发展，不仅创造了新的消费需求，引发了新的投资热潮，开辟了就业增收新渠道，为大众创业、万众创新提供了新空间，而且电子商务正加速与制造业融合，推动服务业转型升级，催生新兴业态。以沿江电子商务示范城市为核心，利用移动互联网新模式新业态，推动传统商贸流通企业发展电子商务，打造电子商务产业集群。

二、推陈出新，功能升级：培育十大新兴产业集群

在生物医药、研发设计服务、检验检测服务、软件和信息技术服务、新材料产业、现代物流、现代金融服务、节能环保、新能源装备、航空航天等领域，培育一批具有国际竞争力的本土跨国企业和专精特新的中小企业，形成骨干企业领军、中小企业配套协同发展的良好产业生态体系。

（1）发挥长江经济带重点省市积累的产业基础和天然优势条件，对于发展潜力较强、市场前景广阔的产业领域给予重点发展和扶持，在生物医药、研发设计服务、检验检测服务、软件和信息技术服务、新材料产业、现代物流、现代金融服务、节能环保、新能源装备、航空航天等领域，各项扶持政策要及时落地，加大科技创新的投入力度，积极培育产业链健全、专业协作机制完善、竞争力强劲的特色新型产业集群。

（2）新兴产业集群初期需要协调各方利益主体予以推进，所以，在集群发展初期，地方政府扮演着协调各方利益并积极引导推进产业集群的角色，但政府在集群发展中，应该以服务者的姿态出现在区域创新发展过程中，主动协调，做到站到位、不越位、不缺位；政府应从本地实际情况出发，制定相应的产业政策，既要突破地区比较优势理论的束缚，又要尊重地区发展的实际，为产业集群的形成营造良好的政策环境和社会环境。

三、提质增效，联动发展：推动上中下游集群一体化发展

一方面，通过优化供给、改造传统、淘汰落后、提质降耗等途径，以绿色发展理念引领长江经济带世界级产业集群建设，统筹推进沿江各省市生态环境改善和产业布局优化，协同走出一条绿色低碳循环发展之路，引导产业集群向高端化、智能化、知识化、低碳化方向发展；另一方面，围绕各地区产业优势，探索沿江各省市的一体化联动发展机制，实现长江上中下游产业集群协调性均衡发展。具体措施包括：推进口岸信息互联共享，探索跨区域多式联运与口岸监管的无缝衔接和无障碍流转；推动要素跨区域合理流动和优化配置，打破区域性市场壁垒，全面提高资源配置效率；加强合理分工与协作，提高产业内一体化程度，避免重复建设和同质化竞争。

第五节　共建开发区：建设现代产业走廊的重要载体

为贯彻落实《国务院关于依托黄金水道推动长江经济带发展的指导意见》（国发〔2014〕39号），引导长江经济带产业转型升级和分工协作，促进产业转移和生产要素跨区域合理流动和优化配置，国家发改委于2015年6月30日发布《关于建设长江经济带国家级转型升级示范开发区的实施意见》，提出以长江经济带国家级、省级开发区为载体，开展长江经济带国家级转型升级示范开发区的建设工作。2016年6月，发改委继续发布《关于建设长江经济带国家级转型升

级示范开发区的通知》，同意将苏州工业园区等33个开发区确定为转型升级示范开发区。通知指出：以坚持生态优先、转变发展方式、创新体制机制为导向，推进转型升级示范开发区在绿色发展、创新驱动发展、产业升级、开放合作、深化改革等方面探索所有经验，取得实际成效。

一、发挥引领示范作用，有效承接产业转移

（1）应当由上海牵头，依托上海园区开发和园区二次创业的经验和优势，鼓励上海与沿岸省市共建国家级示范开发区。发挥示范开发区的引领与示范作用，推动长江经济带产业优化升级，实现长江上中下游地区良性互动，逐步形成以示范开发区为主、省级开发区为辅，且分工合理、特色鲜明、优势互补的长江经济带产业协同发展的格局。

（2）对于长江下游经济发达地区而言，用沿海、沿江岸线资源，重点发展现代服务业、先进制造业和战略性新兴产业，积极承接国际产业转移，选择建设示范开发区，形成一批特色支撑点，促使开放型经济迈进新水平。

（3）对于长江中上游地区而言，应当继续贯彻“一带一路”、向西开放等战略要求，与东部开发区建立协同跨区域联动机制和合作联盟，积极承接国际、沿海产业转移，选择建设示范开发区，引导企业向示范区集聚，促进人口归流、本地就业和经济社会协调发展。

二、创新区域协调发展，构建区域联动机制

（1）完善区域利益协调机制，建立开发区省际联席会议制度。长江经济带涵盖11个省市，各行政单元都有自己的利益诉求。长江沿线各省市发展程度不一，全流域观念欠缺，长江经济带一体化中最本质的也是很难解决的是行政区划带来的利益分割。这就需要对接国家顶层设计，加强11个省市之间、省市县之间政府协调联动，调动社会各方面的积极性，形成政府联动、企业主动、民间促动的合力。在合作共赢的前提下，完善跨行政区的利益协调机制，应高位推动，建立经济带内省际联席会议制度，每年定期召开会议，就合作中需要解决的重大问题进行集体磋商，统一部署落实。

（2）建立政府与市场“各负其责、有机配合”的分层推进的区域合作机制。在跨区域交通、生态文明建设、对外开放、社会事业等公共性产品体制机制改革方面，更需要政府承担主导责任，并积极探索PPP模式，鼓励社会资本参与提供公共产品和公共服务；在产业发展、跨区域投资等体制机制改革方面，涉及各级政府的财税收入，既要遵循市场规律的客观要求，深化行政审批制度改革；又要着眼于区域利益和整体利益的共赢，加强各级政府的沟通与协调。

三、深化园区合作机制，引导产城同步发展

（1）深化长江流域园区合作联盟，推动长江经济带园区产业合作对接。以长江流域园区合作联盟为依托，推动上海张江高新区、武汉东湖新区、重庆两江新区、南京高新区和合肥高新区国家重点高新区等59个园区产业合作对接。

（2）选择建设产城互动示范开发区，引导产业和城市同步融合发展。以依托示范开发区为主，在地、县两级按工业集中、产业聚集、用地集约的要求，建立利益共享机制，提高工业集中度、产业集聚度，突出主导产业特色。选择建设示范开发区，通过产城互动、产城融合，建设美丽乡村、旅游古镇等配套，吸引人才回归。

四、坚持创新驱动引领，深入推进制度改革

顺应全球新一轮科技革命和产业变革趋势，大力发展战略性新兴产业，推动沿江产业由要素驱动向创新驱动转变。坚持创新驱动，建设科技引领示范开发区，发展建设公共企业研发平台，有效保护知识产权，支持建设国际科技合作中心，增强长江经济带产业竞争力。大力推进投资、贸易、金融、综合监管等领域制度创新，试行负面清单管理模式和商事改革。建立与国际投资、贸易通行规则相衔接的基本制度框架，形成可复制、可推广的成功经验。推进制度创新，建设投资环境示范开发区，加快上海自贸区27项改革措施的复制、推广和落地，打造国际化、法治化的营商环境，带动长江经济带向更高水平开放，增强国际竞争力。

第六节　推进绿色发展：建设现代产业走廊的基本保障

一、划定生态保护红线，构建生态安全格局

在长江全流域划定生态红线，强化长江沿江生态空间的保护，强化重要生态保护区、水源涵养区、江河源头区保护以及生态脆弱地区的生态保护，为长江经济带绿色发展提供资源环境保障，推动生态保护和绿色发展一体化。明确全流域分区域发展导向，上游保护优先，加快生态环境恢复；中游适度开发，科学发展，污染治理和预防并重；下游优化发展，率先转方式调结构。衔接发展规划和生态红线，进一步明确与水源保护、涵养有关的重要生态功能区、环境敏感区、脆

弱区，让生态价值高、生态脆弱的区域更好地承担生态维护功能。落实水生态环境功能分区管理制度，加强流域生态系统修复和环境综合治理，积极推进全流域城镇污水处理设施建设。贯彻落实好最严格水资源管理制度，做好水资源优化配置。

二、引导产业有序转移，建立合理开发格局

（1）引导沿江产业有序转移，加快沿江产业分工协作。消除长江经济带内部区域差异，不能转移高污染产业。优化沿江产业布局，合理引导产业转移，促进长江经济带发展提质增效升级。一方面，将长江下游地区建设成为世界金融中心、轻工业装备产品制造中心、高新技术研发和制造中心；另一方面，将长江上中游地区建设成为专业化农业生产基地、以钢铁和有色冶金为主的原材料基地、交通设备制造业基地。

（2）以生态承载力为底线建立合理的产业开发格局。沿江各省（市）以生态承载力为产业发展的基础和底线，从水资源供给、开发需求、地域与产业协调及可持续发展的角度出发，逐步调整沿江整体密集开发的空间布局，把转变经济发展方式作为主线，把产业结构调整作为主攻方向，按照“调高、调轻、调优、调强”的思路，推动经济结构优化升级，主动淘汰能耗高、污染重、安全隐患突出的落后产能，建立与环境容量、资源约束相适应的产业开发格局。

三、加快推动低碳减排，建设绿色示范开发区

加强生态建设和环境保护，推进节能减排，发展循环经济。加大沿江化工、造纸、印染、有色金属等排污行业治理力度，经过专业化、园区化处理，切实减少排污大户。选择建设示范开发区，建立低碳循环经济试点和生态园区，推动流域绿色循环低碳发展，保护长江生态。坚定不移地实施主体功能区制度，促进人口经济与资源环境承载能力相适应。有序利用长江岸线资源，加强生态环境协同保护。处理好长江航运建设与生态环境保护的关系，坚决淘汰落后污染产能，确保“一江清水”绵延后世。

四、统筹长江开发保护，创新流域管理体制

习近平总书记指出：“推动长江经济带发展，是国家一项重大区域发展战略。长江拥有独特的生态系统，是我国重要的生态宝库。当前和今后相当长一个时期，要把修复长江生态环境摆在压倒性位置，共抓大保护，不搞大开发。”因此，要从国家战略的高度考虑长江流域的经济发展、功能发挥、保护以及可持续发展这个大的系统工程。制定关于长江流域开发与保护的整体规划，创建流域管理与行政区域管理相结合的新体制，将流域管理与区域管理二者紧密结合，加强流域管理。

第二十一章　长江经济带旅游合作发展模式与路径研究

第一节　长江经济带旅游合作发展问题与困境

“十二五”期间，我国旅游业发展迅猛，产业规模持续扩大，产品体系日益完善，市场秩序不断优化，旅游业已成为我国最具发展活力与潜力的国民经济产业。然而，在当前形势下，要想实现旅游业的进一步发展必须树立“大旅游、大市场、大产业”的发展理念，强调区域旅游合作发展，这不仅是旅游业自身产业特征的需要，更是经济全球化与区域经济一体化的必然要求。长江经济带九省两市因地理位置邻近、历史文化相似与旅游资源互补，使其旅游合作发展成为可能。然而，目前长江经济带旅游合作发展面临诸多问题与困境，旅游合作发展水平整体仍相对较低，具体体现如下。

一、合作意识不强，竞争多于合作

长江经济带旅游合作的实施更多地表现为政府推动、行政撮合。这种政府主导的区域合作缺乏双赢的利益纽带，明里讲互利互惠，背地里却想方设法争夺资本、资源和政策，各方单打独斗，致使区域旅游不能形成合力。而且合作受传统封闭式发展观念的束缚，对合作的“大旅游、大发展、大区域”发展观念认识不足，在旅游景区、旅游接待设施等方面存在重复建设。

二、区域内旅游发展不均衡

由于长江经济带各省市旅游资源禀赋与经济发展水平均存在较大差异，造成长江经济带旅游业发展水平不平衡，这也为开展区域旅游合作带来一定的困难。一方面，旅游业发展的不平衡导致各省市在进行旅游合作时步调不能保持一致，一些合作项目很可能无法开展；另一方面，旅游业发展水平的不平衡意味着旅游业管理水平及人力资源水平的参差不齐，不利于省际之间的旅游交流与合作。

三、旅游业发展渗透着强烈的地方政府行为色彩

目前，长江经济带各政府间旅游合作一般采取集体磋商的形式，缺乏有效的利益协调机制，各地在很大程度上仍然按照自身发展的内在逻辑和实际需要来参与合作，而不是从整个区域发展的要求出发。因此，地方政府和相关旅游职能部门可以通过直接的行政干涉来影响旅游企业经营，导致利益主体与决策主体的背离，管理边界与功能边界错位，长远利益与短期利益失衡，使区域旅游合作和摩擦并存。

四、旅游合作发展缺乏跨部门的有效合作

旅游一体化涉及国民经济的各个部门，必须得到政府各部门的通力合作，而现有的长江经济带旅游合作协议往往是由各地旅游主管部门进行协商并签订的，其中相当一部分合作内容的权限并不属于旅游行政管理部门。另外，由于旅游行政管理部门在政府部门序列中排序较后，权威性不高，加之所涉及的非旅游相关部门不存在主动合作的内在动力，因此在推动旅游合作发展的过程中很难实现跨部门的有效合作。

第二节　长江经济带旅游合作发展的模式

一、政府主导型旅游合作发展模式

政府主导型旅游合作发展模式是在以市场为基础而配置资源的前提下，由政府组织、发动和协调各种社会主体的力量，加强地区之间旅游合作，促进整体旅游业发展的一种模式。政府主导型旅游合作发展模式一般在两种情况下发生：一是具有传统干预和控制经济的国家或地区；二是需要在短时期内推进旅游合作发展的国家或地区。政府主导型旅游合作发展模式的内容大致分为以下几个方面：

（1）召开政府间联席会议或举办高峰论坛。政府间首先建立一种具有一定组织权威的组织保障体系，确定一定的议事议程，在此基础上召开各种形式的协调会议、定期举行会晤交流、制订合作计划等；共同制定有利于区域间旅游业合作交流与发展的目标、政策、规章等，进而对区域旅游合作进行宏观、全面性的

引导、监督与协调。每次联席会议签署相应的合作宣言或协议，其内容侧重于探讨区域旅游合作中的一些宏观层面的重大发展问题，从区域整体层面把握旅游合作的总体方向、基本原则以及主要合作领域等。如为积极贯彻国家“一带一路”和长江经济带战略，依托黄金水道区域优势，2015 年 10 月 11 日下午，上海、江苏、浙江、安徽、江西、湖北、湖南、四川、重庆、云南和贵州 11 个省市旅游管理部门相关领导、上海市各区县旅游局、旅游企业负责人参加了在沪举办的“合作共赢，共话未来”长江经济带旅游产业合作论坛，并共同签署长江经济带旅游产业推广联合宣言。

（2）成立一定的合作组织，建立旅游业区域合作的政策和机制，为参与区域合作的所有主体提供政策保障、创造制度环境。区域间政府通过建立正式的或非正式的、常设的或临时的、紧密的或松散的合作组织，共同制定有利于区域间旅游业交流与合作的政策、制度、规章、协议、标准等，确定一定的议事规程，如召开各种形式的合作协调会议、定期举行会晤交流、解决问题、制订计划等。对区域旅游业的联合发展进行全面的、宏观的引导、监督、协调、服务和裁决，这是政府间合作最主要的形式。

（3）在跨区域的旅游市场整顿、旅游环境治理、旅游安全保障和公共突发事件应急处理等方面开展定期或不定期的合作。旅游业是一种综合性的产业，也是一种敏感性的产业，各种社会、经济、自然的因素都会影响旅游业的发展。在旅游业的区域合作中，由于区域间各种发展要素的差别，客观上存在旅游市场混乱、旅游环境恶化、发生旅游安全问题和公共突发事件等问题，这些消极因素都会不同程度地影响到旅游业区域合作的顺利开展，对这些问题和矛盾的处理和解决只有区域间政府的合作才能得以实现。因而政府间的旅游业联合的重要形式之一就是联合行动，由区域间相关政府部门联合成立临时的或常设性组织，运用行政、法律、经济等手段共同解决以上各种问题，为旅游业区域合作创造良好的环境条件。

（4）联合进行区域旅游形象对外宣传推广，共同组织对外市场促销。主要表现为通过共同设计推出区域旅游宣传口号、统一参加旅游交易会、印刷统一的旅游宣传资料、绘制统一的交通指示图等方式对长江经济带旅游形象进行整体推介。长江经济带由于地理位置的邻近性、历史文化相似等原因更容易在合作营销方面达成共识，形成区域旅游宣传的集聚效应。如 2013 年以来，武汉、长沙、南昌与合肥为将四省会城市的美景美食让更多人知晓，除了联合“吆喝”，还将共推旅游营销官网、微博、报纸杂志等媒体的合作，定期宣传和推广各地旅游资源和产品，并共同策划举办重大节庆展会活动，探索开发区域旅游商品。

二、企业主导型旅游合作发展模式

旅游业的跨区域联合发展，大部分是通过旅游企业的跨区域合作体现的。企业主导型旅游合作模式是企业根据市场需求变化和自身发展需要而自愿开展的合作，在该合作模式中，政府所起的作用相对较小，主要是企业根据自身利益组成适合自己的合作联盟，具体可细分为旅行社主导合作模式、景区主导合作模式和酒店主导合作模式三个方面的内容。

（一）旅行社主导合作模式

旅行社主导合作模式主要包括品牌共享、联合采购和统一营销等。旅行社之间开始合作后，可达成品牌共享，统一标识，可提高与景区、酒店和旅游交通等供应商的讨价议价能力，获得比单个小旅行社单独采购时更加优惠的折扣，从而降低旅游产品组合成本，提高客源市场竞争力。中小旅行社合作成员整合自己的优势旅游产品和特色旅游线路，形成统一对外的旅游品牌。在合作方内部，各合作成员间可以优势互补、品牌共享。在对外营销方面，中小型旅行社借助品牌优势，以旅游产品为纽带，开展联合促销和宣传，可以节约广告费用，扩大宣传规模和力度，在短期内迅速降低成本、扩大市场。中小旅行社通过建立价格联盟，联合销售，丰富旅游产品的内容，满足旅游者的不同旅游消费需求，赋予旅游产品更多的服务质量内涵，增强差异化优势，拓宽旅游销售渠道。

（二）景区主导合作模式

目前，景区之间最主要的合作方式是景区联票制。所谓的景区联票制是指相互合作的景区将各自的门票都集中到一张票上，景区之间实现统一管理、统一营销的机制。游客通过购买一张联票，就可以游览全部合作的景区，免去了在各个景区分别排队买票的麻烦。目前，国内相关景区所实施的联票制主要分为两种：一种是合作景区不单独售票，游客只能购买套票，而不能根据自己的意愿进行单独选择购买单个景区的门票；另一种是相互合作的景区除了推出不同组合的联票外，还单独设置门票供游客选择。如 2013 年武汉、长沙、南昌与合肥推出“美丽中三角，我的家乡我的城”旅游一卡通服务，采用旅游联票的方式共推各城市旅游线路产品。

（三）酒店主导合作模式

酒店主导合作模式主要分为以下几个方面：①委托管理的合作方式，委托管理的合作方式主要是通过酒店业主与管理集团签署管理合同来约定双方的权利、义务和责任。管理集团能以自己的管理风格、服务规范、质量标准和运营方式向被管理酒店输出专业技术、管理人才和管理模式，并向被管理酒店收取约占营业额 2% ~5% 的基本管理费和约占毛利 3% ~6% 的奖励管理费的管理方式。该合作方式能以较强的酒店管理经验和能力，对下属酒店进行紧密的控制与管理，并减少投资风险。②合同管理的合作方式，合同管理是酒店业主通过与酒店集团签订经营管理合同，将酒店委托给该集团管理。合同期间该酒店可以使用集团商号及标志，加入集团营销系统，并全面接受酒店集团管理。酒店集团按该成员酒店净利润的一定比例收取管理费。这种方式有利于把酒店集团的利益同其托管酒店的业绩相挂钩。③租赁的合作方式，租赁的合作方式包括土地租赁和酒店租赁两种形式，前者是指土地所有者出租土地使用权，由承租人投资兴建酒店，后者指酒店业主将酒店租赁给承租人。按照国际惯例，租赁经营的期限一般为 25 年，承租人作为法人直接经营管理酒店。租赁费用包括双方协议商定的固定租金和一定比例的年销售收入，经营利润归承租人。④特许经营的合作方式，特许经营是以特许经营权的转让为核心的一种经营方式，利用管理集团自己的专有技术、品牌与酒店业主的资本相结合来扩张经营规模的一种商业发展模式。通过认购特许经营权的方式将管理集团所拥有的具有知识产权性质的品牌名称、注册商标、定型技术、经营方式、操作程序、预订系统及采购网络等无形资产的使用权转让给受许酒店，并一次性收取特许经营权转让费或初始费，以及每月根据营业收入而浮动的特许经营服务费的管理方式。该合作方式的特点是具有较强品牌实力及经营、管理、服务运作的能力以及有效地低成本扩张和品牌输出。⑤资本经营的合作方式，随着产权交易和资本市场的发展，资本经营的方式开始在旅店业悄然兴起。与租赁、特许经营、合同管理等模式不同，资本经营的核心和实质是以资本为纽带，通过兼并、收购、重组等资本运作，达到资本扩张和集约经营的目的。而酒店集团则以投资者身份赚取利润，通过独资、控股或参股等直接或间接投资方式获取酒店经营管理权，并对其下属系列酒店实行相同品牌标识、相同服务程序、相同预订网络、相同采购系统、相同组织结构、相同财务制度、相同政策标准、相同企业文化以及相同经营理念的管理方式。

第三节　长江经济带旅游合作发展的路径

一、加强区域联合，树立整体形象，寻求共同发展

区域旅游一体化是长江经济带旅游业健康发展的必由之路。为了实现区域联合，必须建立地区间旅游协调机制，加强各省市的合作与交流，协调各种关系，树立区域旅游整体形象，争取在短期内最大限度地实现资源共享和市场共享。因

此，各省市间必须进一步加强联系。首先，要联合进行旅游规划，使不同省市的旅游资源既能突出各地特色，又可达到整体优化组合。其次，要制订共同的促销计划，联合组织客源。再次，要建立完善的旅游交通网络，在各级政府主导下，各省市要加大资金投入，建设省市间的道路系统。最后，要进一步规范市场秩序，共同加强市场管理，努力提高服务质量，保护旅游者的合法权益，从而提高区域旅游的整体组织形象，获得共同发展。

二、树立新的旅游开发观念，联合进行旅游开发

首先，树立新的旅游资源观，在区域旅游开发中应充分利用包括传统资源和新的社会文化旅游资源在内的各种资源，形成一批精品、名品。其次，树立新的市场观念，不仅需要巩固、拓宽既有的客源市场，还应通过有针对性地设计开发新产品来培育新的市场。今后长江经济带开发旅游产品应遵循总体推出、分工开发的原则，结合各省市的资源类型进行开发，从而提高旅游产品的专业化水平，建设互补性旅游项目。最后，确立“大旅游”的观念，各旅游企业可进行跨区域互相代理或联合进行旅游开发，不同地区的旅行社可在旅游业的各个方面进行广泛的合作，既可以互相投资或联合经营饭店，也可以联合开发旅游区。此外，还必须树立旅游可持续发展的观念，注重旅游对社会、生态的影响，共同消除旅游的负面影响。

三、走集约型发展道路，提高行业素质，组建大型旅游业集团

传统的旅游业走的是粗放型发展道路，行业素质不高，投入大，收益小，旅游企业存在“散、小、差”的弊端。随着旅游业的不断发展，旅游企业展开了激烈的恶性竞争，从而导致服务质量下降，使旅游业陷入困境。为了扭转这一局面，必须努力抓好旅游人力资源的建设，全面提高行业素质。此外，还必须对旅游企业实行优胜劣汰，关闭一批管理差、规模小的企业。旅游企业进行跨地区资产重组，使长江经济带旅游生产要素合理流动，大力促进强强联合，组建大型旅游业集团，实现旅游业的集团化、规模化、集约化，以增强其竞争力。

第二十二章　长江经济带的区域治理模式

在长江经济带区域合作中存在着错综复杂的利益格局，且利益格局中的各合作利益也难以整合，为了各自的利益，合作方“各自为政”，从而导致合作动力不足。利益的冲突不仅会影响长江经济带区域合作的效率，而且也会制约区域一体化进程。因此，基于长江经济带一体化发展的需要，有必要从制度层面构建长江经济带区域一体化治理模式，推进区域公共事务的治理，降低区域市场的交易成本，提升区域合作效率。

第一节　区域治理模式的概念与特征

一、概念

区域治理模式理论还在不断的发展中，难以做出统一的概念界定。综合各位学者的观点，笔者认为，区域治理模式是指区域合作中不同主体，根据本区域的环境特征、自身及客体需求等因素，采用一定机制对区域合作中的具体对象进行治理的特定形式。简单而言，就是区域合作中的政府、市场、社会等治理主体，根据具体的制度环境等因素，采用一定的治理工具与手段，对地方利益及引发利益冲突的相关因素进行治理的特定形式。因此，治理模式主要是解决治理主体、治理客体与治理机制三个问题。

二、特征

从治理模式的内涵看，区域合作中的治理模式一般有下列三个特征：[①]

---

① Gerrry Stoek. Publie Private Remerships and Urban Govemance [M]. London: Macmillan, 1999.

第一，多元化的治理主体。与企业治理模式不同，区域治理没有传统意义上的自上而下的层级节制体系，中央政府与地方政府的界限、政府与社会的界限以及政府组织与非政府组织之间的界限已经变得很模糊。政府不能再随意垄断公共事务的处理和发展，企业、民营组织、非营利组织、志愿性团体都可根据不同的政策议题，参与各种治理行动。随着全球化、一体化的发展，全球性或国际性组织、跨国公司，也可直接或间接地参与到地方治理的过程中来。

第二，复杂性的治理客体。区域治理的客体就是区域合作中各方的利益，而这种利益诉求本身就是一个复杂的综合体，涵盖了地方政府的利益、政府官员个人利益、企业利益和居民利益，且这些利益涉及社会、政治、经济和文化等多方面内容，其中以经济利益为基础。因此，区域合作中各地方利益冲突的内容复杂，形式也多样。

第三，多样化的治理机制。总结国内外区域合作经验，我们发现区域治理机制也是多种多样：①市场机制，主要遵循市场规律，推动区域市场开放，形成统一的市场体系，引导要素跨区域流动、企业跨区域发展和产业跨区域转移；②空间组织机制，运用空间规划、空间开发、空间管制等多种空间组织方式，对区域空间进行全局谋划和战略指引，实现资源结构、产业结构和空间结构的最优配合；③合作机制，按照自愿参与，平等协商，互惠互利、优势互补的基本原则，在物资供应、技术支持、资金融通、信息共享、人才交流、资源开发，产业发展、基础设施建设、生态环境治理与保护、对外经济联系和贸易等方面，建立全方位的合作关系；④政府援助机制，采取区域互助、国家扶持、生态补偿相结合的方式，对欠发达地区进行持续性的扶持与帮助。

第二节　区域治理模式的类型及其应用现状

一、治理模式的类型

区域治理模式在不断发展中，当前区域治理的主要模式可以概括为四种，分别是科层制治理模式、市场机制治理模式、社群治理模式和网络治理模式。

科层制治理模式，是指政府通过行政的、经济的和法律的三种主要手段，将要素资源重新在区域空间上进行配置，组织和协调区域经济活动，实现区域经济一体化的发展。

市场机制治理模式，是指主要依靠市场力量和产业集聚效应，实现资源充分利用，再通过城市自身的发展，自发形成一定规模的区域经济圈。

社群治理模式，是指在区域治理中更加强调网络、互动及伙伴关系的力量。社群治理重新定义了各参与主体的角色以及政策制定与执行的过程，以便使社群居民达成一种社群意识。

网络治理模式，强调信任机制和协调机制的培育与构建，主张组织形式的网络化，采用政府、市场、社会等多元力量共同参与的方式。

二、治理模式的应用

在全球范围视野下，每种模式在区域治理实践中都有应用。

（一）科层制模式的应用

科层制治理模式的主要特征是其采取自上而下为主导的决策模式。高层管理者拥有一定的权威或支配力，以确保成员间的分工合作，化解成员间的矛盾冲突，使彼此权责分明，更好地完成任务。中国长江三角洲地区、珠江三角洲地区、京津唐地区、美国田纳西河流域以及日本东京大都市圈等，采用的是科层制模式。尤其是在法国、中国等单一制国家以及日本等国家，科层制特征更为显著。例如，日本除成立了国土厅等专门机构、编制全国综合开发计划、强化财政金融支持之外，还特别强调运用法律手段保障地方利益的维护与实现。

（二）市场机制治理模式的应用

新古典经济学认为市场机制能够实现社会资源的最优配置。市场机制治理模式是推动区域经济一体化、调整地方利益冲突的重要手段。国际上公认的，以纽约、伦敦、东京、巴黎、芝加哥为核心的世界五大都市圈，它们在区域经济一体化进程中，无不是依靠市场对资源优化配置的基础性作用。即使是政府干预色彩浓厚的法国，也尽可能减少对国有企业的干预，不断扩大企业的自主权，并将“管理自治”作为指导国有企业经营的基本原则。

（三）社群治理模式的应用

在公民社会成熟的国家与地区，社群治理模式得到较好的运用。例如，莱茵河保护委员会（ICPR）就是社群治理的典范。曾经的莱茵河污染状况十分严重，曾经号称“欧洲下水道”、“欧洲公共厕所”。然而，如今莱茵河成为沿途国家的饮用水源，是世界上管理得最好的一条河。其治理秘诀就在于 ICPR。尽管 ICPR 是一个民间组织，从来没有制定法律的权力，但就是这样一个松散的小组织，却有条不紊地管理着莱茵河。此外，欧盟委员会不断积极地把公民社会组织纳入欧盟治理过程中。欧盟规定，各机构应通过适当手段，给予公民社会组织和代表性利益集团在联盟的一切活动领域中表达和公开交换他们看法的机会；欧盟各机构应与代表性利益集团和公民社会组织保持一种开放、透明和定期的对话。

（四）网络治理模式的应用

网络治理模式在全球范围内逐渐成为一种趋势。在美国，各州与地方政府间的联系方式呈“网络互动”状态，各经济主体突破传统行政等级和辖区的界限，建立了网络式的互动机制。在北欧挪威海岸带地区，分权化的、相互依赖的、多元参与的网络模式，远远要比中央集权的管理模式更具活力。在欧盟，形成了超国家、国家、地区政府、公民社会组织等多层级的、网络参与的治理机制。这种多层级治理的模式混合了“没有政府的治理”和“开放方法的协调机制”的模式。

第三节 治理模式比较

科层制模式、市场机制模式、社群治理模式以及网络治理模式，它们构成了当代区域治理的基本模式。无论对于何种模式而言，均需要解决三个基本的问题：由谁来治理？治理什么？怎样治理？这三个问题概括了整个治理模式理论的核心框架，即治理主体、治理客体与治理机制。而对于协调地方利益冲突而言，无论是哪种治理模式，其治理对象大致相同，即为涵盖各利益主体的经济利益、政治利益等内容构成的利益综合体。因此，为了便于比较不同类型的治理模式，本部分从治理主体、治理机制以及治理绩效三个方面比较上述四类治理模式的差异。

一、治理主体比较

（一）科层制治理主体

对于科层制模式而言，政府是该模式的主要协调主体。政府既是一定辖区利益的代言人，又是区域协调、互动发展的基础与力量。作为治理主体的政府，有中央与地方之分，中央政府和地方政府在区域治理中扮演着不同角色。中央政府的目标主要是确保中央制定的法律和区域法规在区域发展中得到贯彻，同时这些法律法规构成了区域发展的制度环境；地方政府承担着区域管理的具体责任，通过为社会提供公共服务实现区域协调互动、推动区域发展进程。

（二）市场机制治理主体

在市场机制治理模式中，市场是主要的治理主体，而市场这一主体的主要力量是企业。一方面，区域一体化发展，区域内生产要素重新配置，企业可以获得较多的利益；另一方面，区域一体化发展，企业之间的互补性和竞争性增强，又有利于区域内生产要素的流动，使要素配置达到更优。企业在区域经济一体化进程中的作用是通过追求利润最大化而实现。

（三）社群治理主体

在社群治理模式中，公民社会组织是重要的治理力量。在区域政治和社会治理中，公民社会的治理表现为三方面：①通过磋商与妥协的方式达成各方利益的帕累托最优；②承接原先是政府承担的大量社会和经济管理职能，实现政府职能的转变；③为市场主体提供相关法律文件的见证等方面的中介服务，培育和规范市场而实现公平开放、自由竞争。

（四）网络治理主体

网络治理模式，强调多元主体的参与。在对地方利益冲突的治理过程中，中央政府、地方政府、区域协调机构、企业、居民等都是参与者、管理者和服务者。网络治理体系结构意味着在区域公共生活中存在着政府、市场和社会三种力量。这些力量分别作为独立的决策主体围绕着特定的公共问题，遵循一定的程序和规则，参与共同关注的议题。

显然，无论是哪种治理模式，单独依靠一种力量不足以对区域公共事务进行有效治理。在区域一体化治理体系下，政府作为公共领域垄断者的治理模式已经发生改变，开始由以政府为核心的单中心管制模式向政府、市场和社会三维框架下的多中心治理模式转变。

二、治理机制比较

（一）科层制治理机制

对于科层制模式而言，其协调方式主要是以行政权威为背景进行协调。具体协调手段有如下方式：

（1）运用行政调解与裁决等手段协调。在地方利益发生纠纷与争端时，往往寻求中央政府及其相关部门予以调解，或者诉求中央政府及其相关部门予以裁决。

（2）区域产业规划。合理的产业结构是区域健康发展的前提，便于充分利用区域资源，提高区域产业经济效益，增强区域经济实力。区域产业规划一直是政府宏观调控的工作重点。

（3）运用财政手段。政府间财政关系上的调控，主要涉及七种权利与权限的划分与协调运用：税法制定权、委任立法权、税款分配权、租税课征权、税款享用权、税法解释权和立法提案权。

（4）区域性组织机构协调。区域性组织机构的建立，其权力既可能来源于中央政府，也可能来自地方政府。基于该机构的重要性，这一机构往往有与其职能相匹配的权力、资源和责任。

（5）政府之间的协议。政府间缔结协议的程序较为简便与灵活，同时在解决利益纠纷方面更有灵活性，因此府际间协议成为各国地方政府协调利益冲突的重要选择。其运用范围广，从环境保护到交通管制、从对服务领域的规范到刑事正义的实现，从传统边界纠纷的解决到河流及水资源的管制。

（二）市场制治理机制

市场机制治理模式在解决利益补偿、共享和利益激励等问题时主要遵循以市场为主导的协调模式，具体有如下途径：

（1）统一区域市场。消除各种地方性的法律法规，实现生产要素在区域内的自由柔性流动。

（2）完善产权制度。用法律形式来规范产权所有者拥有对财产的占有、支配、使用、收益和处置的权利，使产权主体的自由选择交易、自由交易契约、纠错择优的资源配置成为可能。

（3）产业层面的分工与合作。在资源的优化配置与合理分工的基础上，促进产业结构科学化、合理化、高级化。

（4）外部性的内在化。针对外部性而引发的矛盾，如生态环境的跨界污染、人力资本与技术的外部性问题，可以通过征税与补贴、企业合并等市场机制的安排，让经济主体的经济活动所产生的社会收益或社会成本，转为私人收益或私人成本，实现外部性的内在化。

（5）构建基于交易信任的市场秩序。通过法律法规的建立，消除各种非法交易活动和政府寻租行为。同时，通过商业道德体系的规范，以增加非法收益的成本，缩小非法交易的盈利空间，使市场机制下的经济主体以正常的交易活动来保证合作利益分配的和谐。

（三）社群治理机制

在社群治理模式中，公民社会通过以下途径参与协调区域经济圈内的地方利益冲突：

（1）通过参与和监督政府招商引资行为，督促各级政府的权力合法运作。

（2）通过影响政府的政绩评价标准，改变各级政府过于重视经济发展的行为。

（3）利用自身的良好信誉和独立身份，充当地方利益纠纷的“仲裁人”。

（四）网络治理机制

在网络治理模式中，通过下列途径来协调区域利益冲突的：

（1）组织形式的网络化。区域一体化中的相关组织由于长期的相互联系和相互作用，彼此之间形成了一种相对比较稳定的、相互信任的合作网络结构。这样的网络化结构形态可以通过集体决策、联合行动来生产产品或提供服务，以便更迅速地适应不断变化的技术和市场环境，提高自身竞争力。

（2）信任机制的培育。例如，通过区域文化、集体制裁、声誉等机制来建立信任机制。

（3）互动、整合与激励机制的完善。通过协调参与者之间、参与者与整个合作网络之间的关系，实现网络资源的整合。

三、治理绩效比较

（一）科层制模式治理绩效

科层制模式本质是运用科层体系进行资源配置，它是与市场相对的一种资源配置方式。科层制在协调地方利益冲突时，借行政组织内部的等级权威和奖惩制度对地方政府的行为进行规制。科层制组织内部层层授权，下级对上级严格负责，特别是中央政府或上级政府对地方政府的行政行为有重要影响。这些特征既是科层制模式的优势，同时也给它带来害处。

其优势表现为：①统筹各地区发展，资源互补，有利于“下活全国一盘棋”；②用以强制实施的行政手段，便于矛盾冲突的解决；③通过政府的行政手段，弥补“市场失灵”；④科层制使相互依赖的地方政府之间具有可预见性，增加政府间的信任，从而减少彼此间行为的不确定性。

科层制模式的天然弊端也必然给协调地方利益冲突带来一些消极效应：①地方政府具有追求利益最大化、采取机会主义行为的天然属性；②“本位主义”阻碍了区域合作；③中央政府角色“缺位”，未能及时提供有效的政策或制度保障。因此，科层制模式在某种程度上存在“政府失灵”的现象。

（二）市场制模式治理绩效

市场机制模式在区域经济一体化进程中起着资源配置的基础性作用，取得了一定的积极效应：如促进区域经济一体化的形成、推动技术创新和知识传播、促进产业结构的调整和优化、促进经济增长方式的转变。但是，由于市场机制存在着外部性、对利润的盲目追求而导致行业过度竞争及生产能力相对过剩、信息不对称等问题，从而使得市场机制的调节模式也有“市场失灵”的现象。

（三）社群模式治理绩效

关于社群治理模式，在理论与实践中都受到高度的认可。联合国全球治理委员会的研究报告认为，“治理是个人和公共或私人机构管理其公共事务的诸多方式的总和。它是使相互冲突的或不同的利益得以调和并且采取联合行动的持续的过程。”但是，由于受活动范围与领域的限制，且自治性与倡导性有限，法治化程度较低，因此，公民社会组织在区域性公共事务的治理实践中受政府干预较多，不少非政府组织往往仅限于体制外活动，其作用发挥非常有限。

（四）网络模式治理绩效

网络治理模式使得交易费用与协调成本减少，有利于多元主体利益间的关系和谐。网络治理的行动者是多中心的，包括政府、私营部门、非政府组织、社会公众等行动主体。通过相关制度的制定，保证组织间信息交流沟通、资源共享、相互学习以及信任的存在，实现互惠的联合行动。否则，网络中的各主体同样会出现机会主义、囚徒困境，并影响治理绩效。然而，相对于科层制和市场机制而言，尽管网络治理有自身的相对优势，但也面临多重困境：

（1）公共利益相悖。尽管在网络成员之间可以通过协调以实现区域利益最大化，但如果网络成员只考虑本辖区的利益最大化而忽视了整体利益，仍然无法解决个体理性与集体理性的矛盾。

（2）网络机制比较脆弱。由于网络的核心机制是基于相互合作的信任与信赖，在不确定性因素以及机会主义倾向的作用下，信任关系往往非常脆弱，如果没有具体有效的相关制度安排，不足以维持持久的合作。

（3）责任性问题。由于网络模式建立在多中心主体参与的基础之上，各参与主体共享权利、分担责任，这样责任认定就成为网络治理模式的难题，可能会出现相互推诿的情况。

总之，任何一种模式的具体运用，无论是科层制、市场机制、社群治理，还是网络治理模式，都要考虑到具体的环境条件和系统的制度状况。没有任何一种模式，能够普遍适用于所有环境。每种模式均有自身的优势与劣势，都有一定的适用条件。

第四节　长江经济带的区域治理模式——科层制治理模式

通过上述比较与分析，可以发现每种模式均有其优缺点，都有特定的生长环境与制度空间。例如，欧盟的网络治理模式之所以能够产生与发展绝非偶然，它有其独特的历史、文化遗产、地缘政治环境，以及所具有的成熟的公民社会组织、发达的经济基础。欧洲正是因为具备了这些比较全面和成熟的构建区域共治的主观条件和客观因素，才得以创造了史无前例的跨区域跨国共同治理的崭新模式。世界其他区域无论是过去还是现在都很难具备这些条件。

中国长江流域区域合作中的利益协调模式到底属于哪种？我们认为，应该是以政府为主导的、市场与社会共同参与的科层制模式。这是由中国的基本国情决定的：第一，中国是单一制国家，中央政府（上级政府）拥有配置资源的绝对性权力，地方政府必须服从中央政府（上级政府）的裁决与调解。第二，市场机制不够完善。企业的主体性地位没有完全确认，自由、流动、竞争、统一的市场尚未建立。第三，公民社会尚未成熟。中国公民社会的发生背景和独特演化路径，决定了公民社会组织对区域治理的作用是有限的。上述这些条件决定了政府在协调区域合作中的利益冲突时处于主导地位。

经济转型的环境背景也为政府推动区域一体化、区域公共事务的管理提供了制度空间，各级政府是区域合作与区域一体化的重要推动者。一方面，由于市场缺失，企业家和民间资本力量薄弱，信息与信用制度严重落后，政府的介入实现了对市场、企业家的替代；另一方面，中央政府的分权改革和财政体制转型等强制性制度变迁也调整了地方政府的行为目标。地方政府充当"企业家"，通过制度创新推动了市场化改革。区域经济的形成与发展既是市场资源配置的结果，也是政府干预市场经济运行的产物。

以政府为主导的科层制治理模式，应当是长江流域区域治理的首选。从协调利益冲突层面来说，政府的主导地位表现在四个方面：

（1）签订行政契约。各地方政府在自愿、平等的基础上，对区域内利益冲突而达成一致的协调方案，缔结方式上以行政首长联席会议为主，并且契约的表现形式为"宣言"、"意见（向）书"或"协议"。例如，长三角地区签订了《长江三角洲旅游城市合作宣言》、《长三角道路运输合作和一体化协议》、《共建信用长三角宣言》、《长三角人才开发一体化共同宣言》、《长三角区域环境合作宣言》等。

（2）中央政府（或上级政府）的行政调解与裁决。上级政府以行政权威为背景，运用行政调解与裁决来对下级政府施加影响。

（3）通过设立管理机构，对区域公共事务进行有效管理和协调，诸如长三角洲经济协调会等。

（4）举办合作论坛与洽谈会，如长三角区域合作与发展论坛和区域经贸合作洽谈会等。这些合作论坛为政府决策提供决策咨询服务。

第五节 科层制治理模式的保障措施

这种以政府为主导的、市场与社会共同参与的科层制模式，尽管在发展区域经济、协调利益冲突时取得很大成绩，但仍存在不足之处：①在协调理念上，过多强调政府的作用，过度干预市场经济的运行；②在区域经济运行上，人为分割成若干“行政区经济”，地方经济产业结构雷同，经济一体化受阻；③在组织结构上，基于自发或上级要求的区域组织安排，往往缺乏组织运行的规章制度与其他约束机制；④在权力运作上，区域行政以韦伯“科层制”为基本架构，强调公共权力的层级分设和层级节制，以公共权力运行的单向性和闭合性为特征。这些不足必然导致利益冲突的治理绩效不甚理想。因此，要克服科层制治理模式的缺陷，必须在区域管理体制上进行创新。

第一，妥善处理好政府与市场关系。在中国分权化体制背景下，尽管政府干预市场的行为在某种程度上能弥补市场失灵，然而更多的是阻碍了市场正常作用的发挥。因此，政府职能必须准确定位，避免“缺位”、“越位”和“错位”现象。要为市场腾出活动空间，推动市场化改革，发挥市场机制的资源配置作用。通过市场机制的完善来促进市场的开放，让生产要素能在更广的地域范围流动与配置。同时，确立企业的市场经济主体地位，其经营活动遵循市场规律而不受政府干预。

第二，构建多元参与的区域治理机制。根据文森特·奥斯特里姆（Vincent Ostrom）的观点，多中心治理结构意味着在地方的社会生活中，存在着民间的和公民的自治、自主管理的秩序与力量，这些力量分别作为独立的决策主体围绕着特定的公共问题，按照一定的规则，采取弹性的、灵活的、多样性的集体行动组合，寻求高绩效的公共问题解决途径。具体到长江流域，就是要在利益协调方案的制订、讨论、执行上进行制度创新，如在方案制订上，应构建多元利益主体参与渠道；在方案讨论上，应拓展相关利益主体的意愿表达渠道；在方案执行上，应吸纳相关利益主体来共同执行。

第三，创新更为灵活的区域治理组织形式。在协调利益冲突时，单纯依靠传统的层级控制效率显然低下，必须通过多边联系、互利和交互式的合作来完成共同追求的目标。这需要在三个方面进行变革：①跨域协调机构的组织创新。科学的、合理的机构设置是跨区域协调机构有效运行的前提条件，也是机构发挥功能和作用的基础和载体。例如，欧盟之所以能发挥作用，与其设立了决策、执行、监督、仲裁等机构，构成一个完整的欧盟区域管理权力体系分不开。当前跨区域协调机构在机构设置上过于简单，导致运行过程中诸多职能无法履行和发挥。为此，可以借鉴欧盟管理模式，在决策机构、执行机构、仲裁机构、咨询机构等方面进行组织完善。②跨区域机构的功能完善。在协调功能上，综合考虑整体区域资源、区位优势、经济状况，在整合与提升区域整体竞争力等方面发挥作用；在服务功能上，立足于服务区域市场一体化、服务区域经济均衡发展，实现共同繁荣；在监督功能上，审查和监督区域合作规则的执行情况。③组织结构的网络化。在区域公共事务的管理上，参与主体的多元化，以问题解决为焦点和行动导向，弱化科层等级制色彩，强调各种主体的跨层级互动、协商对话、相互信任。

第四，需要构建利益共享与利益补偿的制度。围绕区域利益共享进行等一系列制度创新，这是推进区域一体化进程的当务之急。①实现产业调整的利益共享与补偿。产业利益是地方利益的主要内容，也是联系市场的重要纽带。每项产业的淘汰与升级，总将引发相关的利益冲突。唯有建立与产业相关的财政税收制度，形成配套的利益共享和补偿制度，才能使产业规划和调整真正实现。②推动发达地区的经济与社会发展。彼此共同发展、共享区域文明成果，是各方融入区域经济一体化的原动力。假如欠发达地区不能通过区域合作与区域一体化获得发展机会，那么它就丧失融入区域经济的动力。因此，区域经济发展应该统筹规划，实施有利于缩小地区发展差距的财政政策和税收制度。③建立利益共享与利益补偿的程序性制度设计，围绕利益争端的调解机制、利益分配的实现机制和利益共享的保障机制进行制度创新。

第二十三章 政策建议

第一节 建设长江经济带绿色生态保障工程体系

以“山水林田湖生命共同体”理念为指导，以支撑长江经济带成为全球最大内河产业带和可持续发展为目标，有计划、分步骤、高标准实施以水安全保障、自然生态保育、重大灾害防御和环境生态风险防范为重点的长江经济带绿色生态保障工程体系建设，确保长江经济带长治久安。

一、水安全保障工程

永保长江“一江清水”不仅关系到长江经济带可持续发展和生态文明建设水平，而且关系到整个国家战略水源保障和经济社会可持续发展。建设长江水安全保障工程，必须兼顾上下游、左右岸需求，综合防洪、供水、水污染防治和生态保护需要，从系统性、综合性、长远性角度，以长江源区和上游水源与水生态保护、中游水量调蓄和下游水环境保护为重点，坚持高标准建设，既满足沿岸工农业生产与居民生活用水需要，也满足南水北调等区域调水需要，更满足国家战略水资源储备安全需要；不仅满足保障大坝和河湖堤岸等水工程安全需要、保障经济社会发展和人民生命财产安全，而且满足维护长江干支流河湖水生生物多样性和水生态系统健康的需要。

二、自然生态保育工程

建立长效政策扶持和生态补偿与投融资机制，巩固天然林保护工程建设成效，稳步扩大天然林保护范围。牢固树立尊重自然、顺应自然和保护自然的理念，针对长江经济带范围内不同生态功能保护类型，划定自然生态保护红线，加强自然保护区的能力建设，建立更加完善的包含水源涵养、水土保持、生物多样性保育和洪水调蓄等重要生态功能保护区的自然生态保育体系。树立“绿水青山就是金山银山”和“山水林田湖生命共同体”的理念，统筹森林草地、河湖水体与湿地等自然生态各要素，整体保护、系统修复、综合治理，增强生态系统循环能力，维护生态平衡。加大“退耕还林还草”、“退田还湖还湿”、“长江防护林工程”、“绿化长江工程”和“库周防护林工程”等重点生态工程建设力度，构建水陆复合、上下连通的长江绿色生态廊道。

三、重大灾害防御工程

划定上游地区地震滑坡泥石流等山地灾害风险区，实施高风险区移民建镇工程，提高灾害防治工程标准和覆盖范围，强化生态保育和建设，切实保障城镇和水库、高等级公路、铁路等重大基础设施与工程安全。加大陡坡地退耕还林还草、荒山丘陵绿化等生态工程建设，不断减缓水土流失灾害的危害。通过合理加高加固长江和干支流堤防，整治河道湖泊，建设平原蓄滞洪区和加强三峡与长江干支流水库群联合优化调度等，形成较为完备的以堤防为基础、三峡工程为骨干、干支流湖泊水库与蓄滞洪区调蓄相配套的长江中下游综合防洪体系，最大限度减轻长江洪水隐患。构建基于卫星遥感与物联网等新技术的重大灾害动态监测与预测预警网络，提升重大灾害风险管理水平和灾害防御与应急救灾能力。

四、生态环境风险防范工程

构建严密的环境与生态风险源分类监管与区域防控机制，实行运输、储存、生产、销售各环节全覆盖的环境与生态风险源申报登记核查许可制度，建设基于风险源数据库和物联网感知的区域风险实时监控与预警系统，大幅提高风险早期识别与管理能力。加大投入，建立区域联动、部门协调、指挥统一、反应快速、保障有力的环境与生态风险防范与应急处置体系，显著提升风险应急管理水平。

第二节　强化长江经济带节能减排和环境保护

长江流域生态环境敏感区众多，不合理的开发利用，造成局部水环境质量降低、水生态系统受损、水土流失加剧、重要湿地萎缩等问题日益凸显。长江经济带开发要严控污染物排放总量，持续推进资源节约型和环境友好型社会建设，加大污水处理力度，逐步推行环境质量目标管理，不断改善水体、土壤和空气环境质量。

一、严控污染物排放总量

依据长江经济带各区域主体功能定位和长江生态环境风险防控的总体要求，在重点产业园区内合理集中布局和发展重化工业，改变长江沿江重化工业布局分散、污染和风险难以控制的局面。加大沿江重化工业等重污染行业整治力度，关停并转一批污染大、能耗水耗高、经济效益差的工业企业，通过制定和执行严格的环境污染物区域限排政策，形成落后产能与企业退出倒逼机制，强制淘汰落后产能和工艺。对超标、超总量排污和使用、排放有毒有害物质的重点行业和企业实施强制性清洁生产审核，不断提高清洁生产水平。加快特色产业园区建设，以龙头企业为核心、以循环经济项目为载体，合理构建和延伸循环经济产业链，最大限度提高资源循环利用率和废弃物综合利用水平。

二、持续推进资源节约型和环境友好型社会建设

实施煤炭消耗总量和利用效率双控制度，发挥长江经济带水电优势，大幅提高清洁能源使用比重。划定永久基本农田，实施建设用地增长边界空间管制，统筹安排发展用地和生态用地，不断提高土地集约利用率。实施最严格的水资源总量、水资源利用效率和限制水体纳污“三条红线”管理；坚持节水优先，大力推行全社会节水；实施城市污水处理厂再生水工程，提高城市再生水利用率。坚持绿色、低碳、环保的发展路径，以园区生态化和企业生产清洁化为重点，实现工业发展从“耗能型、分散型、低端型”向“生态型、集聚型、高端型”转变。

三、加大污水处理力度

建设高标准、全覆盖的沿江污水处理系统，切实提高尾水排放标准，确保无分散工业和生活污染直排入江；规范设置和严格控制长江沿岸排污口，实施沿江排污口设置许可制度，严格控制长江两岸入江污染物总量。强化生态农业和清洁小流域建设，实施入江河流和湖泊清水入江工程；加强长江源头区、三峡水库、丹江口水库、洞庭湖、鄱阳湖等重点水域水质保护和生态恢复，永久保持长江一江清水。

四、逐步推行环境质量目标管理

积极探索污染减排与环境质量改善挂钩的区域（流域）环境管理新模式，实现环境管理由污染减排目标考核向环境质量目标考核转变。坚持质量导向、容量约束、倒逼减排的思路，制订不同江段（入江支流）环境质量达标整治计划，建立健全超量排污惩罚性收费和资源能源价格差别化供给等经济杠杆调节机制，

以环境整洁化、产业高端化、园区生态化和企业清洁化为指向，分阶段实施主要江段（入江支流）环境质量目标达标整治。

第三节　加大生态系统完整性和连通性建设力度

为构建以长江干支流为主脉、以山水林田湖为有机整体，江湖关系和谐、流域水质优良、生态流量充足、水土保持有效、生物种类多样的生态安全格局，从水陆统筹、区域协调系统整体角度，加大生态系统完整性与连通性建设和保护力度，防止“生态孤岛”出现。

加强中上游生态屏障建设保护以及沿江、沿河、环湖水资源保护带与生态隔离带建设。加大以若尔盖、桐柏山淮河源、大别山、三峡库区和秦巴山地水源涵养重要区、西南喀斯特地区和川滇干热河谷土壤保持重要区、岷山—邛崃山、武陵山山地和桂西南石灰岩地区生物多样性保护重要区 10 个重要生态功能区为核心的长江上游生态屏障保护力度。加强长江中游以“两湖（鄱阳湖、洞庭湖）一带（长江荆江段）三翼（丹江口库区、东江源和南岭山地水源涵养区）”为核心的生态屏障建设，重点保护重要蓄滞洪区、水域重要生态功能区、国际重要湿地和珍稀候鸟越冬栖息地，构建沿河、环湖水资源保护带与生态隔离带，推进鄱阳湖、洞庭湖生态经济圈及与上下游之间的生态协调共建。

以“山水林田湖生命共同体”理念为指导，统筹实行农业清洁生产、工业循环经济、退耕还林还草、退田还湖还湿、绿化荒山荒坡以及水体生态修复与河湖连通等一体化措施，加强受损生态系统的生态修复和建设，减少河湖污染负荷，控制水土流失、平衡河湖水量，整体提升和发挥长江水陆复合生态系统的区域水源涵养、生物多样性保育、防洪供水保障和维系区域生态平衡等综合生态服务功能。

第四节　优化长江经济带国土空间开发格局

强化国土空间开发的生态指引，实施重要城市群和省级及以上开发区集中集约开发，规范水电、矿产等自然资源开发秩序与布局，加强长江岸线资源治理保护和利用空间协调，形成开发空间集中集约、生态空间自然开敞的国土空间开发格局。

一、实施主体功能区战略，强化国土空间开发生态指引

明确区域主体功能定位，健全基于主体功能区的差别化区域开发和环境管理政策，按不同功能区自然环境条件、环境承载能力和环境质量目标要求，提出科学、合理的空间环境准入要求，加快调整完善财政、金融、产业、人口、土地、资源开发、环境保护、生态补偿等配套政策。

二、强化重要城市群和省级及以上开发区集中集约开发，控制城市和产业园区无序蔓延

针对长三角、长江中游、成渝、江淮、黔中、滇中6个城市群，根据资源环境承载能力和城镇化发展需求，合理设定开发强度上限和中心城市增长边界，保护农业发展空间和绿色开放空间；强化城市用地效率管控，根据城市功能稳步调整用地结构；提升城市群一体化发展水平，促进城市群之间、城市群内部的分工协作，推进市场体系统一开放、基础设施共建共享、生态环境协同整治。针对省级及以上开发区，提升区内产业集聚能力，控制区外产业集聚规模，健全用地规模和效率管控机制，避免开发区无限制扩张，完善开发区环境基础设施，推动与城市距离适宜、人口集聚基础好的开发区产城融合发展，由工业区向城市功能新区转型。

三、规范水电、矿产等自然资源开发秩序与布局

制定流域一体化开发规划，建立自然资源资产登记审计制度，加强流域综合管理，规范流域开发秩序。提高水电资源开发前的生态环境影响评价和实施后的生态环境监测补偿制度的权威性，强化区域环评和规划环评的约束性，并将河流生态基流、生物多样性保护等作为水电开发规划、设计、建设和运行的依据。开展矿产资源丰富地区的生态重要性和敏感性评价分区，禁止在重要生态功能核心区和生态环境强敏感区进行开发，明确资源开发的顺序和方式，严格控制乱开乱挖现象，做好开发后的生态修复工作，减轻资源开发的生态破坏。

四、加强长江岸线资源治理保护和利用空间协调

重视长江岸线产业发展和港口建设等生产功能以外的水源涵养、生态保护和维护河道稳定等多样的生态服务功能，统筹规划长江岸线资源保护与开发，打破区域、部门分割，按照“深水深用、浅水浅用、综合开发、合理使用”的原则，建立岸线资源有偿使用制度，严格岸线分区管理和用途管制，合理安排沿江工业与港口岸线、过江通道岸线与取水口岸线，严格保护生态和生活岸线。

第五节　建立长江流域综合管理制度

建立长江流域综合管理机制，建立健全自然资源保护管理制度和环境损害赔偿及责任追究制度，为长江经济带生态环境保护提供制度保障。

一、建立长江流域综合管理机制

借鉴欧洲莱茵河管理经验，打破部门和地方分割，成立由沿江省市政府、国家相关行业主管部门、重点企业和资深学者等组成的长江流域综合管理委员会，负责议定流域开发和保护相关管理办法、规划、方案、重点项目等重大事项；下设流域综合管理委员会办公室，作为委员会日常事务处理和利益相关各方协调的常设机构，切实保障长江的永续利用和长江经济带可持续发展。

二、建立健全自然资源保护管理制度

建立健全自然资源资产产权登记、水电矿产等自然资源有偿使用、资源总量管理和全面节约以及生态补偿等制度，分区段编制长江自然资源资产负债表，对经济带自然生态、自然资源、环境质量、开发强度等进行损益核算，建立与之相配套的资产损益评估考核机制。

三、建立健全环境损害赔偿制度和以环境损害赔偿为基础的环境责任追究制度

改变环境损害等“企业赚钱、政府买单、群众受害”的不合理现象，加大环境损害处罚和赔偿额度，合理合法追究环境损害者的刑事、民事（经济赔偿）责任，减少环境保护工作对行政手段的过度依赖。完善环境信息发布和重大项目公示、听证制度，健全公众参与机制，对造成生态环境损害的重大决策失误，实行问题追溯和责任终生追究。

第六节　构建基础设施共享的区域协调发展新机制

一要加快综合交通枢纽规划工作，做好与省域城镇体系规划、城市总体规

划、土地利用总体规划等的衔接与协调，实现“多规合一”。二要做好不同省市、不同城市包括交通规划在内的各类规划之类的协同，加强不同地区、不同层次的交通规划衔接，形成区域交通协调管理机制，制定区域间统一的相关政策和法规，实现运输企业和运输工具准入条件的协调统一、交通收费的协调统一、内河船型的协调统一。三要统筹综合交通枢纽与产业布局、城市功能布局的关系，以综合交通枢纽为核心，协调枢纽与通道的发展。

建立和完善区域利益协调机制，具体可从以下几个方面展开：

第一，继续完善和创新区域协调合作机制，在已有的“长江沿岸中心城市经济协调会”基础上，加强国家层面的协调指导，建立推动长江经济带发展部际联席会议制度，该联席会议应在国务院领导下统筹各省市解决长江经济带发展中的重大问题。根据国务院印发的《关于依托黄金水道推动长江经济带发展的指导意见》，发挥水利部长江水利委员会、交通运输部长江航务管理局等机构的作用，协同推进长江防洪、航运等工作。

第二，坚持政府引导、多方参与，以市场为基础、以企业为主体，形成多层面、多形式、多主体的合作机制。

第三，加强区域法制建设，构造区域协调机制和合作协议顺利实施所需的制度基础，探索建立长江经济带基础设施共建共享的法律、法规体系，如研究制定《长江经济带基础设施区域经济合作条例》等，扭转各自为政、缺乏协调的局面。

第四，完善区域组织架构。可以探索建立由长江经济带区域行业协会、长江经济带基础设施区域合作发展基金以及长江经济带区域议事委员会共同构成的组织架构，对涉及区域内所有成员重大利益的基础设施、区域规划等事务有权出台规章制度，并要求各成员执行。此外，还需建立专门的咨询委员会，形成多方利益诉求表达机制，可以由政府、学者、企业和行业协会负责人共同组成区域合作咨询委员会，形成科学合理的多方利益诉求表达机制，对区域合作重大问题提出可行性建议。

第五，以政府为主导建立规范的财政转移支付制度，通过诉诸财政来实现利益协调。

第七节　发挥社会资本在长江经济带开发中的作用

2014 年 4 月，李克强总理主持召开国务院常务会议，提出了让企业拥有投资自主权，是处理好市场与政府关系的必然要求，也是发挥投资关键作用、以结构改革推动结构调整、保持经济稳定增长的重要举措。我们要打破所谓的“玻璃门、弹簧门、旋转门”，让社会资本特别是民间投资进入一些具有自然垄断性质、过去以政府资金和国企投资为主导的领域，如铁路、港口等交通基础设施与新一代信息基础设施，鼓励和吸引社会资本以合资、独资、特许经营等方式参与建设营运。《长江经济带综合立体交通走廊规划》也提出，要拓宽交通建设融资渠道，可以制定鼓励包括民营资本在内的社会资本投资交通基础设施建设的政策措施，破解融资瓶颈；还可以通过财政资金的杠杆作用带动社会资本共同参与，鼓励政策性金融机构加大对交通基础设施建设的支持力度，鼓励保险和各类融资性担保机构提供信用支持。推进经营性内河水运工程市场化融资，支持符合条件的企业通过发行债券满足城际铁路、普通公路、内河航道等建设的资金需求。发挥市场在资源配置中的决定性作用和政府的重要作用。

增加航道建设投入。航道建设是一项公益性的基础产业，而且投入较大。目前，与铁路、公路相比，国家对水运基础建设的投资较少，使得长江航道优势未能全面体现。对于长江流域，修建1千米铁路，平原、丘陵地区需投资1000万~2000万元，山区投资可达3000万~5000万元；1千米高速公路的一般建设成本为1500万~3000万元，高的达4000万~5000万元以上。据《长江干线航道发展规划》，对长江干流2838千米的航道，1千米航道整治工程的投资仅400多万元，水运的低成本优势非常明显。为促进长江航运发展，国家应增加水运投入，出台相关优惠政策，鼓励社会资本参与航道建设。

参考文献

［1］ Haikai Tane，包晓斌．墨累—达令流域规划和保护策略［J］．水土保持应用技术，1994（2）．

［2］ 安虎森，邹璇．相邻城市竞争、合作与双赢机制研究［J］．南开经济研究，2007（5）．

［3］ 白洁．长江中游城市群产业分工协作的基础条件分析［J］．湖北社会科学，2012（6）．

［4］ 卞彬，李杜．长江经济带产业协同发展与互动路径［J］．重庆行政（公共论坛），2014（6）．

［5］ 蔡岚．我国地方政府间合作困境研究述评［J］．学术研究，2009（9）．

［6］ 曹智杰，陈永宁．推进长江经济带一体化建设的发展战略及对策研究［J］．宏观经济研究，2000（3）．

［7］ 长江三角洲地区区域规划［Z］．2010－05．

［8］ 长江三角洲地区现代化公路水路交通规划纲要［Z］．2012－04．

［9］ 陈德敏，谭志雄．长江上游流域综合开发治理思路与实现路径研究［J］．中国软科学，2010（11）．

［10］ 陈建军．长江经济带的国家战略意图［J］．人民论坛，2014（5）．

［11］ 陈丽晖，何大明，丁丽勋．整体流域开发和管理模式——以墨累—达令河为例［J］．云南地理环境研究，2000，12（2）．

［12］ 陈湘满．美国田纳西流域开发及其对我国流域经济发展的启示［J］．世界地理研究，2000（2）．

［13］ 陈晓磊，王莉莉，巩卫国等．流域一体化管理模式分析［C］．第二届黄河国际论坛论文集，2005．

［14］ 陈晓勇，杨俊，宋振江，邓燕婷．长江中游经济带区域产业分工战略研究［J］．中国发展，2015（2）．

［15］ 陈晓云，蒋录全．长江三角洲城市经济发展报告［M］．上海：上海三联出版社，2006．

［16］陈银太．美国田纳西河流域管理与开发［J］．人民黄河，1998（6）．

［17］成长春．长江经济带协调性均衡发展的战略构想［J］．南通大学学报（社会科学版），2015（1）．

［18］城市群蓝皮书：中国城市群发展指数报告（2013）［Z］．

［19］程邦谊．美国田纳西流域治理的成功经验对湖北汉江流域中下游现代水利建设的启示［J］．南水北调与水利科技，2007，5（1）．

［20］程必定．创新长江经济带区域合作机制［N］．安徽日报，2015－06－29．

［21］储昭斌．我国中部地区旅游业联动发展对策思考［J］．产业与科技论坛，2014（24）．

［22］邓玲，李凡．如何从生态文明破题长江经济带［J］．学术前沿，2016（1）．

［23］丁黄艳．长江经济带基础设施发展与经济增长的空间特征——基于空间计量与面板门槛模型的实证研究［J］．统计与信息论坛，2016．

［24］段进军．长江经济带联动发展的战略思考［J］．地域研究与开发，2005（2）．

［25］段学军，虞孝感，邹辉．长江经济带开发构想与发展态势［J］．长江流域资源与环境，2015（10）．

［26］段学军，邹辉，王磊．长江经济带建设与发展的体制机制探索［J］．地理科学进展，2015（11）．

［27］范桂辰．中三角区域旅游合作机制与对策研究［D］．南昌大学硕士学位论文，2015．

［28］方大春，孙明月．长江经济带核心城市影响力研究［J］．经济地理，2015（1）．

［29］方琰，卞显红．长江三角洲旅游资源地区差异对旅游经济的影响研究［J］．旅游论坛，2015（1）．

［30］房晨月．长春吉林两市旅游合作发展研究［J］．中国市场，2008（44）．

［31］冯邦彦，尹来盛．城市群区域治理结构的动态演变——以珠江三角洲为例［J］．城市问题，2011（7）．

［32］改革杂志社专题研究部．长江经济带的战略要素：11省（市）证据［J］．重庆社会科学，2014（8）．

［33］高华斌，邓宇杰．长江治理开发与保护分区研究［J］．人民长江，2013（10）．

［34］高文涛．我国中小旅行社合作运营模式及影响因素研究［D］．中国海

洋大学博士学位论文，2010.

［35］葛海霞．对话长江经济带共建绿色生态廊道［N］．中国经济导报，2015－08－14（2）．

［36］耿海玉．完善合作机制，实现长三角区域旅游一体化发展［J］．中国工程咨询，2007（9）．

［37］龚胜生，张涛．创新构建长江中游城市群合作机制［J］．政策，2015（7）．

［38］龚胜生等．长江中游城市群合作机制研究［J］．中国软科学，2014（1）．

［39］国务院．国民经济和社会发展第十二个五年规划纲要［Z］．2011－03.

［40］国务院．皖江城市带承接产业转移示范区规划［Z］．2010－01.

［41］国务院关于依托黄金水道推动长江经济带发展的指导意见［EB/OL］．http://www.gov.cn/zhengce/content/2014－09/25/content_9092.htm，2015－02－09.

［42］国务院关于依托黄金水道推动长江经济带发展的指导意见［EB/OL］．http：//www.gov.cn/zhengce/content/2014－09/25/content_9092.htm.

［43］郝寿义，程栋．长江经济带战略背景的区域合作机制重构［J］．改革，2015（3）．

［44］贺晓英，贺缠生．北美五大湖保护管理对鄱阳湖发展之启示［J］．生态学报，2008，28（12）．

［45］洪银兴等．长江三角洲地区经济发展的模式和机制［M］．北京：清华大学出版社，2003.

［46］侯立军．长江经济带建设与产业布局优化研究［J］．南京财经大学学报，2016（1）．

［47］侯小菲．长江经济带一体化发展面临的挑战与应对策略［J］．区域经济评论，2015（5）．

［48］后立胜，许学工．密西西比河流域治理的措施及启示［J］．人民黄河，2001，23（1）．

［49］胡德．长江三角洲区域协作机制创新研究［D］．华东师范大学硕士学位论文，2004.

［50］胡蝶．长江中游城市群水资源保护利用探析［J］．人民长江，2014（11）．

［51］胡四一．切实加强长江中下游水资源保护［J］．江苏水利，2016（2）．

［52］黄庆华，周志波，刘晗．长江经济带产业结构演变及政策取向［J］．经济理论与经济管理，2014（6）．

[53] 黄园淅，张雷，程晓凌．贵州猫跳河与美国田纳西河流域开发的比较［J］．资源科学，2011，33（8）.

[54] 姜彤．莱茵河流域水环境管理的经验对长江中下游综合治理的启示［J］．水资源保护，2002（3）.

[55] 蒋丽芹，张丹，张丹丹．高速铁路建设与长三角地区旅游一体化发展［J］．商业研究，2012（12）.

[56] 金良．基于联票形式的大小景区合作发展研究［J］．中国管理信息化，2015（10）.

[57] 进一步推进长江三角洲地区改革开放和经济社会发展的指导意见［Z］．2008－09.

[58] 孔伟明，常梅．统筹城乡区域发展共建长江经济带升级版［J］．宏观经济管理，2013（8）.

[59] 李彬．国外流域开发经验对西江黄金水道开发战略的借鉴意义［J］．经济研究参考，2011（53）.

[60] 李斌，岑倩华，杨丽娟，陈伟莲，叶玉瑶．泛珠三角产业分工合作的空间规划研究［J］．热带地理，2007（4）.

[61] 李常发，穆宏强．长江流域水资源保护协商机制建设与实践［J］．人民长江，2011（1）.

[62] 李胜，黄艳．美澳两国典型跨界流域管理的经验及启示［J］．中北大学学报（社会科学版），2013（5）.

[63] 李志萌．共建长江经济带生态文明［N］．江西日报，2014－09－15.

[64] 廖志慧．构建长江绿色生态廊道［N］．湖北日报，2014－05－30.

[65] 刘红梅．论长株潭区域旅游一体化发展战略［C］．三湘青年社会科学优秀论文集（2004 年卷），2004.

[66] 刘健．莱茵河流域的开发建设及成功经验［J］．世界农业，1998（2）.

[67] 刘君德，汪宇明．制度与创新——中国城市制度的发展与改革新论［M］．南京：东南大学出版社，2000.

[68] 刘旭辉．美国田纳西河流域开发和管理的成功经验［J］．老区建设，2010（3）.

[69] 刘毅，周成虎，王传胜，孙贵艳，康蕾，方明．长江经济带建设的若干问题与建议［J］．地理科学进展，2015（11）.

[70] 刘应杰．长江经济带建设的五大关键措施［J］．人民论坛·学术前沿，2016（2）.

[71] 刘玉辉．打造现代交通引领转型升级——访交通运输部部长杨传堂

[J]. 求是，2015（5）.

[72] 陆炳炎. 长江经济带发展战略研究 [M]. 上海：华东师范大学出版社，1999.

[73] 陆大道. 建设经济带是经济发展布局的最佳选择——长江经济带经济发展的巨大潜力 [J]. 地理科学，2014（7）.

[74] 陆大道. 中速增长：中国经济的可持续发展 [J]. 地理科学，2015，35（10）.

[75] 吕丽娜. 外区域公共治理组织模式比较分析及启示 [J]. 湖北行政学院学报，2014（1）.

[76] 栾贵勤，陈文巧，欧东旭. 上海市港城经济联动发展研究——基于建设现代化港口城市的背景 [J]. 资源开发与市场，2012（9）.

[77] 罗蓉. 长江经济带产业协调发展研究 [J]. 开发研究，2007（2）.

[78] 马建华. 建设长江经济带的水利支撑与保障 [J]. 人民长江，2014（5）.

[79] 马建琴，刘杰，夏军等. 黄河流域与澳大利亚墨累—达令流域水管理对比分析 [J]. 河南农业科学，2009（7）.

[80] 孟鑫. 武汉城市圈区域治理模式的国际借鉴与创新 [J]. 当代经济，2015（25）.

[81] 倪浩. 边界屏蔽效应与长江经济带城市群协调发展问题研究 [D]. 华东师范大学硕士学位论文，2015.

[82] 宁越敏. 论中国城市群的发展和建设 [J]. 区域经济评论，2016（1）.

[83] 牛雄. 建设长江经济带与长江中游城市群发展 [J]. 改革，2014（6）.

[84] 潘冬南. 广西与东盟旅游合作发展模式探讨 [J]. 广西大学学报（哲学社会科学版），2008（4）.

[85] 彭程甸，胡舜. 论旅游业政府主导型发展战略实施中的政府失灵及其治理对策 [J]. 湖南社会科学，2008（2）.

[86] 彭劲松. 长江上游经济带产业结构调整与布局研究 [J]. 上海经济研究，2005（4）.

[87] 彭智敏. 长江经济带综合立体交通走廊的架构 [J]. 改革，2014（6）.

[88] 秦尊文，陈丽媛，张宁等. 长江中游城市群建设中武汉的战略与对策 [J]. 学习与实践，2014（5）.

[89] 秦尊文，张宁. 长江中游城市群生态保护协调机制亟待建立 [J]. 发展与战略，2016（1）.

[90] 秦尊文. 论长江中游城市群的构建 [J]. 江汉论坛，2010（12）.

[91] 秦尊文. 三大城市群串联长江经济带 [J]. 瞭望新闻周刊，2014

(9).

［92］秦尊文．推动长江中游城市集群建设上升为国家战略［J］．政策，2012 (8).

［93］邱风，张国平，郑恒．对长三角地区产业结构问题的再认识［J］．中国工业经济，2005 (4).

［94］任少鹏，高万辉．基于一体化视角的区域旅游发展研究——以大西安旅游为例［J］．河南科学，2014 (9).

［95］尚勇敏，曾刚，海骏娇．“长江经济带”建设的空间结构与发展战略研究［J］．经济纵横，2014 (11).

［96］沈惊宏．改革开放以来泛长三角洲空间结构演变研究［D］．南京师范大学博士学位论文，2013.

［97］沈文清，鄢帮有，刘梅影．莱茵河的前世鄱阳湖的今生——莱茵河流域管理对鄱阳湖综合治理的启示［J］．环境保护，2009 (7).

［98］沈玉芳，罗余红．长江经济带东、中、西部地区经济发展不平衡的现状、问题及对策研究［J］．世界地理研究，2000 (2).

［99］施从美．长三角区域环境治理视域下的生态文明建设［J］．社会科学，2010 (5).

［100］史璇，赵志轩，李立新等．澳大利亚墨累—达令河流域水管理体制对我国的启示［J］．干旱区研究，2012，29 (3).

［101］司林杰．中国城市群内部竞合行为分析与机制设计研究［D］．西南财经大学博士学位论文，2014.

［102］宋永会，沈海滨．莱茵河流域综合管理成功经验的启示［J］．世界环境，2012 (4).

［103］苏斯彬，周世锋，张旭亮．长江经济带产业合作机制研究［J］．宏观经济管理，2015 (11).

［104］孙博文，李雪松．国外江河流域协调机制及对我国发展的启示［J］．区域经济评论，2015 (2).

［105］孙根年，张毓．长江沿线10省区国内旅游的时间同步性及区域响应［J］．经济地理，2009 (12).

［106］孙赫．山东半岛城市群区域旅游合作模式研究［D］．山东大学博士学位论文，2007.

［107］孙威，李文会，林晓娜，王志强．长江经济带分地市承接产业转移能力研究［J］．地理科学进展，2015 (11).

［108］孙自铎等．皖江城市带承接产业转移示范区与南京都市圈产业升级与

定位［J］. 铜陵学报，2012（4）.

［109］谭建新. 田纳西河流域开发对西江流域开发的启示［J］. 广西经济，2010（7）.

［110］谭啸. 中国城市群发展的区域比较分析［D］. 辽宁大学博士学位论文，2012.

［111］陶静娴，杨小柳. 流域水污染管理体制的多要素比较和可借鉴性评估——以长江流域和多瑙河流域为例［J］. 水利经济，2011，29（6）.

［112］汪大正. 产业发展互动——皖江城市带参与泛长三角区域分工的发展机制探析［J］. 经济导刊，2011（12）.

［113］汪伟全. 区域合作中地方利益冲突的治理模式：比较与启示［J］. 政治学研究，2012（2）.

［114］汪宇明，吕帅. 长江流域12省区旅游形象绩效评估研究［J］. 旅游科学，2008（2）.

［115］王波，黄薇. 国内外流域管理体制要点及对长江生态管理启示［J］. 人民长江，2010，41（24）.

［116］王方清. 浅谈长江流域水资源保护规划思路［J］. 人民长江，2011（2）.

［117］王继庆. 试析韩国旅游业的政府主导型发展模式［J］. 东北亚论坛，2005，14（5）.

［118］王蕾. 山东半岛城市群区域旅游合作模式与运行机制研究［D］. 中国海洋大学博士学位论文，2008.

［119］王林梅，邓玲. 我国产业结构优化升级的实证研究——以长江经济带为例［J］. 经济问题，2015（5）.

［120］王凌云. 发挥长江黄金水道主动脉作用，为长江经济带的建设发展提供强劲的航运支撑［J］. 水运管理，2014（4）.

［121］王如松，李秀英. 美国田纳西河流域的开发和管理——农工党中央赴美考察团考察综述［J］. 前进论坛，2005（5）.

［122］王圣云，翟晨阳. 长江经济带城市集群网络结构与空间合作路径［J］. 经济地理，2015（11）.

［123］王小广. 建设长江经济带急需解决的四个问题［J］. 改革，2014（6）.

［124］王孝德. 三峡黄金旅游带旅游资源评价与开发模式研究［D］. 西南大学博士学位论文，2007.

［125］王永刚，李萌. 旅游一体化进程中跨行政区利益博弈研究——以长江

三角洲地区为例［J］．旅游学刊，2011，26（1）．

［126］王勇．澳大利亚流域治理的政府间横向协调机制探析——以墨累—达令流域为例［J］．科学经济社会，2010（1）．

［127］王越等．长江中下游的生态修复现状与探讨［J］．中国水利，2011（13）．

［128］魏后凯，成艾华．加快推动长江中游城市集群多极协同、一体发展［J］．政策，2012（4）．

［129］魏后凯，成艾华．携手共同打造中国经济发展第四极［J］．江汉论坛，2012（4）．

［130］魏后凯．建设长江经济带及重庆应对策略［J］．改革，2014（6）．

［131］魏后凯．实行多中心网络开发支撑长期中高速增长［J］．区域经济评论，2016（1）．

［132］魏明生．中国共产党五十年来治理开发长江流域的历史进程和主要成就［J］．中共党史研究，2000（2）．

［133］温磊．酒店业不同合作经营方式的财务风险及管理措施研究［J］．当代经济，2011（11）．

［134］文余源．建设长江经济带的现实价值［J］．改革，2014（6）．

［135］吴爱芝，李国平，张杰斐．京津冀地区产业分工合作机理与模式研究［J］．人口与发展，2015（6）．

［136］吴坚．跨界水污染多中心治理模式探索——以长三角地区为例［J］．开发研究，2010（2）．

［137］伍新木．长江经济带是中国发展“主驱动轴”［J］．中国水运（下半月），2014（9）．

［138］西部论坛．“新常态”下长江经济带发展略论——“长江经济带高峰论坛”主旨演讲摘要［J］．西部论坛，2015（1）．

［139］席建超，葛全胜．长江国际黄金旅游带对区域旅游创新发展的启示［J］．地理科学进展，2015（11）．

［140］席西民，刘静静，曾宪聚等．国外流域管理的成功经验对雅砻江流域管理的启示［J］．长江流域资源与环境，2009，18（7）．

［141］夏骥，肖永芹．密西西比河开发经验及对长江流域发展的启示［J］．重庆社会科学，2006（5）．

［142］向云波，彭秀芬，徐长乐．上海与长江经济带经济联系研究［J］．长江流域资源与环境，2009（6）．

［143］肖涛．关于流域一体化管理的初步探讨［J］．水资源保护，2004，20

(2).

[144] 谢宝剑. 基于路径依赖视角的中国区域一体化发展研究 [J]. 学术研究，2012 (1).

[145] 熊元斌，金晨. 长江中游城市群动态均衡发展政府营销策略研究 [J]. 湖北社会科学，2014 (12).

[146] 徐长乐，孟越男. 长江经济带产业分工合作与江苏作为 [J]. 南通大学学报（社会科学版），2015 (3).

[147] 徐长乐，徐廷廷，孟越男. 长江经济带产业分工合作现状、问题及发展对策 [J]. 长江流域资源与环境，2015 (10).

[148] 徐长乐. 建设长江经济带的产业分工与合作 [J]. 改革，2014 (6).

[149] 徐国弟. 21 世纪长江经济带综合开发 [M]. 北京：中国计划出版社，1999.

[150] 徐康宁，赵波，王绮. 长三角城市群：形成、竞争与合作 [J]. 南京社会科学，2005 (5).

[151] 徐丽梅. 长江经济带产业转型的国际镜鉴 [J]. 改革，2015 (8).

[152] 徐廷廷，徐长乐. 基于企业视角的长三角地区产业分工合作模式研究 [J]. 管理现代化，2014 (5).

[153] 薛兵旺. 长江中游城市群旅游业发展路径与对策研究 [J]. 武汉商学院学报，2015，29 (3).

[154] 阎济华. 长江生态系统：崩溃与拯救 [J]. 2013 (12).

[155] 杨爱平. 政治动员下的区域一体化：问题、成因及对策——以广东省为例 [J]. 理论与改革，2011 (2).

[156] 杨成凤，韩会然. 皖江城市带区际公路交通空间组织研究 [J]. 经济地理，2013 (3).

[157] 杨逢珉等. 欧盟区域治理的制度安排——兼论对长三角区域合作的启示 [J]. 世界经济研究，2007 (5).

[158] 杨桂山，徐昔保，李平星. 长江经济带绿色生态廊道建设研究 [J]. 地理科学进展，2015 (11).

[159] 杨洪，陈亚召，袁开国. 大湘西地区旅游一体化研究 [J]. 经济地理，2006，26 (5).

[160] 杨小柳，邱雪莹. 流域管理的外部环境评价——以长江、莱茵河、多瑙河为例 [J]. 水利经济，2013，31 (1).

[161] 杨晓，师萍，高煜. 我国区域发展面临的困境及促进区域协调发展的政策分析 [J]. 科学学与科学技术管理，2011 (3).

［162］姚瑞华等．场景经济带生态环境保护规划探究初探［J］．环境保护科学，2015（12）．

［163］姚士谋，朱英明，陈振光．中国城市群［M］．合肥：中国科学技术大学出版社，2001.

［164］姚士谋等．我国城市群总体发展趋势与方向初探［J］．地理研究，2010（8）．

［165］姚腾．省级政府间经济合作机制研究——以成渝经济区为例［D］．南京理工大学硕士学位论文，2013.

［166］叶勤良．制度变迁中的政府行为分析［M］．天津：天津人民出版社，2007.

［167］于涛方，甄峰，吴泓．长江经济带区域结构："核心—边缘"视角［J］．城市规划学刊，2007（3）．

［168］于秀波，澳大利亚墨累—达令流域管理的经验［J］．江西科学，2003，21（3）．

［169］余维祥．长江上游生态补偿的困境与对策［J］．生态经济，2014（6）．

［170］俞树毅．国外流域管理法律制度对我国的启示［J］．南京大学法律评论，2010（2）．

［171］郁鸿胜．长三角城市群发展的思路研究［J］．中国延安干部学院学报,2010（3）．

［172］曾望军，刘飞跃．论我国大都市区域治理的经验借鉴与模式创新［J］．经济与社会发展，2010（6）．

［173］张超，王春杨，吕永强，沈体雁．长江经济带城市体系空间结构——基于夜间灯光数据的研究［J］．城市发展研究，2015（3）．

［174］张超广．区域旅游合作关键问题刍议［J］．中国市场，2005（36）．

［175］张成福，李昊城，边晓慧．跨域治理：模式、机制与困境［J］．中国行政管理，2012（3）．

［176］张达华．串珠抱团推进"中三角"旅游业一体化［J］．政策，2012（5）．

［177］张红．长江经济带经济发展质量测度研究［J］．上海金融，2015（12）．

［178］张建梅．论我国旅游业由政府主导向市场主导模式的转换［J］．现代财经（天津财经学院学报），2003，23（11）．

［179］张军扩，侯永志．协调区域发展——30 年区域政策与发展回顾［M］．北京：中国发展出版社，2008.

[180] 张莉．欧美流域经济开发的经验及启示［J］．群众，2015（9）．

[181] 张璐璐．论莱茵河流域管理体制之构建——以德国段为例［J］．赤子，2013（7）．

[182] 张帅．美国田纳西河流域开发的启示［J］．四川水利，2001，22（2）．

[183] 张学良，吴传清，梁本凡，曾刚，吴金明，胡江云，王佳宁．长江经济带：热点有玄机　改革传媒发行人、编辑总监王佳宁深度对话六位知名学者［J］．改革，2015（6）．

[184] 张学良．后危机时代的长三角城市群一体化发展［J］．中国浦东干部学院学报，2012（2）．

[185] 张艳芳，石琰子．国外治理经验对长江流域立法的启示——以美国田纳西流域为例［J］．人民论坛，2011（2）．

[186] 张之婧．美国田纳西流域的开发管理及对我国长江流域科学治理的启示［J］．水利建设与管理，2008，28（8）．

[187] 张智勇，杨再惠．长江经济带区域合作的优化路径——长期视野的中短期策略［J］．理论与改革，2015（1）．

[188] 章尚正．只言政府主导型旅游发展战略［J］．安徽大学学报（哲学社会科学版），2002，26（1）．

[189] 赵惠芳等．皖江城市带参与长三角人才开发一体化研究［J］．合肥工业大学学报（社会科学版），2013（4）．

[190] 赵琳，徐廷廷，徐长乐．长江经济带经济演进的时空分析［J］．长江流域资源与环境，2013（7）．

[191] 郑德高，陈勇，季辰晔．长江经济带区域经济空间重塑研究［J］．城市规划学刊，2002（3）．

[192] 郑国中．长江经济带与一路一带叠加效应下旅游经济转型升级路径［J］．社会科学家，2015（6）．

[193] 郑守仁．21世纪长江治理开发与流域可持续发展［J］．三峡大学学报，2004（2）．

[194] 郑耀星．区域旅游合作是旅游业持续发展的新路——制订《闽西南五市旅游合作发展规划纲要》的深层思考［J］．福建师范大学学报（哲学社会科学版），1999（2）．

[195] 钟云香．长江上游经济带生态屏障建设的评价模式［J］．统计与决策，2010（4）．

[196] 周海炜，张阳．长江三角洲区域跨界水污染治理的多层协商策略

[J]. 水利水电科技进展，2006（10）.

［197］周婷. 长江上游经济带与生态屏障共建机制研究［J］. 经济纵横，2007（5）.

［198］朱红兵，冯翔. 长三角区域旅游合作发展模式分类及评价研究［J］. 地理与地理信息科学，2014，30（3）.

［199］朱玫. 墨累—达令流域管理对太湖治理的启示［J］. 环境经济，2011（8）.

［200］朱晓霞，郝佳佳. 中国制造业产业升级路径选择研究——以长江经济带为例［J］. 科技进步与对策，2015（7）.

［201］卓海华等. 长江流域水资源保护监测规划构想［J］. 水利技术监督，2014（4）.

［202］邹光勇，刘明宇. 区域旅游一体化能实现吗？——基于 Salop 模型的 SPNE 研究［J］. 旅游学刊，2013，28（12）.

［203］邹辉，段学军. 长江经济带研究文献分析［J］. 长江流域资源与环境，2015（10）.

［204］欧远方等. 可爱的安徽［M］. 合肥：安徽人民出版社，1985.

［205］王鹤鸣，施立业. 安徽近代经济轨迹［M］. 合肥：安徽人民出版社，1991.

［206］谢国权. 近代芜湖米市与芜湖城市的发展［J］. 中国社会经济史研究，1999（3）.

［207］胡艳. 中部地区产业弱质分析与政策建议［J］. 经济纵横，2004（7）；全文转载于中国人民大学复印报刊资料《城市经济·区域经济》，2004（11）.

［208］赵晓和. 实现泛长三角区域合作的战略意义与对策建议［J］. 安庆师范学院学报，2009（2）.

［209］吕连生. 泛长三角的形成与安徽城市群的东向发展［J］. 江淮论坛，2009（1）.

［210］徐康宁，赵波，王绮. 长三角城市群：形成、竞争与合作［J］. 南京社会科学，2005（5）.

［211］“安徽东向发展步履铿锵”［EB/OL］. 安徽经委网，2009 年 9 月 23 日.

［212］韦伟. 安徽承接长三角产业转移的几个问题［J］. 江淮论坛，2008（6）.

后　记

2016年是“十三五”开局之年，也是国家长三角城市群规划和长江经济带区域规划先后出台的一年，此时出版《长江经济带联动发展与绿色开发研究》，不仅是顺应时局之作，更是研究团队在这一领域持之以恒、不辍耕耘的研究成果积淀。本书凝聚了各位同仁的辛勤付出和大量心血，在此表示深深的感谢。

推进实施长江经济带国家战略，必将面临诸多挑战和复杂局面，不断出现的新情况和新问题给理论工作者提出了新任务，要求我们进一步深入实际调查研究，运用新思维和新方法不断解决新问题。因此，在长江经济带建设实践中，还有许多重大课题要去突破，我们的研究还有待深化，任重道远！我们愿借助于安徽大学区域经济与城市发展协同创新中心暨长三角经济社会发展研究中心、合肥区域经济与城市发展研究院等科研平台，汇聚资源，合作创新，多出成果，出好成果，在长江经济带的协同研究中尽一份力。

本书总撰稿和执笔者除本人外，其他各篇执笔人如下（按章节顺序）：

上篇：第一章和第三章，华德亚；第二章，胡艳、丁玉敏（在读博士）；第四章，韩建雨；第五至第六章，胡艳、孟天琦（在读博士）；第七章，尹建龙。

中篇：第八章，程绍铂；第九章，程绍铂、杨仁发（第四节）；第十章，胡艳、时浩楠（在读博士）；第十一章，华德亚、胡艳；第十二章，胡艳、华德亚、韩建雨；第十三章，韩建雨；第十四章，胡艳、丁玉敏。

下篇：第十五章，胡艳、时浩楠、陈宜海；第十六章，陈芳、索飞、汪玲、詹翩翩、陈宜海、李亚平；第十七章，胡艳、丁玉敏；第十八章，陈芳；第十九章，程绍铂、索飞；第二十章，王玉燕；第二十一章，胡艳、时浩楠；第二十二章，李亚平；第二十三章，程绍铂。

除了撰写有关章节之外，笔者负责全书框架结构和大纲设计，负责各章文字内容和各级标题修改，以及全书的统稿工作。因此，本书可能出现的问题甚至错误，由笔者负责。

本书出版得到合肥区域经济与城市发展研究院经费、安徽大学博士科研启动基金、上海市发改委（长三角合作与发展共同促进基金）课题和上海市政府决策咨询重点研究课题等项目经费资助，在此表示衷心感谢。本书繁重的编辑工作由经济管理出版社张巧梅、杨国强老师等承担，同时，我们中心办公室张晶助理也对本书细节修订做了有益的辅助工作，在此一并感谢。

胡艳

2016 年 10 月